网络通信关键技术丛书

网络服务功能链优化部署

孙 罡 虞红芳 代 淼 编著

电子工业出版社·

Publishing House of Electronics Industry

北京·BEIJING

内 容 简 介

本书基于作者多年的研究成果，详细介绍了网络服务功能链优化部署问题的关键技术和方法。本书内容围绕网络服务功能链部署的资源高效性、能耗感知能力、时延敏感性、服务公平性、业务可靠性和需求动态性等核心问题展开，从理论分析到算法设计、从数学建模到仿真实验，对网络服务功能链部署问题进行了多方面论述。

本书可作为网络服务功能链部署研究的参考资料，可供网络服务功能链部署领域的科研人员、网络管理者和服务提供商，以及想要了解、使用网络服务功能链优化部署算法的读者使用。

图书在版编目（CIP）数据

网络服务功能链优化部署 / 孙罡，虞红芳，代淼编著. —北京：电子工业出版社，2022.1
（网络通信关键技术丛书）
ISBN 978-7-121-42799-2

Ⅰ. ①网…　Ⅱ. ①孙…　②虞…　③代…　Ⅲ. ①网络服务　Ⅳ. ①F719.0

中国版本图书馆 CIP 数据核字（2022）第 018384 号

责任编辑：李树林　　文字编辑：底　波
印　　刷：涿州市京南印刷厂
装　　订：涿州市京南印刷厂
出版发行：电子工业出版社
　　　　　北京市海淀区万寿路 173 信箱　　邮编：100036
开　　本：720×1000　1/16　印张：15　　字数：285 千字
版　　次：2022 年 1 月第 1 版
印　　次：2022 年 1 月第 1 次印刷
定　　价：88.00 元

凡所购买电子工业出版社图书有缺损问题，请向购买书店调换。若书店售缺，请与本社发行部联系，联系及邮购电话：（010）88254888，88258888。

质量投诉请发邮件至 zlts@phei.com.cn，盗版侵权举报请发邮件至 dbqq@phei.com.cn。

本书咨询和投稿联系方式：（010）88254463，lisl@phei.com.cn。

前 言 ▶PREFACE

随着互联网的飞速发展，海量新型应用层出不穷，这为传统网络带来了巨大的挑战。在传统网络中，服务或业务往往基于特定硬件设备实现，有新业务出现就需要部署新的专属硬件，网络固化严重，灵活性与可扩展性较差，因而无法完全应对日益涌现的差异化、多样化的业务需求。

在这样的背景下，网络功能虚拟化技术应运而生，得到了学术界的广泛关注。基于该技术，业务的处理逻辑能从专属硬件中剥离出来，形成由多个虚拟网络功能模块串联而成的服务功能链，以软件的形式部署、运行在通用硬件服务器上。无论应用和业务如何发展、变化，网络运营商和服务提供商都只需修改相应逻辑模块的代码，而无须对底层硬件设备进行更新换代，这不仅大幅节省了网络的运维成本，更强化了网络对服务的兼容性和适应性。因此，基于网络虚拟化技术的网络服务提供模式是未来网络应对业务高频更迭的重要手段。

作者从 2009 年开始从事网络虚拟化相关的研究工作，先后承担了国家自然基金项目"网络功能虚拟化环境中的服务功能链优化部署"、国家重点研发计划课题"服务定制网络试验网构建及试验验证"、国家重点研发计划课题"差异化服务智能适配与路由"和横向课题"基于虚拟化技术的大规模网络创新试验平台开发"等网络功能虚拟化相关的项目。为了给广大读者奉上一本关于网络功能虚拟化研究的参考书籍，作者汇集了自己近年来关于网络功能虚拟化的一些重要研究成果，编写了本书。本书较为系统地介绍了网络功能虚拟化的主要概念和网络服务功能链的优化部署技术。希望本书能成为相关研究人员的有价值的读物。

研究生徐祝、朱光扬、李亚毓、黄冠华、陈振荣、李瑶、温涛、丁为然、赵东成等参与了全书的资料整理、图表绘制和文字校对工作。李乐民院士对课题的研究工作给予了很多指导和帮助，在本书的编写过程中也给予了很多宝贵的意见和建议，在此一并表示衷心的感谢。

由于作者知识和水平有限，书中疏漏和不妥之处在所难免，恳请广大读者不吝批评指正。

目 录 ▶ CONTENTS

第 1 章

网络功能虚拟化及服务功能链概述

互联网在过去的几十年间快速发展，各式网络服务层出不穷，用户数量不断增长，对服务差异化和多样性提出了越来越高的要求[1]。在需求的驱动下，网络功能虚拟化（Network Function Virtualization，NFV）技术成了整个互联网的热点议题[2,3]。它的出现打破了依赖专属硬件为用户提供服务的陈旧模式，极大提升了网络的灵活性、扩展性，充分激发了网络潜力，使之焕发出新的生机。NFV 技术的发展为互联网带来了新机遇，同时也带来了新挑战[4]，其中最关键的问题之一就是服务功能链（Service Function Chain，SFC）的部署[5]。越来越多的研究人员将精力投入到优化 SFC 的部署性能上，期望进一步加速 NFV 技术与互联网的深度融合，从而推动整个互联网社会的发展变革[6,7]。

1.1 网络功能虚拟化背景介绍

1.1.1 NFV 概念及前身

通俗地说，NFV 技术就是将网络功能从传统的专用底层硬件设备（如防火墙、入侵检测系统、广域网优化器等）中解耦出来，编写成具有同样功能的软件，并且以虚拟机或容器的形式部署在通用硬件设备上来为用户提供服务。NFV 概念图如图 1-1 所示。

网络功能虚拟化技术出现短短数年却发展迅猛，主要得益于深厚的技术积累。其前身是经过了 20 年发展壮大的网络虚拟化技术，后者丰富的研究成果和实践经验为 NFV 技术提供了参考，甚至在很大程度上解决了前者的一些基本问题。图 1-2 所示为网络虚拟化技术的发展历程，期间发展出的网络概念、网络技术和系统平台都为 NFV 技术的发展奠定了坚实的基础。

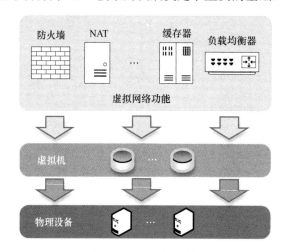

图 1-1　NFV 概念图

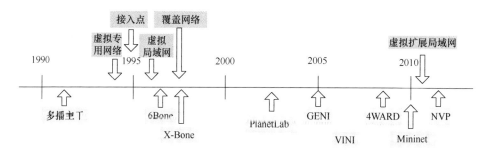

图 1-2　网络虚拟化技术的发展历程

1.1.2　NFV 架构介绍

NFV 采用标准化的 IT 虚拟化技术，在业界标准的大容量服务器、存储和交换机上承载各种各样的网络软件功能，实现网络功能与专用硬件设备的解耦。这些服务器可以位于不同的网络位置，如数据中心、网络节点和用户端，因此网络运营商能够以更少的运营和资本支出实现更广泛、更灵活的虚拟网络功能部署。NFV 与传统的网络服务之间的不同点可以概括为以下三个方面[8]。

（1）软件、硬件解耦：网络元件不再是集成软件和硬件实体的组合，软件、硬件的开发和维护能够独立进行。

（2）灵活的网络功能部署：软件和硬件的分离有助于基础设施资源的共享和重分配，两者在不同时刻能够执行不同的功能。这有助于网络运营商在同一物理平台上更快地部署新服务。

（3）动态缩放：将具体的网络功能分离为可实例化的软件组件，进而以更动态的方式和更精细的粒度灵活地扩展 VNF 的实际性能。

图 1-3 展示了 ETSI 定义的 NFV 架构图[9]，主要由三部分构成：网络功能虚拟化基础设施（Network Functions Virtualization Infrastructure，NFVI）、虚拟网络功能（Virtual Network Function，VNF）、网络功能虚拟化管理编排（Network Function Virtualization Management and Orchestration，NFV-MANO）。

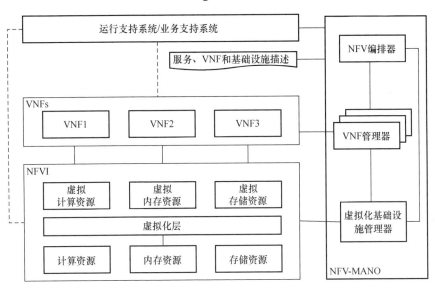

图 1-3　NFV 架构图

（1）NFVI 旨在提供基本的存储和计算能力以构建虚拟网络功能的运行环境。NFVI 对计算、存储及网络资源进行池化后，用户能够轻松地于其上部署并运行任意网络服务，而无须关注底层基础设施的管理。这有利于扩展运营商的覆盖范围，降低部署新硬件或租赁固定服务的成本和复杂性，使运营商能够提供和维护大规模网络服务。另一方面，服务提供商可以使用自己的或其他服务提供商的 NFVI 来部署网络服务，从而实现更灵活、高效的资源利用。

（2）VNF 是基于软件方法实现的网络功能。它将网络功能从专用平台转移到通用硬件环境，使其在 NFVI 上运行，而无须花费资金购买特定的硬件设备和网络基础设施。

（3）NFV-MANO 负责物理/虚拟资源、VNF 和网络服务的生命周期管理，包括 NFV 编排器（NFV Orchestration，NFVO）、VNF 管理器（VNF Manager，VNFM）和虚拟化基础设施管理器（Virtualized Infrastructure Manager，VIM）三个子模块。其中，VIM 用于实现单域内 NFVI 的计算、存储和网络资源的控制和管理；VNFM 负责 VNF 的部署配置，以及生命周期管理、修复和升级；NFVO 用于提供跨 VIM 的 NFVI 资源编排，以及网络服务的生命周期管理。

1.2 服务功能链背景介绍

1.2.1 服务功能链概念

服务功能链（Service Function Chain，SFC）是网络功能虚拟化环境下的产物，通常由多个 VNF 按序连接而成，是服务提供商基于虚拟化技术为用户提供端到端特定网络服务的载体。

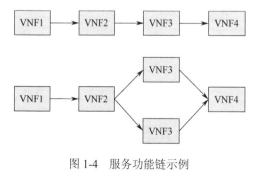

服务功能链示例如图 1-4 所示，服务功能链可以表示成虚拟网络功能（Virtual Network Function，VNF）和虚拟网络链路（Virtual Network Link，VNL）相交错的有序集合。SFC 最常见的形式是由多个 VNF 串联而形成的单向链表，网络流必须按照

图 1-4 服务功能链示例

预定的顺序流过这些 VNF 才能实现完整且正确的服务。SFC 也可能具有更复杂的有向无环图结构,网络流被服务功能拆分到不同的路径,但单路径仍需保证有序。

Internet 工程任务组在 ETSI 制定的 NFV 体系结构之上定义了动态、自动化的 SFC 正式体系结构[10,11],包括管理层、数据层和控制层三部分,如图 1-5 所示。其中,管理层由 SFC 管理器、服务功能路径(Service Function Path,SFP)管理器和服务功能管理器组成,它们负责 SFC 的安装、维护和终止。数据层由分类器和多个服务功能组成,前者负责在流量转发到 SFP 之前对其进行标识和分类。控制层则负责设置、管理分类器和服务功能之间的路径。控制层包括协议控制器、SFC 控制器、SFP 控制器和用户配置文件四部分。其中,协议控制器维护存储转发路径的 SFC 协议表。SFC 控制器基于对流量的分析结果生成或选择特定的 SFC。SFP 控制器选择能够实现要求的网络功能以及满足节点、链路资源约束的物理路径来部署 SFC。用户配置文件用于存储用户首选项和订阅信息。

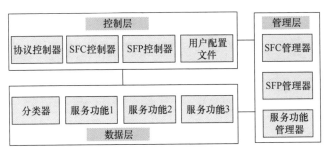

图 1-5　SFC 架构

1.2.2　服务功能链技术优势及主要挑战

1.2.2.1　技术优势

随着网络的日益发展,用户需求越来越差异化、多样化,单一网络功能很难实现定制化的复杂网络服务[12]。服务功能链通过组合多个虚拟网络功能,抽象出各种虚拟化的网络服务,从而保证良好的服务多样性和可靠性。在传统网络中,需要部署专用设备才能实现类似的目标[13,14],但在 NFV 和 SFC 环境中，网络功能与物理设备完成了解耦，特定服务可以跳出专用设备的束缚，转而部署在通用硬件上，不仅保证了服务多样性，而且提高了网络灵活性与稳定性[15]。当底层物理设备出现故障时，运行于其上的 SFC 可以立刻迁移至正常设备，迅速实现故障恢复[16,17]。结合冗余备份技术，甚至能做到服务不断流，使网络中发生的变化对用户完全透明[18]，从而提升服务订阅者的用户体验。

1.2.2.2 主要挑战

SFC 的研究目前仍存在一些挑战，主要包括物理网络资源的合理分配和高效利用、SFC 安全性和可靠性问题。首先，SFC 部署的多项性能指标都与物理网络资源直接相关，实现网络资源的高效利用对减少运营商的资本支出和运营支出至关重要。其次，SFC 的部署环境多样，可能是弹性光网络（Elastic Optical Network，EON）互连的多个数据中心，也可能是分布在不同地理位置的多个云环境，这些特定的场景为 SFC 的资源分配问题增加了额外的特有约束。因此，不存在 One-Fits-for-All 的部署算法能实现各种场景的高效资源配置，只能具体问题具体设计。此外，SFC 在满足用户业务需求的同时，也要满足不同程度的安全性、可靠性要求。任何 VNF 的失效都将导致整条 SFC 丧失功能，这使得服务功能链不论是面对设备自然故障还是攻击者恶意破坏时都更加脆弱。

1.2.3 服务功能链研究热点

1.2.3.1 服务功能链的可编程性研究

NFV 的出现使得网络功能实现和部署的灵活性大大加强，为开放网络功能提供了可能性。作为 NFV 编排和管理指南的重要部分[19]，ETSI 提供 NFV 中可能用到的几种模型：TOSCA（Topology & Orchestration Standard for Cloud Application）[20]、NETCONF/YANG[21]和 Information Framework (SID)[22]。这三者都是为了对现有的网络功能进行抽象，以方便在 NFV 中对其进行部署。然而目前还没有很好的方案可以实现网络对用户开放，主要是考虑公共网络的安全性问题，防止恶意用户对网络造成不可挽回的损害。

1.2.3.2 服务功能链的可用性研究

虚拟网络功能毕竟是软件化的逻辑代码，其实际性能难以达到专用硬件水平的网元设备。为了缓解这一问题，研究人员利用 Intel 的数据层面开发套件（Data Plane Development Kit，DPDK）来执行 VNF[23]，实验表明，其效果可以接近专用硬件水准。此外，可编程门阵列（Field-Programmable Gate Array，FPGA）也被证明可以加强 VNF 的性能[24]。对于一些特定的网络功能，如深度包检测（Deep Packet Inspection，DPI），则必须借助一些特殊的硬件加速手段。除了 VNF 的可用性外，服务编排本身也是服务可用性的一大影响因素，这正是本书关注和研究的中心问题。

1.2.3.3 服务功能链编排的资源高效性研究

NFV 技术为网络硬件资源分配提供了更高的灵活性，同时也带来了服务编排的资源高效性问题。软件化的 SFC 需要在硬件设备上实例化才能向用户提供服务，不同的部署方案对应着不同的服务质量及服务成本，如何在它们当中甄别出使得关键性能指标（Key Performance Indicator，KPI）都合理的较优方案甚至是最优方案，是一件艰难且意义重大的工作。文献[25]将 VNF 放置问题建模成工厂选址问题，期望最小化部署成本；文献[26]在端到端服务模型的基础上尝试使用最少服务器资源完成网络服务；文献[27]使用二进制整数规划（Binary Integer Programming，BIP）和启发式算法，解决光数据中心网络内的VNF 最佳放置问题。

1.2.3.4 服务功能链编排的可靠性研究

相对于传统专用硬件实现的网络功能，VNF 的可靠性更难保障。在文献[28]中，关于亚马逊 EC2 云服务的测试表明，共享处理器架构下的端到端TCP/UDP 的吞吐率很不稳定，时延变化也相当明显，即便在网络低负载时情况依然如此。NFV 主要是面向电信级服务的应用，在 ETSI 关于可靠性要求的官方文档[29]中明确强调了服务故障等不可靠因素不能造成大范围影响，而现有的虚拟化技术在服务的可靠性保障上难以满足要求。

本章参考文献

[1] MINH-TUAN T, YANG-DAR L, YUAN-CHENG L. A Joint Network and Server Load Balancing Algorithm for Chaining Virtualized Network Functions [C]. IEEE International Conference on Communications, 2016: 1-6.

[2] MIN S Y, AHMED E, KAMAL. NFV Resource Allocation using Mixed Queuing Network Model [C]. IEEE Global Communications Conference, 2016: 1-7.

[3] LONG Q, CHADI A, KHALED S. Delay-Aware Scheduling and Resource Optimization with Network Function Virtualization [J]. IEEE Transactions on Communications, 2016, 64(9): 3746-3758.

[4] SUN Q Y, LU P, LU W, et al. Forecast-Assisted NFV Service Chain Deployment based on Affiliation-Aware vNF Placement [C]. IEEE Global Communications Conference, 2016: 1-6.

[5] RAMI C, LIANE L-E, JOSEPHOSEPH N, et al. Near Optimal Placement of Virtual Network Functions [C]. IEEE Conference on Computer Communications, 2015: 1346-1354.

[6] RASHID M, JOAN S, GORRICHO J L, et al. Placement and Scheduling of Functions in Network Function Virtualization [J]. ArXiv, 2015: 1-14.

[7] CARLA M, TONMOY S, JAGRUTI S, et al. NFV Based Gateways for Virtualized Wireless Sensor Networks: A Case Study [C]. IEEE International Conference on Communication Workshop, 2015: 1883-1888.

[8] Etsi Industry Specification Group (ISG), Network Functions Virtualisation (NFV). Architectural Framework [OL]. http://www.etsi.org/ deliver/etsi_gs/nfv/001_099/002/01.01.-01_60/gs_nfv002v010101p.pdf, 2014.

[9] PATTARANANTAKUL M, HE R, SONG Q, et al. NFV Security Survey: From Use Case Driven Threat Analysis to State-of-the-Art Countermeasures[J]. IEEE Communications Surveys and Tutorials, 2018, 20(4): 3330-3368.

[10] MEDHAT A M, TALEB T, ELMANGOUSH A, et al. Service function chaining in next generation networks: State of the art and research challenges[J]. IEEE Communications Magazine, 2016, 55(2): 216-223.

[11] HALPERN J, PIGNATARO C. Service function chaining (SFC) architecture [EB/OL]. http://www.rfc-editor.org/info/rfc7665.txt, 2015.

[12] SAI Q Z, QI Z, BANNAZADEH H, et al. Network Function Virtualization Enabled Multicast Routing on SDN [J]. IEEE International Conference on Signal Processing for Communications, 2015: 5595-5601.

[13] GUMASTE A, SHARMA S, DAS T, et al. Analyzing the Impact of NFV in Large Provider

Networks: A Use Case Perspective [C]. IEEE International Conference on Communications, 2017: 1-7.

[14] D'ORO S, GALLUCCIO L, PALAZZO S, et al. Exploiting Congestion Games to Achieve Distributed Service Chaining in NFV Networks [J]. IEEE Journal on Selected Areas in Communications, 2017, 35(2): 407-420.

[15] KHEBBACHE S, HADJI M, ZEGHLACHE D. Virtualized network functions chaining and routing algorithms [J]. Computer Networks, 2017: 95-110.

[16] MECHTRI M, GHRIBI C, SOUALAH O, et al. NFV Orchestration Framework Addressing SFC Challenges [J]. IEEE Communications Magazine, 2017: 16-23.

[17] WALID R, NADIR G, MOHAMED F Z. Profit-Driven Resource Provisioning in NFV-based Environments [C]. IEEE International Conference on Communications, 2017: 1-7.

[18] XIONG G, HU Y X, TIAN L, et al. A virtual service placement approach based on improved quantum genetic algorithm [J]. Frontiers of Information Technology & Electronic Engineering, 2016, 17(7): 661-671.

[19] ETSI Industry Specification Group (ISG) NFV. ETSI GS NFV-MAN 001 V1.1.1: Network Functions Virtualisation (NFV); Management and Orchestration [OL]. https://www.etsi.org/deliver/etsi_gs/nfv-man/001_099/001/01.01.01_60/gs_nfv-man001v010101p.pdf , 2014.

[20] Topology and Orchestration Specification for Cloud Applications Version 1.0 [OL].http://docs.oasis-open.org/tosca/TOSCA/v1.0/os/TOSCA-v1.0-os.pdf, 2013.

[21] SCHONWALDER J, BJORKLUND M, SHAFER P. Network configuration management using netconf and yang [J]. Communications Magazine, 2010, 48(9): 166-173.

[22] REILLY J P. Implementing the TM Forum Information Framework (SID). A Practitioner's Guide. Version 1.0 [OL]. http://inform.tmforum.org/wp-content/uploads/2014/05/ Implementing-the-SID-v1dot0b-Chapters-1-through-3.pdf, 2011.

[23] DIGIGLIO J, RICCI D. High Performance, Open Standard Virtualization with NFV and SDN. Joint Technical White Paper by Intel Corporation and Wind River [OL]. http://www.windriver.com/whitepapers/ovp/ovpwhitepaper.pdf, 2015.

[24] GE X, LIU Y, DU D H, et al. OpenANFV: Accelerating Network Function Virtualization with a Consolidated Framework in Openstack [C]. In Proceedings of ACM SIGCOMM, 2014: 353-354.

[25] COHEN R, LEWIN-EYTAN L, NAOR J S, et al. Near optimal placement of virtual network functions [C]. In Proc. of IEEE INFOCOM, 2015: 1346-1354.

[26] ADDIS B, BELABED D, BOUET M, et al. Virtual network functions placement and routing optimization [OL]. https://hal.inria.fr/hal-01170042, 2015.

[27] XIA M, SHIRAZIPOUR M, ZHANG Y, et al. Network function placement for NFV chaining

in packet/optical datacenters[J]. Journal of Lightwave Technology, 2015, 33(8): 1565-1570.

[28] WANG G, NG T S E. The Impact of Virtualization on Network Performance of Amazon EC2 Data Center [C]. In Proc. of IEEE INFOCOM, San Diego, 2010: 1-9.

[29] ETSI ISG NFV. ETSI GS NFV-REL 001 V1.1.1: Network Functions Virtualisation (NFV); Resiliency Requirements [OL]. http://www.etsi.org/deliver/etsi_gs/NFV-REL/001099/001/01.01.01 60/gs NFV-REL001v010101p.pdf, 2015.

第 2 章

资源高效的网络服务功能链部署

资源分配是 NFV 研究的关键领域之一。其主要目的是在物理网络拓扑中部署 SFC，并且高效利用物理网络资源。SFC 的部署要在底层物理网络中找到一条连接用户与服务终端且满足 VNF 和 VNL 资源需求的路径，用以承载服务功能链。部署 VNF 需要消耗一定 CPU 计算资源，部署 VNL 需要消耗一定链路带宽资源。随着网络规模的扩大及 SFC 请求的增加，如何提升资源效率，保证更多 SFC 的成功部署是一项极具挑战性的任务。许多研究表明，SFC 部署是一个 NP-hard 问题[1-3]，不存在可多项式时间求解的算法，本章将介绍两种基于启发式思想的高效求解方法。

2.1 研究背景

SFC 部署是虚拟节点到物理节点、虚拟链路到物理路径的映射过程，其间必定产生物理资源开销，而底层网络的资源总量有限。从服务提供商的角度看，利用有限的资源承载尽可能多的 SFC 请求是提升利润的重要途径，资源高效性成为衡量 SFC 部署算法性能的重要指标之一。

文献[4]研究当用户请求动态变化时，尤指是用户移动时，如何动态调整 SFC 部署方案，借助整数线性规划及列生成模型，优化部署所消耗的节点、带宽资源。文献[5]结合云计算和雾计算降低 SFC 部署的网络资源消耗，并且通过 SFC 重组来解决网络拥塞。文献[6]将 SFC 部署建模为集合覆盖问题，提出了两种普适的对数因子近似算法，并且为树状拓扑设计了定制化部署算法。文献[7]研究动态 VNF 映射和调度算法，通过对已部署 VNF 进行重映射、重调度来优化网络资源开销。文献[8]研究跨域 SFC 编排问题，首先提出了两种子链跨域部署算法，然后通过迁移 VNF 部署位置来进一步优化带宽资源开销。文献[9]通过将服务功能链部署到 5G 移动网络中以最小化链路资源和计算资源开销。

上述研究具有独特的优势，但面对不断发展变化的场景和日益严格的性能要求，仍显露出以下不足。

（1）优化目标单一。SFC 部署的关键性能指标很多，如部署成功率、端到端服务时延和节点、链路负载率等。部分研究只针对其中一项进行优化，没有做到综合考虑。

（2）应用场景受限。许多研究针对特定的网络拓扑或网络环境设计部署算法，方案的局限性高，场景移植性和兼容性差。

2.2 基于物理拓扑两级分层的高效映射算法

2.2.1 问题描述

一条 SFC 请求表示为 $S=(F_s, E_s)$，其中 $F_s=\{f_1, f_2, \cdots, f_m\}$，代表 SFC 中虚拟网络功能集合，$E_s=\{e_1, e_2, \cdots, e_q\}$ 代表 SFC 中虚拟网络链路集合。底层网络拓扑用 $G=(N, L)$ 表示，其中 $N=\{N_1, N_2, \cdots, N_y\}$，代表底层网络物理节点集合，$L=\{L_1, L_2, \cdots, L_k\}$，代表底层网络链路集合。SFC 在底层网络中的实际部署路径用 P 表示。本小节的优化目标建模如下：

$$C_B^T = \sum_{e_i \in P} C_B^{e_i} \qquad (2\text{-}1)$$

式中，C_B^T 表示部署一条 SFC 产生的整体带宽资源开销；$C_B^{e_i}$ 表示部署虚拟链路 e_i 的开销。优化问题建模如下：

$$\min \sum_{e_i \in P} C_B^{e_i}$$

$$\text{s.t.} \sum_{N_i \in N} R_C^{N_i} - \sum_{f_i \in F_S} C_N^{f_i} \geqslant 0$$

$$\sum_{L_i \in L} R_B^{L_i} - \sum_{e_i \in E_S} C_B^{e_i} \geqslant 0$$

$$\|P\| - \|F_S\| \geqslant 0 \qquad\qquad (2\text{-}2)$$

式中，$R_C^{N_i}$ 为节点 N_i 的可用计算资源；$C_N^{f_i}$ 为虚拟网络功能 f_i 的计算资源需求；$R_B^{L_i}$ 为链路 L_i 的可用带宽资源；$C_B^{e_i}$ 为虚拟链路 e_i 的带宽资源需求。

为了保证所选择的底层链路 P 能够承载虚拟化的网络服务，要求 P 中每个物理节点的计算资源能够满足所有部署在该节点上的虚拟网络功能的计算资源需求之和，每条底层物理链路的带宽能够承载经过该链路的虚拟链路的带宽资源需求之和。

如图 2-1 所示，节点 A 和 H 处有两位用户，需要在 A 和 H 间建立一条服务功能链来承载通信流量。提供该服务的 SFC 包含 3 个 VNF、4 条 VNL，其带宽资源需求分别为 50、70、80 和 80。在无带宽优化的部署方案下，SFC 部署路径如图 2-1（a）中箭头所示：分别将虚拟网络功能 f_1、f_2、f_3 部署在节点 B、E、F 上，再通过成链组网技术，实现 3 个虚拟网络功能的通信，其实际映射路径为 $A \rightarrow B \rightarrow C \rightarrow E \rightarrow G \rightarrow F \rightarrow H$。虽然该部署方案能够满足用户的通信资源需求，但运行这条 SFC 将消耗底层网络 430 个单位的带宽资源，开销巨大，是对宝贵带宽资源的浪费，会严重影响底层网络的承载能力。

图 2-1（b）中的路径进行了带宽优化。虚拟网络功能分别部署在底层物理节点 A、F、H 上，服务功能链实际部署路径为 $A \rightarrow B \rightarrow F \rightarrow H$。该方案不仅满足了用户的服务需求，而且将整条 SFC 的带宽资源开销削减到 220 个单位。相较于图 2-1（a）中的方案，图 2-1（b）中的方案通过优化虚拟网络功能和服务功能链的部署节点和映射路径，在满足用户需求的前提下，节省了 50% 的带宽资源。

从上述 SFC 部署示例不难看出：一个资源高效的映射算法可以大大降低底层网络的额外开销，使资源的利用更加高效，提升底层网络的承载能力，进而削减网络运营商的成本支出。

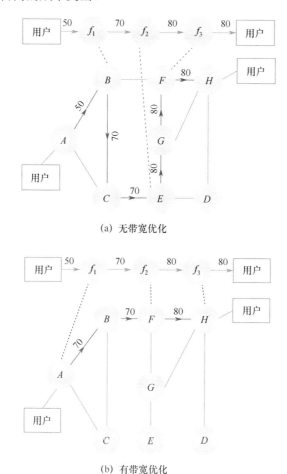

(a) 无带宽优化

(b) 有带宽优化

图 2-1 SFC 部署示例

2.2.2　算法设计

本小节将介绍基于物理拓扑分层的 SFC 高效映射算法。首先解释分层子算法，然后阐述主体算法及分层子算法在其中的作用。

2.2.2.1　分层子算法

分层子算法的核心是对底层网络节点进行层次划分，利用分层信息辅助

SFC 部署算法进行节点探索和路径规划。该子算法是主体算法的关键部分，对最终 SFC 部署性能好坏有着举足轻重的作用。

　　分层子算法以 SFC 的发起用户为起始点，首先对拓扑进行整体分层，然后对每一层网络结构进行再分层，即整个底层网络拓扑将由一个一级分层结构和所有一级层内部的二级分层结构组成。定义 G_L 为分层后的底层网络拓扑，V_x 记录着第 x 层的物理节点，E_x 记录着第 x 层的物理链路，L_{max} 则表示底层网络拓扑分层之后的最大层数。G_L^x 代表一级第 x 层内部的二级分层拓扑，$V_{(x,y)}^i$ 代表以一级分层拓扑中第 x 层节点 N_i 为起始点进行二级分层的第 y 层节点集合；$E_{(x,y)}^i$ 代表以一级分层拓扑中第 x 层节点 N_i 为起始点进行二级分层的第 y 层链路集合。L_{max}^x 为第 x 层的二级分层层数，N_T、L_T 分别表示底层网络中物理节点总数和物理链路总数。分层结构的公式化描述如下：

$$G_L = \sum_{x=1}^{L_{max}} (V_x, E_x) + \sum_{x=2}^{L_{max}} G_L^x \tag{2-3}$$

$$G_L^x = \sum_{V_i \in V_x} \sum_{y=1}^{L_{max}^x} \left(V_{(x,y)}^i, E_{(x,y)}^i \right) \tag{2-4}$$

$$\sum_{x=1}^{L_{max}} V_x - N_T \geqslant 0 \tag{2-5}$$

$$\sum_{x=2}^{L_{max}} E_x + \sum_{x=2}^{L_{max}} \sum_{V_i \in V_x} \sum_{y=2}^{L_{max}^x} E_{(x,y)}^i - L_T = 0 \tag{2-6}$$

　　式（2-3）表明整体分层拓扑结构由每层的节点集合与链路集合构成。式（2-4）表明分层子算法将建立一个以每个节点为起始点的二级分层拓扑结构，其中只包含一级层内部节点及链路。式（2-5）意味着每个节点可能同时存在于数层中，因而所有层的节点数目加起来可能大于节点总数。允许节点处于多个层中有利于寻路算法快速进行 SFC 部署。需要注意的是，SFC 的起始点只能被分在一个层中，以避免 SFC 形成环路而折损性能。式（2-6）则表明：一条链路要么被划分在一级分层拓扑中，要么被划分在二级分层拓扑中，即分层拓扑中所有链路总数应等于实际网络拓扑的链路总数。两级分层拓扑涵盖了物理网络的所有节点和链路信息，是原拓扑的新形式，且相比于原拓扑，分层拓扑蕴含了更多信息，更有利于辅助完成 SFC 的高效部署。

图 2-2 为两级分层拓扑示例图，图 2-2（a）为底层物理网络拓扑，节点 A、B 分别为 SFC 的起始物理节点和目标物理节点。分层子算法首先将 SFC 起始物理节点 A 放到一级分层拓扑的第 1 层中，则当后续从高层向低层寻找最佳路径来部署 VNF 时，一定能追溯到起始节点，从而完成服务功能链的部署；随后将与 A 相连的节点 B、C、D 放入第 2 层，保证相邻高层节点和低层节点间存在连通的链路。VNF 部署在底层网络节点上，它们之间的通信直接依赖于底层网络链路，如果不同 VNF 所在的底层物理节点间存在直连链路，则它们之间的通信更便捷，消耗的带宽资源也更少；接下来将与 B、C、D 节点相连的节点 E、F、I 放到第 3 层中，由于节点 A 是服务功能链的起始节点，只能存在于第 1 层中，因此尽管 A 与第 2 层节点相连，也未将其放到第 3 层中；与第 3 层中节点 E、F、I 相连的底层物理节点有 B、C、D、G、H，但由于 B、C、D 节点同时也存在于 E、F、I 所在层的上一层，即第 2 层，相同的底层物理节点不能存在于中间间隔一层的分层网络拓扑中，所以不能将其放在第 4 层中，最终第 4 层只包含节点 G 和 H。依次类推，直至为所有一级层填入了节点。完成一级分层后，检查每个一级层内部是否有节点互连，如果有则进行内部分层：第 2 层中的 C、D 两个节点处于互连状态，因此对第 2 层进行二级分层，分层规则和一级分层的一致。

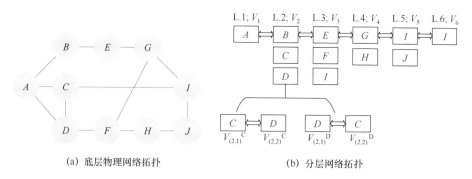

(a) 底层物理网络拓扑　　　　　　　(b) 分层网络拓扑

图 2-2　两级分层拓扑示例图

网络拓扑分层根据 SFC 起始位置将底层物理节点合理划分在不同的层次

中，用相应的网络链路关联相邻层次，从而形成一级分层；但部分链路信息未
在一级分层中体现出来，因此需要在一级层内部进行二级分层，使隐藏的链路
信息显露出来。两级分层机制没有对底层网络的节点或链路做任何改变，却以
一种更契合 SFC 部署的方式对物理网络进行了全新呈现。给出了分层子算法
伪码。

算法 2-1　网络拓扑分层子算法

输入：底层网络拓扑 G、SFC 起始节点、SFC 目标节点

输出：两级分层网络拓扑结构 G_L

1:　将 SFC 起始节点放入第 1 层，更新最大分层数 L_{max} 为 1

2:　**while** 当前最高层节点集合非空 **and** 已分层链路数小于总链路数，**do**

3:　　　找出所有与 $V_{L_{max}}$ 中节点相连的物理节点，放入集合 N_{temp}

4:　　　**for** 每个 N_{temp} 中的节点，**do**

5:　　　　　若该节点不存在于 $L_{max}-1$ 层，则将该节点放入 $L_{max}+1$ 层

6:　　　**end for**

7:　　　$L_{max}=L_{max}+1$

8:　**end while**

9:　**for** 每个一级层节点集合 V_x，**do**

10:　　**for** 每个 V_x 中的节点 N_i，**do**

11:　　　　以 N_i 为起点对 V_x 进行二级分层

12:　　**end for**

13: **end for**

14: **return** 分层网络拓扑结构 G_L

2.2.2.2　带宽资源开销优化算法

算法 2-1 完成了底层网络拓扑的两级分层，其返回的分层信息 G_L 将使用
以辅助带宽资源开销优化算法，即主算法，进行 SFC 部署。

带宽资源开销优化算法在网络拓扑分层子算法之上完善了应对 SFC 请求
的处理逻辑。在收到 SFC 请求时，主算法会首先调用分层算法，以 SFC 起点
为初始点将整个底层拓扑进行重编排，完成两级分层任务。基于分层信息
G_L，主算法对 SFC 请求和底层拓扑的契合度做出初步判断，如通过对比该
SFC 长度和分层后网络拓扑的层数判断其是否超出当前底层网络的承受范围。
若 SFC 长度约等于分层网络的最大层数，则两者比较契合，大概率能在不浪

费底层网络资源的情况下进行部署；若 SFC 长度远大于分层网络的最大层数，则部署将十分困难，大概率无法部署，即便是部署成功也会消耗过多底层网络资源，降低网络的承载能力；若 SFC 长度远小于分层网络的最大层数，则能轻松部署该项服务，但可能会出现带宽资源浪费。

若初步判断的结论是可尝试部署，则主算法由低到高在层数大于 SFC 长度的一级层中寻找 SFC 目标节点。若找到目标节点，则从目标节点开始，由高到低逆向延伸 SFC 部署路径，直至到达起始节点。主算法在向下搜索节点时，始终保持节点可用计算资源和链路可用带宽资源满足 SFC 资源需求，并择优选择。若成功找到一条路径，则返回作为部署方案，若无法找到，则拒绝该 SFC。算法 2-2 给出了主算法伪码。

算法 2-2 带宽资源开销优化算法（SFCD-LEMB 算法）

输入： 底层物理网络拓扑 G 和 SFC 请求

输出： SFC 请求的部署方案

1: 收到 SFC 请求

2: 调用分层子算法 2-1，以 SFC 起点为初始点对底层网络进行两级分层

3: 在分层拓扑中定位 SFC 目标节点，设定该节点为当前节点，置入 N_{SFC}

4: 从当前节点开始向低层寻找下一个合适的节点

5: **while** 当前节点 ≠ SFC 起始节点，**do**

6:     **if** N_{SFC} 集合中节点数目+当前节点所在层数 < SFC 剩余长度，**do**

7:         将当前节点下一个一级层及下一个二级层的节点按照可用资源降序排列

8:     **else**

9:         将当前节点上一个一级层及上一个二级层的节点按照可用资源降序排列

10:     **end if**

11:     将可用资源最大的节点放入 N_{SFC} 集合，并且设置为当前节点

12: **end while**

13: **if** N_{SFC} 集合中节点及链路的剩余资源满足 SFC 资源需求，**do**

14:     进行 SFC 部署和实例化，返回部署结果为成功

15: **else**

16:     返回部署结果为失败

17: **end if**

算法 2-2 依靠分层子算法返回的信息，将部署 VNF 节点的候选对象从所有物理节点约束至某层的节点，极大缩小了搜索范围；相邻层次间的直连链路

也大大缩短了串联这些节点的物理路径，因此较易得出可以承载 SFC 请求的高效部署方案。

2.2.3　仿真结果及分析

本小节对算法的性能进行仿真验证，主要考察 SFC 部署成功率及底层网络带宽资源开销。

2.2.3.1　仿真环境介绍

仿真使用的计算设备为英特尔 i5-2430 处理器，内存为 2GB，运行环境为 Linux。底层网络拓扑均由开源软件 GT-ITM 在 Waxman 模式下随机生成[12]，其中参数 a 设置为 0.3，参数 b 设置为 0.5。节点规模分别为 100（小型）、300（中型）和 1000（大型）。节点计算资源在（5，10）之间随机分布，链路带宽资源在（200，400）之间随机分布。三个拓扑同时用于仿真，以验证主算法在不同规模拓扑下的性能优势。SFC 到达率服从泊松分布，其期望设定为 40。采用的对比算法为 KVDF（Key Virtual Network Function Deploy First）和 CCMF（Closed-loop with Critical Mapping Feedback）[13]。

2.2.3.2　分层子算法仿真

为了验证分层子算法探索网络资源分布、精准发挥突破硬件瓶颈的潜力。在底层网络中在线 SFC 数量稳定于 40 条左右时，对分层拓扑中每层的资源（链路带宽资源和节点计算资源，其中带宽资源又细分为向上和向下）进行统计分析，定位限制系统承载能力的一级层级，再扫描该层的二级层级，得到更详细的资源分布情况。分层子算法在小规模拓扑下的仿真结果如图 2-3 所示。

图 2-3（a）显示第 5～10 层（一级层）的剩余带宽资源和节点计算资源相对较少，随着 SFC 数量的增加可能会成为网络瓶颈。图 2-3（b）是资源相对匮乏的第 7 层的详细资源信息。节点 67 与邻层相连的带宽资源都比较匮乏，导致该节点上的计算资源得不到充分利用；节点 72 则是计算资源匮乏，尽管带宽资源充裕，却没有足够的算力来承载 VNF，导致资源浪费。这些节点可能会割裂底层网络，产生多个无法相互协作的子网，极大限制整个网络的承载能力。

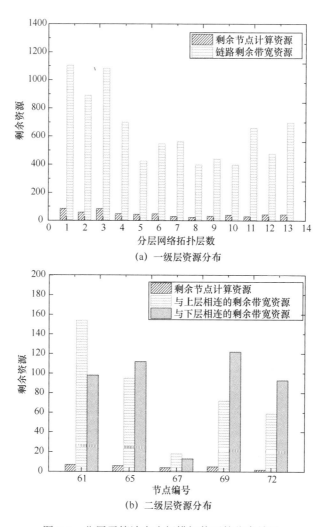

(a) 一级层资源分布

(b) 二级层资源分布

图 2-3　分层子算法在小规模拓扑下的仿真结果

　　图 2-4 和图 2-5 相继给出了分层子算法在中规模和大规模拓扑下的仿真结果，仍能清晰地观察到瓶颈节点、链路。由此可判断：在分层子算法的帮助下，可以找出网络中的资源匮乏点，并且有针对性地补充节点算力或通信链路，以最小的代价实现精准的网络升级，修复因资源匮乏而出现的各种网络问题，从而大幅提升网络的承载能力。

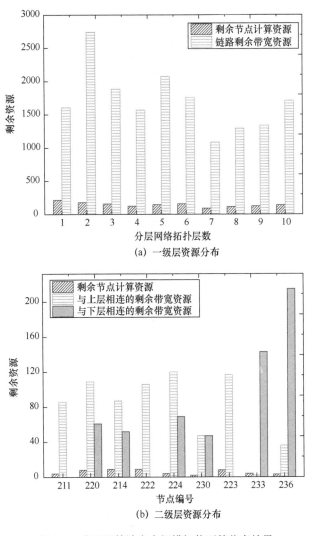

图 2-4 分层子算法在中规模拓扑下的仿真结果

2.2.3.3 SFC 部署成功率

图 2-6 分别对应三种算法在小、中、大规模拓扑下 SFC 的部署成功率。CCMF、KVDF 平均部署成功率分别是 75%和 55%,相比之下主算法(SFCD-LEMB)则一直维持在 85%左右,始终处于领先地位。

随着网络规模由小变大,CCMF 和 KVDF 的成功率出现明显波动:前者在小规模拓扑下性能较好,后者则相反,两者都只能在部分拓扑下达到最佳性

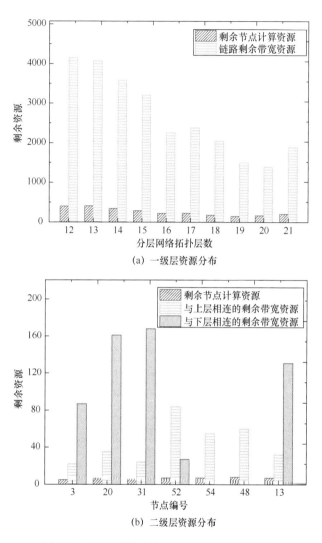

(a) 一级层资源分布

(b) 二级层资源分布

图 2-5　分层子算法在大规模拓扑下的仿真结果

能。SFCD-LEMB 算法的部署成功率则平稳得多，只出现轻微的性能损失。这得益于分层子算法重编排的两级拓扑结构对 SFC 顺利部署的精准指导。此外，随着 SFC 长度的变化，CCMF 和 KVDF 算法的部署成功率依然波动明显。而由于分层子算法对底层拓扑的"感知"能力，SFCD-LEMB 算法能动态适配 SFC 长度变化，做出更优的部署决策，从而使成功率对 SFC 长度不敏感。

由此可印证，在相同环境下（同一拓扑或相同 SFC 长度），SFCD-LEMB 算法相较于对比算法，能始终保持更稳定、更优质的 SFC 部署成功率。

2.2.3.4 SFC 带宽资源开销

图 2-7 分别对应三种算法在小、中、大规模拓扑下的带宽资源开销。SFCD-LEMB 的带宽资源开销始终远低于其他对比算法：在中、小规模拓扑

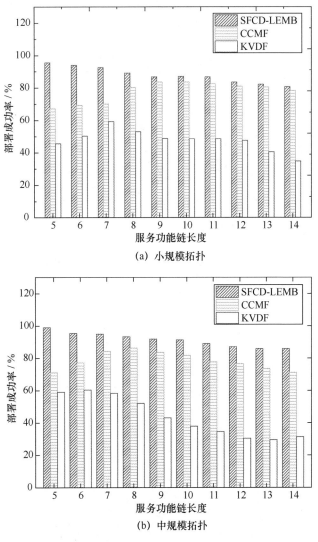

(a) 小规模拓扑

(b) 中规模拓扑

图 2-6　三种算法在不同拓扑下 SFC 部署成功率

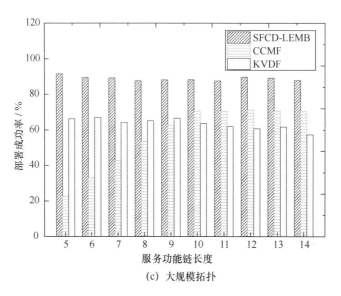

（c）大规模拓扑

图 2-6　三种算法在不同拓扑下 SFC 部署成功率（续）

中，SFCD-LEMB 算法的带宽资源开销大约是 CCMF 的 60%、KVDF 的 50%；在大规模拓扑中则大约是 70%和 60%。

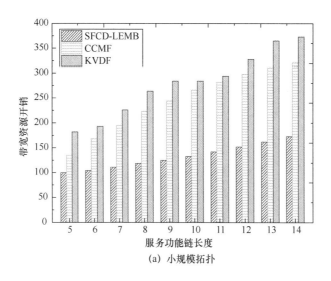

（a）小规模拓扑

图 2-7　三种算法在不同拓扑下的带宽资源开销

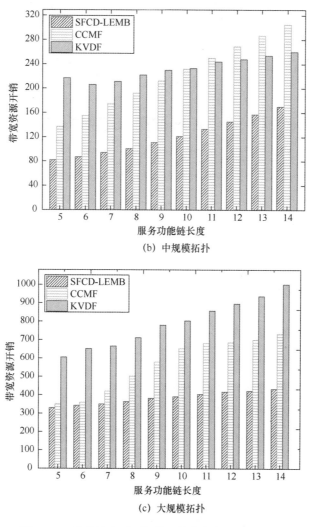

（b）中规模拓扑

（c）大规模拓扑

图 2-7 三种算法在不同拓扑下的带宽资源开销（续）

　　当 SFC 较短时，SFCD-LEMB 的带宽资源开销小，优于其他对比算法，随着 SFC 加长，主算法的优势越来越显著。其他算法的带宽资源开销随 SFC 长度的增长快速上升，但 SFCD-LEMB 算法能保持轻量增幅和平稳的增速，性能释放稳定，能更高效地调度物理资源，缓解运营商的硬件压力，保证更好的服务质量。

　　SFCD-LEMB 算法借助分层拓扑信息在部署 SFC 请求时能够有选择、有方向地延伸路径，尽可能使映射路径与 SFC 相匹配，从而达到高效利用物理资源的效果。因此，在同拓扑、同 SFC 长度的环境下，SFCD-LEMB 的资源开销必然优于对比算法，这也赋予了该算法更大的潜力去应对网络重载的情况。

2.3 基于 BFS 和 SFC 扩展的高效映射算法

本节将研究 SFC 的高效部署问题。首先对该问题进行阐述，并建立数学模型。基于建立的数学模型，在给定一组 SFC 部署请求情况下，以资源高效利用为目标，降低 SFC 部署的端到端时延，提出高效的 SFC 部署算法并对其进行仿真实验和性能对比分析。

2.3.1 数学模型

2.3.1.1 物理网络模型

物理网络是承载 SFC 部署的底层网络，通常由一系列服务器和连接服务器与交换设备的物理链路组成。服务器具有一定的计算资源，物理链路具有一定的带宽资源。物理网络可以建模为图 $G_P = (N_P, E_P)$，其中 $N_P = n_1, n_2, \cdots, n_{|NP|}$ 是网络节点集合，$E_P = e_1, e_2, \cdots, e_{|EP|}$ 是网络链路集合，|NP|和|EP|分别代表物理节点、链路数量。节点 n_i 指具有一定计算资源的服务器，$a(n_i)$ 表示其计算资源容量，$c(n_i)$ 表示剩余计算资源，$b(n_i)$ 表示节点负载率，定义如下：

$$b(n_i) = \frac{a(n_i) - c(n_i)}{a(n_i)}, \forall n_i \in N_P \qquad (2\text{-}7)$$

对于一条物理链路 l_i，$a(l_i)$ 表示其带宽资源容量，$c(l_i)$ 表示剩余带宽资源，$b(l_i)$ 表示链路负载率，定义如下：

$$b(l_i) = \frac{a(l_i) - c(l_i)}{a(l_i)}, \forall l_i \in E_P \qquad (2\text{-}8)$$

此外，$p(n_i, n_j)$ 表示从节点 n_i 到节点 n_j 的一条物理路径，如式（2-9）所示。链路 l_i 的两个端点分别表示为 $n_{l_{i_1}}$ 和 $n_{l_{i_2}}$ ，其传输时延表示为 $d(l_i)$ 或 $d(n_{l_{i_1}}, n_{l_{i_2}})$ 。 $p(n_i, n_j)$ 的端到端时延等于这条路径上所有链路的传输时延之和，表示为 $d(n_i, n_j)$ ，如式（2-10）和式（2-11）所示。

$$p\left(n_i, n_j\right) = \{l_m, \cdots, l_n\} \subseteq E_{\mathrm{P}} \ \forall n_i, n_j \in N_{\mathrm{P}} \tag{2-9}$$

$$d\left(l_i\right) = d\left(n_{l_{i_1}}, n_{l_{i_2}}\right) \forall l_i \in E_{\mathrm{P}} \tag{2-10}$$

$$d\left(n_i, n_j\right) = \sum_{l_k \in p\left(n_i, n_j\right)} d\left(l_k\right) \forall n_i, n_j \in N_{\mathrm{P}} \tag{2-11}$$

2.3.1.2　SFC 请求模型

SFC 请求由一组 VNF 和 VNL 组成，VNF 具有一定的计算资源需求，而 VNL 具有一定的带宽资源需求，物理节点或链路的剩余资源必须大于资源需求才能承载虚拟节点或链路。$\mathrm{List}_{\mathrm{SFC}} = \left\{ G_{\mathrm{S}_1}, G_{\mathrm{S}_2}, \cdots, G_{\mathrm{S}_{|\mathrm{List}_{\mathrm{SFC}}|}} \right\}$ 表示一组 SFC 的集合，$|\mathrm{List}_{\mathrm{SFC}}|$ 表示 SFC 的数量。一条 SFC 可以建模为一个有向的权重图 $G_{\mathrm{S}} = (N_{\mathrm{S}}, E_{\mathrm{S}})$ ，$N_{\mathrm{S}} = \{\mathrm{vnf}_1, \mathrm{vnf}_2, \cdots, \mathrm{vnf}_{|\mathrm{NS}|}\}$ 表示 SFC 中 VNF 的集合，$E_{\mathrm{S}} = \{e_1, e_2, \cdots, e_{|\mathrm{ES}|}\}$ 表示 VNL 的集合。$|\mathrm{NS}|$ 和 $|\mathrm{ES}|$ 分别表示 SFC 中 VNF 和 VNL 的数量。部署 vnf_i 需要消耗的计算资源量为 $r(\mathrm{vnf}_i)$ ，部署 e_i 需要消耗的带宽资源为 $r(e_i)$ 。每条 SFC 具有一个已知的源节点和目的节点，分别用 S 和 D 表示，分别代表服务终端和用户所在的位置。此外，网络流必须按预定顺序通过 VNF，可以表示为 $C_{\mathrm{OR}} = \{\mathrm{vnf}_1 \rightarrow \mathrm{vnf}_2 \rightarrow \cdots \rightarrow \mathrm{vnf}_{|\mathrm{NS}|}\}$ 。

2.3.1.3　SFC 部署模型

对于一条 SFC 请求 $G_{\mathrm{S}} = (N_{\mathrm{S}}, E_{\mathrm{S}})$ ，用 $\mathrm{DS} = \{\mathrm{DS}_{\mathrm{N}}, \mathrm{DS}_{\mathrm{E}}\}$ 表示 SFC 的部署方案。其中，$\mathrm{DS}_{\mathrm{N}} = \{\mathrm{DS}_{\mathrm{N}}(\mathrm{vnf}_1), \mathrm{DS}_{\mathrm{N}}(\mathrm{vnf}_2), \cdots, \mathrm{DS}_{\mathrm{N}}(\mathrm{vnf}_{|\mathrm{NS}|})\}$ 记录着部署 VNF 的物理节点，$\mathrm{DS}_{\mathrm{E}} = \{\mathrm{DS}_{\mathrm{E}}(e_1), \mathrm{DS}_{\mathrm{E}}(e_2), \cdots, \mathrm{DS}_{\mathrm{E}}(e_{|\mathrm{ES}|})\}$ 记录着部署 VNL 的物理路径。下面介绍 VNF 部署和 VNL 部署的建模。

1. VNF 部署

$$\mathrm{DS}_{\mathrm{N}} : N_{\mathrm{S}} \xrightarrow{\mathrm{DS}_{\mathrm{N}}} N' \tag{2-12}$$

$$\mathrm{DS_N}\left(\mathrm{vnf}_i\right)\in N' \quad \forall \mathrm{vnf}_i\in N_\mathrm{S} \tag{2-13}$$

$$c\left(\mathrm{DS_N}\left(\mathrm{vnf}_i\right)\right)\geqslant r\left(\mathrm{vnf}_i\right) \quad \forall \mathrm{vnf}_i\in N_\mathrm{S} \tag{2-14}$$

在式（2-12）中，$N'\subset N_\mathrm{P}$ 表示承载了所有 VNF 的物理节点集合。如式（2-13）所示，$\mathrm{DS_N}(\mathrm{vnf}_i)$ 记录着承载 vnf_i 的物理节点。式（2-14）表示承载 VNF 的物理节点的剩余计算资源大于或等于 VNF 的计算资源需求。

$$Z\left(\mathrm{vnf}_i,n_j\right)\in\{0,1\} \quad \forall \mathrm{vnf}_i\in N_\mathrm{S},n_j\in N_\mathrm{P} \tag{2-15}$$

$$\sum_{j=1}^{|NP|}Z\left(\mathrm{vnf}_i,n_j\right)=1 \quad \forall \mathrm{vnf}_i\in N_\mathrm{S} \tag{2-16}$$

$$\sum_{i=1}^{|NS|}Z\left(\mathrm{vnf}_i,n_j\right)=1 \quad \forall n_j\in N_\mathrm{P} \tag{2-17}$$

$$\sum_{G_\mathrm{S}\in\mathrm{List_{SFC}}}\sum_{\mathrm{vnf}_i\in N_\mathrm{S}}Z\left(\mathrm{vnf}_i,n_j\right)\times r\left(\mathrm{vnf}_i\right)\leqslant a\left(n_j\right) \quad \forall n_j\in N_\mathrm{S} \tag{2-18}$$

$Z(\mathrm{vnf}_i,n_j)$ 是二进制变量，$Z(\mathrm{vnf}_i,n_j)=1$ 表示第 i 个 VNF 被部署在物理节点 n_j 上，否则 $Z(\mathrm{vnf}_i,n_j)=0$。式（2-16）和式（2-17）表示一个 VNF 只能部署在一个物理节点上且一个物理节点只能承载一条 SFC 的一个 VNF。式（2-18）确保了所有部署在节点 n_j 上的 VNF 的计算资源需求不超过该节点的计算资源容量。

2. VNL 部署

$$\mathrm{DS_E}:E_\mathrm{S}\overset{\mathrm{DS_E}}{\to}E' \tag{2-19}$$

$$\mathrm{DS_E}\left(e_i\right)\in E' \quad \forall e_i\in E_\mathrm{S} \tag{2-20}$$

$$\min_{l_j\in\mathrm{DS_E}(e_i)}\left\{c\left(l_j\right)\right\}\geqslant r\left(e_i\right) \quad \forall e_i\in E_\mathrm{S} \tag{2-21}$$

在式（2-19）中，E' 表示承载了所有 VNL 的物理路径集合。式（2-20）表示 $\mathrm{DS_E}(e_i)$ 记录承载着 e_i 的物理路径。式（2-21）表示物理链路的剩余带宽资源必须大于或等于 VNL 的带宽资源需求。

$$Y\left(e_i,l_j\right)\in\{0,1\}\ \forall e_i\in E_{\mathrm{S}},l_j\in E_{\mathrm{P}} \tag{2-22}$$

$$\sum_{G_{\mathrm{S}}\in\mathrm{List}_{\mathrm{SFC}}}\sum_{e_i\in E_{\mathrm{S}}}Y\left(e_i,l_j\right)\times r\left(e_i\right)\leqslant a\left(l_j\right)\forall l_j\in E_{\mathrm{P}} \tag{2-23}$$

$$p_{\mathrm{succ}}=\frac{\mathrm{NUM}_{\mathrm{succ}}}{\left|\mathrm{List}_{\mathrm{SFC}}\right|} \tag{2-24}$$

$Y(e_i,l_j)$ 是一个二进制变量，$Y(e_i,l_j)=1$ 表示第 i 条 VNL 请求 e_i 被部署在物理链路 l_j 上，否则 $Y(e_i,l_j)=0$。不同于 VNF 部署，一条 VNL 可能映射到多条物理链路上，即 $Y(e_i,l_j)$ 之和不要求等于 1。式（2-23）确保了部署在物理链路 l_j 上的所有 VNL 的带宽资源需求之和不超过该链路的带宽资源容量。式（2-24）定义了 SFC 的部署成功率，即成功部署的 SFC 个数除以全部 SFC 请求数。

2.3.2　优化目标

本小节致力于综合优化 SFC 部署的带宽资源开销、物理节点负载率及端到端服务时延三项性能指标。

2.3.2.1　带宽资源开销

带宽资源开销的公式化描述为

$$\mathrm{Band}_{G_{\mathrm{S}}}=\sum_{e_i\in E_{\mathrm{S}}}\sum_{l_j\in\mathrm{DS}(e_i)}r\left(e_i\right)\forall G_{\mathrm{S}}\in\mathrm{List}_{\mathrm{SFC}} \tag{2-25}$$

$$\mathrm{Band}_{\mathrm{tot}}=\sum_{G_{\mathrm{S}}\in\mathrm{List}_{\mathrm{SFC}}}\sum_{e_i\in E_{\mathrm{S}}}\sum_{l_j\in\mathrm{DS}(e_i)}r\left(e_i\right) \tag{2-26}$$

$\mathrm{Band}_{G_{\mathrm{S}}}$ 表示整条 SFC 的带宽资源开销，即所有 VNL 部署路径的带宽资源开销之和。$\mathrm{Band}_{\mathrm{tot}}$ 表示全部 SFC 的总带宽资源开销。

2.3.2.2　节点负载率

式（2-27）表示物理网络中节点的最大负载率，即物理网络中所有节点负载率的最大值。

$$\text{Load}_{\text{node}} = \max_{n_i \in N_{\text{P}}} \left\{ b(n_i) \right\} \tag{2-27}$$

2.3.2.3 端到端时延

式（2-28）表示一条 SFC 的端到端时延，即所有 VNL 部署路径的时延之和。$\text{Delay}_{\text{tot}}$ 表示全部 SFC 的端到端时延之和。

$$\text{Delay}_{G_{\text{S}}} = \sum_{e_i \in E_{\text{S}}} \sum_{l_j \in \text{DS}(e_i)} d(l_j) \quad \forall G_{\text{S}} \in \text{List}_{\text{SFC}} \tag{2-28}$$

$$\text{Delay}_{\text{tot}} = \sum_{G_{\text{S}} \in \text{List}_{\text{SFC}}} \sum_{e_i \in E_{\text{S}}} \sum_{l_j \in \text{DS}(e_i)} d(l_j) \tag{2-29}$$

2.3.3 算法设计

SFC 部署算法的性能在很大程度上取决于部署路径的长度。因此，本小节设计了一个基于最短路径和 SFC 扩展的部署优化算法 SFCDO。算法分为两个阶段。

（1）利用广度优先搜索（Breadth First Search，BFS）对物理网络拓扑进行预处理，找到源节点和目的节点之间的最短路径长度及不同跳数的节点分布。

（2）比较最短路径长度与 SFC 长度，根据对比结果采取相应的部署策略。

2.3.3.1 基于 BFS 的拓扑预处理

算法 2-3 给出了 SFCDO 算法的伪码：调用 BFS 算法，对源节点和目的节点之间的层序进行遍历，得到两个节点之间不同跳数的节点分布，以及两个节点之间最短路径长度。

算法 2-3 基于 BFS 的拓扑预处理算法

输入：	（1）物理网络拓扑；
	（2）源节点 S、目的节点 D
输出：	（1）源节点和目的节点之间的最短路径长度
	（2）两节点间不同跳数的节点分布

1: 初始化：$\text{queue} = \varnothing, \text{List} < \text{List} < n_i >> \text{list}_1 = \varnothing,$

$\qquad\quad \text{List} < n_i > \text{list}_2 = \varnothing, \text{con}_1 = 1, \text{con}_2 = 0, \text{length} = 0$

2: 将源节点 S 加入 queue

3: **while** $\text{queue} \neq \varnothing$，**do**

4: $\qquad$ 从 queue 取出一个物理节点并将其标记为 T

5:　　　　　将 T 加入到 list_2 中，并标记为已访问

6:　　　　　$\text{con}_1 = \text{con}_1 - 1$

7:　　　　**if** T 是目的节点 D, **do**

8:　　　　　　将 list_2 加入到 list_1 中

9:　　　　　　$\text{length} = \text{length} + 1$

10:　　　　　**return** length 和 list_1

11:　　　　**end if**

12:　　　　**for** T 的邻接节点 V, **do**

13:　　　　　　**if** V 没有访问过, **do**

14:　　　　　　　将 V 加入到 queue 中

15:　　　　　　　$\text{con}_2 = \text{con}_2 + 1$

16:　　　　　　**end if**

17:　　　　**end for**

18:　　　　**if** $\text{con}_1 = 0$, **do**

19:　　　　　　将 list_2 加入到 list_1 中，list_2 重新置为空

20:　　　　　　令 con_1 等于 con_2 ，con_2 重新置 0

21:　　　　　　$\text{length} = \text{length} + 1$

22:　　　　**end if**

23: **end while**

　　算法 2-3 输入物理网络拓扑信息及 SFC 的源节点和目的节点，输出两个节点之间最短路径长度和不同跳数的节点分布。初始化过程创建一个队列 queue 并将其设置为空，初始化二维列表 list_1、一维列表 list_2 和两个计数变量 con_1、con_2，分别用于记录当前及下一跳中的节点数。length 用于记录源节点和目的节点之间最短路径长度。

　　算法 2-3 第 2 行将源节点 S 加入 queue。当 queue 不为空时，将迭代搜索下一个物理节点直到找到目的节点。第 4 行获取队首物理节点，将其标记为 T，将 T 添加到 list_2 中并将节点 T 标记为已访问，变量 con_1 自减 1。如果 T 是目的节点，则表示已经找到了源节点和目的节点之间满足资源约束条件的最短路径。于是，将 list_2 添加到 list_1 中，变量 length 自加 1，算法 2-3 完成任务并返回 length 和 list_1；如果 T 不是目的节点，则需要遍历 T 的邻居节点。如果 T 的邻居节点 V 尚未被访问，则将 V 放入 queue 中，然后变量 con_2 自加 1。con_1 等于 0 表明已遍历当前跳数的所有节点，需要将 list_2 加入到 list_1 中并将 list_2 重新置空用以记录下一跳节点。最后更新变量 con_1、con_2 及 length 的值。

31

图 2-8 展示了 BFS 算法示例。底层网络是由 6 个物理节点和 7 条物理链路组成的简单拓扑。图 2-8（a）显示了初始化阶段，源节点 s 被添加到 queue 中，并且所有参数都被设置为它们的初始值；在图 2-8（b）中，从队列中移除节点 s 标记为已访问并标记其跳数，然后访问节点 s 的邻居节点，发现新节点 r 和 w 并将它们加入到 queue 中。由于 con_1 等于 0，所以算法更新参数状态。

在图 2-8（c）中，节点 r 被移除并添加到 $list_2$ 中，遍历节点 r 的邻居节点未发现新节点。在图 2-8（d）中，遍历当前节点 w 的邻居节点得到节点 t 和 x。此时 con_1 等于 0，算法更新参数状态。接下来，从 queue 中移除节点 t 并将其加入 $list_2$，遍历其邻居节点，发现 d。节点 d 被添加到 queue 中，con_2 自加 1，到达图 2-8（e）所示的状态。在图 2-8（f）中，算法从 queue 中取出 x，由于 con_1 等于 0，所以算法更新这些参数状态。在图 2-8（g）中，queue 中弹出节点 d，因为它是目的节点，所以算法达到终止条件，更新参数并返回 length 和 $list_1$。

在连通的网络拓扑中，算法 2-3 可以快速找到源节点、目的节点间最短路径的长度，以及不同跳数的节点分布。后续将基于算法返回的结果执行三种不同的 SFC 部署策略。

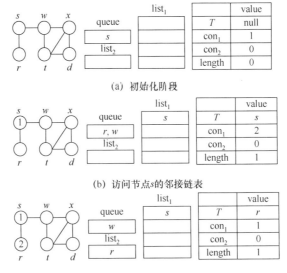

(a) 初始化阶段

(b) 访问节点s的邻接链表

(c) 访问节点r的邻接链表

图 2-8 BFS 算法示例

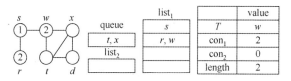

(d) 访问节点 w 的邻接链表

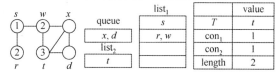

(e) 访问节点 t 的邻接链表

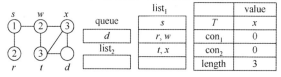

(f) 访问节点 x 的邻接链表

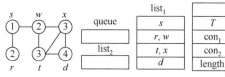

(g) 找到目的节点 d

图 2-8　BFS 算法示例（续）

2.3.3.2　基于 BFS 的 SFC 部署算法

基于算法 2-3 返回的信息，比较最短路径和 SFC 长度，可得到 3 种结果：最短路径长度等于、小于或大于 SFC 长度。本小节的算法为每种结果提供了各自的部署方案。

$$\mathrm{OSF}\left(n_k\right)=\lambda \cdot \mathrm{delay}_{\mathrm{rate}}\left(n_k\right)+\left(1-\lambda\right)\cdot\left(b\left(n_k\right)+b\left(n_c,n_k\right)\right) \tag{2-30}$$

$$\mathrm{delay}_{\mathrm{rate}}\left(n_k\right)=\frac{d\left(n_c,n_k\right)}{\max\limits_{n_m\in\mathrm{SOC}_{\mathrm{node}}}\left\{d\left(n_c,n_m\right)\right\}} \tag{2-31}$$

式（2-30）定义了节点 n_k 的最佳选择因子 $\mathrm{OSF}(n_k)$，其中 n_c 是当前选定的最后一个物理节点，其初始值为目的节点，λ 为权重因子。$\mathrm{OSF}(n_k)$ 由链路时延和节点链路负载率加权而成，增加 λ 意味着更关注端到端时延，反之更重视负载率。后续实验观测了 λ 的变化对部署性能的影响。从式（2-31）中可以看出，$\mathrm{delay_{rate}}(n_k)$ 的计算方法，$\mathrm{SOC_{node}}$ 表示候选节点集合，其中的成员与上层或当前层节点相连。$d(n_c, n_k)$ 是连接节点 n_c 和 n_k 的链路的时延，分母是所有候选链路的最大时延。$b(n_k)$ 是节点负载率，$b(n_c, n_k)$ 是相连链路的负载率。$d(n_c, n_k)$ 除以最大时延是为了让负载率在选择节点时具有更大的权重。算法将选择满足式（2-14）和式（2-21）约束且具有最小 OSF 的节点来部署当前 VNF（VNL）。过程伪码见算法 2-4。

算法 2-4　基于 BFS 的 SFC 部署算法

输入：（1）物理网络拓扑 $G_p = (N_p, E_p)$

（2）SFC 请求 $G_S = (N_S, E_S)$ 及源节点 S 和目的节点 D

（3）两节点之间的最短路径长度 length 及不同跳数的节点分布 list₁

输出： SFC 部署方案 DS

1:　初始化：DS={D}，L_{path}=length，L_{SFC}=|NS|，n_s=D
2:　**while** $n_s \neq S$, **do**
3:　　**if** L_{path}=L_{SFC}, **do**
4:　　　从 VNF 集合 N_S 中取出最后一个 VNF
5:　　　在前一跳节点分布集合中找到满足资源约束且具有最小 OSF 的节点 n_k
6:　　　**if** 找到了物理节点 n_k, **do**
7:　　　　n_s=n_k；DS=DS∪n_k；L_{path}=L_{path} - 1；L_{SFC}=L_{SFC} - 1
8:　　　**else**
9:　　　　**return**　DS
10:　　　**end it**
11:　　**else if** L_{path}>L_{SFC}, **do**
12:　　　在 E_S 中找到带宽资源需求最小的 VNL 请求 e，带宽请求资源为 $r(e)$
13:　　　扩展 SFC，增加|L_{path}-L_{SFC}|条带宽资源需求为 $r(e)$ 的 VNL
14:　　**else if** L_{path}<L_{SFC}, **do**
15:　　　从 VNF 集合 N_S 中取出最后一个 VNF
16:　　　在当前跳节点分布集合中寻找满足资源约束且具有最小 OSF 的节点 n_k
17:　　　**if** 找到了物理节点 n_k, **do**
18:　　　　n_s=n_k；DS=DS∪n_k；L_{SFC}=L_{SFC} - 1
19:　　　**else**
20:　　　　在前一跳节点分布集合中寻找满足资源约束且有最小 OSF 的节点 n_k
21:　　　　**if** 找到了物理节点 n_k, **do**
22:　　　　　n_s=n_k；DS=DS∪n_k；L_{path}=L_{path} - 1；L_{SFC}=L_{SFC} - 1
23:　　　　**else**

```
24:              return DS
25:          end if
26:        end if
27:      end if
28:  end while
29:  return DS
```

算法 2-4 以物理拓扑、包含源节点和目的节点的 SFC 请求及算法 2-3 的返回信息为输入，在不断迭代中寻找物理节点来承载 VNF，最终返回 SFC 的部署方案（如果能成功部署的话）。

算法 2-4 通过比较 L_{path} 和 L_{SFC} 的大小来决定部署方案。如果 L_{path} 等于 L_{SFC}，则在前一跳节点分布中寻找物理节点以部署当前 VNF，节点必须满足节点和链路资源约束，并且具有最小的 OSF。如果 L_{path} 大于 L_{SFC}，即两节点间最短路径长度大于 SFC 长度，在这种情况下，最短路径中存在冗余节点和链路，于是算法对 SFC 进行扩展：添加新的 VNF 和 VNL，使 L_{path} 等于 L_{SFC}。新增的 VNL 需要消耗带宽资源，因此需选择 SFC 中带宽资源需求最小的 VNL 进行扩展，但添加的 VNF 不消耗额外的计算资源。如果 L_{path} 小于 L_{SFC}，则当前 SFC 不能部署在两节点之间的最短路上，则算法将在最短路径中的节点之间寻找其他节点扩展物理路径以匹配 SFC 长度。每次迭代首先尝试在当前跳节点集合中寻找物理节点，然后在上一跳节点集合中寻找物理节点。DS 用于记录部署方案，算法结束时，通过比较 SFC 和部署方案 DS 来判断是否成功，并且计算部署 SFC 所产生的资源开销。

图 2-9 演示了基于 BFS 的 SFC 部署示例。图 2-9（a）展示了算法 2-3 的输出，包括底层物理网络拓扑、两个节点之间最短路径的长度及不同跳数的节点分布信息。图 2-9（b）展示了一条包含两个 VNF 和三条 VNL 的 SFC 请求示例。图 2-9（c）展示了所有物理链路的端到端时延和负载率。图 2-9（d）给出了所有节点的实时负载率。

示例中假设网络节点计算资源和链路带宽资源都满足资源需求。为了找到节点 s 和 d 之间的一条物理路径来部署 SFC，算法 2-4 从目的节点开始搜索。由于 SFC 长度等于两个节点间最短路径长度，因此从 d 的上层开始搜索节点，如 list$_1$ 中所示，有两个候选节点 t 和 x。两个节点的 OSF 如图 2-9（e）所示。由于节点 x 的最优选择因子 OSF 小于节点 t 的 OSF，所以选择节点 x 来部署 vnf$_2$，同时部署相应的 VNL。然后从节点 x 开始，寻找承载下一个 VNF 的物理节点，候选节点是 r 和 w。由于节点 r 不是节点 x 的邻居节点，所以只能选择 w 来部署 vnf$_1$。最后，找到了源节点 s，成功部署该 SFC，部署路径是 $s{\rightarrow}w{\rightarrow}x{\rightarrow}d$。图 2-9（f）显示了 SFC 部署方案。

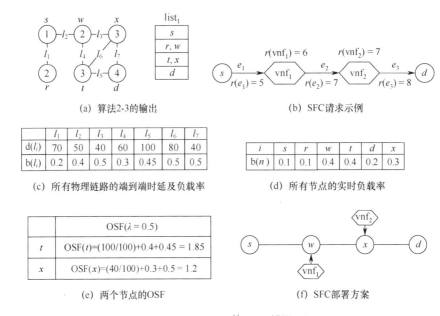

（a）算法2-3的输出   （b）SFC请求示例

（c）所有物理链路的端到端时延及负载率   （d）所有节点的实时负载率

（e）两个节点的OSF   （f）SFC部署方案

图 2-9   基于 BFS 的 SFC 部署示例

算法 2-4 是基于 BFS 和 SFC 扩展的部署方案。它优先选择源节点和目的节点间跳数较少的路径来部署 SFC。由于部署路径的长度与端到端时延和带宽资源开销密切相关，因此算法可以同时优化这两项性能指标。此外，该算法引入最优选择因子 OSF 对平衡物理设备负载有积极影响。

2.3.3.3   算法复杂度分析

本小节提出的 SFCDO 算法由算法 2-3 和算法 2-4 组成。假设物理网络拓扑中存在 |NP| 个节点和 |EP| 条链路，则 SFCDO 算法的时间复杂度分析如下。

（1）算法 2-3 在源节点和目的节点间调用 BFS 搜索。过程中每个节点最多

入队、出队一次，即队列操作的总时间为 $O(|NP|)$。网络拓扑信息存储于邻接链表，算法只在节点出队时扫描出队节点的邻接链表，换言之，每个邻接链表最多扫描一次，即扫描相邻列表的总时间上界为 $O(|EP|)$。因此，算法 2-3 的时间复杂度为 $O(|NP|+|EP|)$。

（2）对于算法 2-4，当 $L_{path} \geqslant L_{SFC}$ 时，每个节点和链路最多扫描一次，算法复杂度为 $O(|NP|+|EP|)$。当 $L_{path} < L_{SFC}$ 时，算法复杂度为 $O(2 \cdot (|NP|+|EP|))$。因此，算法 2-4 的时间复杂度为 $O(|NP|+|EP|)$。

综上，SFCDO 算法部署一条 SFC 的时间复杂度是 $O(|NP|+|EP|)$。

2.3.4 仿真结果及分析

本小节以 G-SA 算法[10]为比较对象。该算法首先基于贪心算法对 VNF 进行部署，然后使用模拟退火对贪心部署结果进行优化，它是典型的两步式算法。

2.3.4.1 仿真环境及参数设定

仿真首先采用一个典型物理网络拓扑[11]，如图 2-10 所示，共 55 个节点，平均度数为 4。为了验证算法的普适性，本小节进一步使用 Waxman 生成一个 200 个节点的随机拓扑进行测试。设置单节点计算资源容量为 2000，链路带宽资源容量为 2000，链路端到端时延服从均匀分布 $U(30,130)$。单次实验处理 500 条 SFC 请求，其长度服从均匀分布 $U(4,6)$。VNF 计算资源需求服务均匀分布 $U(10,20)$，VNL 链路带宽需求服从均匀分布 $U(10,20)$。

图 2-10 典型物理网络拓扑

2.3.4.2 仿真数据

SFCDO 算法综合优化资源开销、网络负载率及服务端到端时延三项指标。图 2-11 给出了端到端时延分布图,横坐标表示端到端时延,纵坐标表示端到端时延小于横坐标值的 SFC 比例。图中显示,SFCDO 算法的端到端时延主要集中在 160~690 ms 之间,而 G-SA 算法主要集中在 200~1130 ms 之间,即 SFCDO 算法的时延性能要优于 G-SA 算法。这得益于 SFCDO 算法基于源节点和目的节点间的最短路径部署 SFC,该算法优先选择跳数较少的物理路径,从而优化了端到端时延。

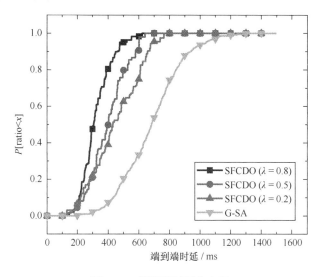

图 2-11 端到端时延分布图

图 2-12 给出了带宽资源开销分布图。SFCDO 算法产生的带宽资源开销主要集中在 35~120 Mbps 之间,而 G-SA 算法主要集中在 40~302 Mbps 之间。这两项指标与部署路径的长度息息相关,因此尽可能选择跳数少的路径部署 SFC 能同时优化带宽资源开销和端到端时延。

结合图 2-11 和图 2-12 可知,参数 λ 的变化对端到端时延性能的影响超过对带宽资源开销的影响。这是因为,随着 λ 增大,端到端时延对最优选择因子 OSF 的影响变强,此时 SFCDO 更倾向于选择端到端时延小的链路;而带宽资源开销则更多是由部署路径长度和 VNL 的带宽需求所决定的。

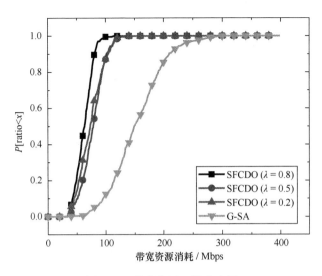

图 2-12　带宽资源开销分布图

图 2-13 给出了两种算法达到的节点负载率分布图：G-SA 算法中 80%的节点负载率低于 70%，网络负载集中在 20%的节点上；SFCDO 算法中 95%的节点负载率低于 60%。这说明 SFCDO 算法的负载均衡机制将任务分摊到了大多数节点上，有效减少了瓶颈点。而 G-SA 算法贪婪地将尽可能多的 VNF 集中部署在某个节点上，因而产生了大面积高负载节点。此外，负载率对最优选择因子 OSF 的影响也直观地体现在图 2-13 中不同 λ 的曲线上。

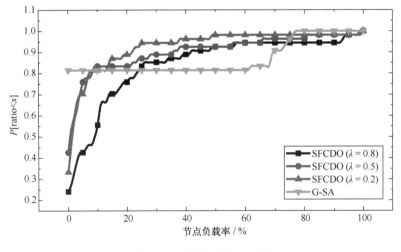

图 2-13　节点负载率分布图

图 2-14 进一步展示了在两种网络拓扑中平均端到端时延随 SFC 数量变化情况。针对大规模随机网络，我们将 SFC 的长度分布从 $U(4,6)$ 调整为 $U(6,8)$。在两幅图中，随着一组 SFC 数量的增加，SFCDO 算法具有良好的稳定性，平均端到端时延波动小。而 G-SA 算法的平均端到端时延随 SFC 数量的增加而增加，并且总大于 SFCDO 算法。此外，随着 λ 参数的增加，SFCDO 算法平均端到端时延仍有小幅降低。

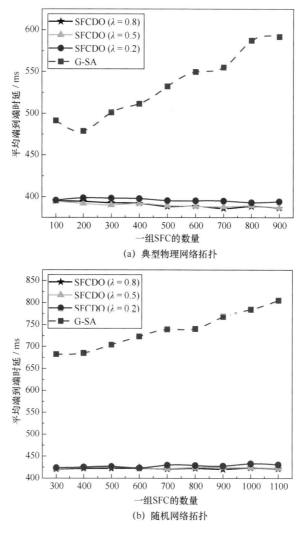

图 2-14　两种网络拓扑中平均端到端时延随 SFC 数量变化情况

　　类似的现象也体现在平均带宽资源开销上，如图 2-15 所示。不同的是，λ 的变化不会对该指标造成明显影响。

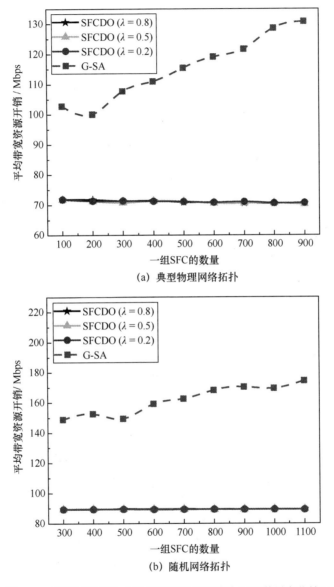

(a) 典型物理网络拓扑

(b) 随机网络拓扑

图 2-15　两种网络拓扑中平均带宽资源开销随 SFC 数量变化情况

　　为了实验完整性，图 2-16、图 2-17 分别测试了平均端到端时延和带宽资源开销随 SFC 长度的变化情况：增加 SFC 长度，两项指标都有所下降（这符合客观规律），但不论从实值上还是从增量上，SFCDO 算法的劣化程度都明显低于 G-SA 算法。综上，这足以说明 SFCDO 算法的优越性。

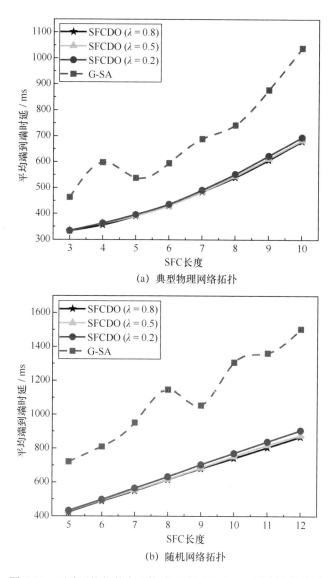

(a) 典型物理网络拓扑

(b) 随机网络拓扑

图 2-16　两种网络拓扑中平均端到端时延随 SFC 长度变化情况

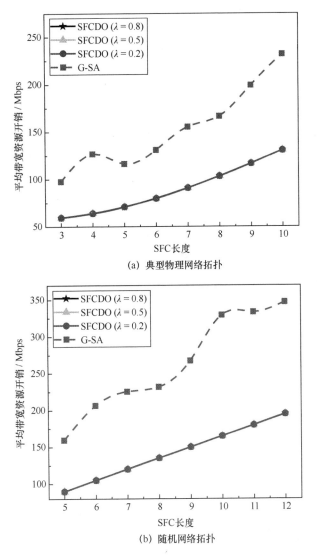

图 2-17　两种网络拓扑中平均带宽资源开销随 SFC 长度变化情况

2.4　本章小结

在 SFC 部署问题中，所有用户的 SFC 请求共享底层物理资源。因此，提升部署算法的资源高效性对提升物理网络服务承载能力至关重要。为了实现对资源的充分利用，本章介绍了两种资源优化部署算法，开展大量仿真实验，通过观测资源开销、部署成功率等性能指标，验证算法的有效性。

2.2 节介绍了基于两级分层的 SFC 部署算法。该算法通过调用分层子算法，对原物理网络进行重解读，向 SFCD-LEMB 算法（主算法）提供更易于辅助 SFC 高效部署的拓扑信息，指导映射路径的延伸。仿真结果表明，该算法在映射资源开销和部署成功率上均优于对比算法，并且具有更强的潜力来应对大规模、重载网络，普适性较强。

2.3 节介绍了基于 BFS 和 SFC 扩展的 SFC 部署算法。该算法调用 BFS 算法计算底层网络节点到 SFC 起点的跳数（即层数），然后通过比较 SFC 源节点、目的节点的层差与 SFC 长度来决定是否需要对 SFC 进行扩展，最后，在进行路径延伸时综合考虑链路时延、节点负载状况，择优选择 VNF 的承载节点。仿真结果显示，提出的算法在带宽资源开销、节点负载率等指标上均优于对比算法。

本章参考文献

[1] LIU J Q, LI Y, ZHANG Y, et al. Improve service chaining performance with optimized middlebox placement[J]. IEEE Transactions on Services Computing, 2015, 10(4): 560-573.

[2] ZHONG X X, WANG Y, QIU X S. Service function chain orchestration across multiple clouds[J]. China Communications, 2018, 15(10): 99-116.

[3] ZHENG D Y, PENG C Z, GULER E, et al. Hybrid Service Chain Deployment in Networks with Unique Function[C]//ICC 2019-2019 IEEE International Conference on Communications (ICC). IEEE, 2019: 1-6.

[4] LIU J J, LU W, ZHOU F, et al. On Dynamic Service Function Chain Deployment and Readjustment[J]. IEEE transactions on network and service management, 2017, 14(3):543-553.

[5] ZHAO D C, LIAO D, SUN G, et al. Towards resource-efficient service function chain deployment in cloud-fog computing[J]. IEEE Access, 2018, 6: 66754-66766.

[6] TOMASSILLI A, GIROIRE F, HUIN N, et al. Provably efficient algorithms for placement of service function chains with ordering constraints[C]//IEEE INFOCOM 2018-IEEE Conference on Computer Communications. IEEE, 2018: 774-782.

[7] CAO H T, ZHU H B, YANG L X. Dynamic Embedding and Scheduling of Service Function Chains for Future SDN/NFV-Enabled Networks[J]. IEEE Access, 2019, 7: 39721-39730.

[8] SUN G, LI Y Y, LIAO D, et al. Service function chain orchestration across multiple domains: A full mesh aggregation approach[J]. IEEE Transactions on Network and Service Management, 2018, 15(3): 1175-1191.

[9] ZHAO D C, REN J, LIN R P, et al. On Orchestrating Service Function Chains in 5G Mobile Network[J]. IEEE Access, 2019, 7: 39402-39416.

[10] LIU J Q, LI Y, ZHANG Y, et al. Improve service chaining performance with optimized middlebox placement[J]. IEEE Transactions on Services Computing, 2015, 10(4): 560-573.

[11] SUN G, YU H, ANAND V, et al. A cost efficient framework and algorithm for embedding dynamic virtual network requests[J]. Future Generation Computer Systems, 2013, 29(5): 1265-1277.

[12] CALVERT K, EAGAN J, MERUGU S, et al. Extending and enhancing GT-ITM [J]. In Proceedings of ACM SIGCOMM Workshop on Models, methods and tools for reproducible network research, 2003: 23-27.

[13] YE Z L, CAO X J, WANG J P, et al. Joint Topology Design and Mapping of Service Function Chains for Efficient, Scalable, and Reliable Network Functions Virtualization [J]. IEEE Network, 2016: 81-87.

第 3 章

网络服务功能链的跨域节能部署

SFC 部署所产生的能源消耗大致分为两部分：链路能耗和节点能耗。其中链路能耗主要源于数据传输，如信号的中继、放大；而节点能耗则源于承载 VNF 并为其提供算力支持。此外，节点能耗还包括物理节点配备的制冷散热系统等辅助设备的运行能耗。在大规模网络下，尤其是跨域网络中，SFC 部署更加困难，因而更容易造成能源浪费，导致高额能耗，加重服务提供商的运营压力。本章研究跨域网络中的 SFC 部署问题，在不违背物理资源约束及多域隐私性约束的前提下，致力于优化复杂场景下的部署能耗，从而优化服务提供商的利润。

3.1 研究背景

随着互联网的进一步发展，底层物理网络日益庞大，海量 SFC 部署产生的电力成本日益引起人们的重视，也吸引了大量研究者的关注。贝尔实验室在其主要的 NFV 应用实例中使用了 GWATT 工具来衡量能耗使用情况和节能效率[1]。Chuan Pham 在文献[2]中提出了一种联合采样比较方法，同时最小化 VNF 和 SFC 请求部署中的能量开销和业务感知开销。该方法基于马尔可夫近似采样解决网络业务能量开销问题，然后结合匹配论，缩短马尔可夫近似采样的收敛时间。在单域数据中心网络中，文献[3]将多个离线 SFC 请求合并成必备网络功能更少的服务功能图，接着根据相关程度来调整服务功能图以减少能量开销。文献[4～6]也提出了减少 NFV 结构中能量开销的问题，并强调了一些需要考虑的场景。

目前，已有一些关于网络虚拟化节能的研究。文献[7]研究了节能虚拟网络映射问题，并提出了两种基于反馈控制的虚拟网络节能映射算法，用以减少子网区域内活跃服务器的数量。文献[8]提出了一个混合整数线性规划模型，通过整合同一个 WDM 网络中的 IP 资源以减少能量开销。此外，文献[9]设计了一种基于服务器负载分析的功率优化策略，通过虚拟网络需求映射来分析网络流合并与服务器负载之间的关系。文献[10]利用虚拟网络的动态特征来最小化底层网络的能量开销，从而获取高收益。此外，文献[11]和[12]将在线虚拟网络的节能映射问题建模成数学优化问题，并设计了启发式算法来求解。Nizar Triki 在文献[13]中提出了绿色能源感知的混合虚拟网络映射方法，即在映射混合虚拟网络需求的同时，最小化 CO_2 排放。

尽管以上提及研究在映射 SFC 需求或部署虚拟网络功能时考虑了节能机制，但这些算法都建立在已知底层物理网络拓扑详细信息的前提下。在跨域环境中，为了保护不同运营商的隐私，域间通常不知道对方的具体域内信息，因此，这些算法并不适用于 SFC 的跨域映射。

3.2　基于启发式思想的跨域节能映射算法

3.2.1　问题描述

通常，复用服务器是优化 SFC 部署能耗的有力手段：在满足各种部署约束的前提下，通过复用物理节点，减少处于活跃状态的节点数量，降低物理设备的待机功耗和配套的制冷散热系统的运行功耗，从而降低总能耗。图 3-1 描述了 SFC 请求在多域网络中的不同映射方案：图 3-1（b）不考虑能耗，将两条 SFC 请求映射在完全独立的两条路径上，图 3-1（c）中，第 2 个 VNF 和第 3 个 VNF 被部署到同一台物理服务器上，减少了活跃服务器数量，从而节省了一部分电力。

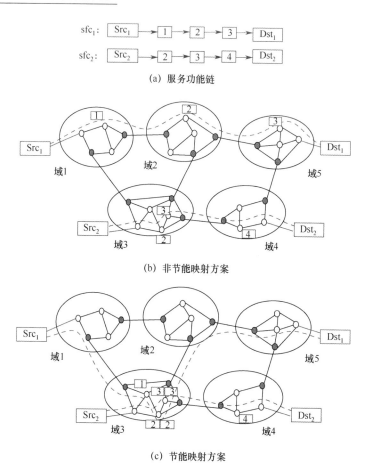

图 3-1   SFC 请求在多域网络中的不同映射方案

在离线场景下，SFC 数量、资源需求量和物理网络拓扑都作为已知条件呈现，映射策略通常可以通过合并 VNF 来重构这些 SFC 请求的逻辑拓扑，从而减少不同 SFC 请求中同类 VNF 的数量，进而达到减少活跃服务器的目的。然而，在在线场景下，SFC 请求按照一定的概率到达和离去，通常假设其服从泊松分布。这就意味着映射算法不能准确预知需要映射的 SFC 数量和逻辑拓扑，因此，在在线场景下，SFC 请求的节能映射比离线场景困难得多。此外，在跨域网络中，由于域内拓扑的隐私性，映射算法无法获得完整物理网络拓扑信息，这进一步增大了在线 SFC 请求跨域节能映射的复杂性。

3.2.2　概念定义

物理网络。底层物理网络可以建模为一个无向加权图 $G_P = (N_S, E_S)$，其中，N_S 表示底层网络的物理节点集合，E_S 表示底层网络的物理链路集合。对于每个物理节点 $n_s \in N_S$，$c(n_s)$ 表示节点 n_s 的剩余计算资源，$f(n_s)$ 表示部署在节点 n_s 上的功能类型；对于每条物理链路 $e_s \in E_S$，$b(e)_s$ 表示 e_s 的剩余带宽资源。在多域网络中，底层物理网络可表示为 m 个域，并通过域间链路相互连接。第 i 个域的物理网络表示为 $G_P^i = (N_S^i, E_S^i), 1 \leqslant i \leqslant m$，其中 N_S^i 表示第 i 个域的物理节点集合，E_S^i 表示第 i 个域的物理链路集合，E_L^{inter} 表示底层网络 G_P 的域间链路。因此，多域网络也可表示为 $G_P = G_P^1 \cup G_P^2 \cup \cdots \cup G_P^m \cup E_L^{\text{inter}}$。

在线 SFC 请求。在线 SFC 请求可建模为有向加权图 $G_R = (N_R, L_R, \text{Src}, \text{Dst})$，其中，$N_R$ 表示 SFC 请求的虚拟网络功能集合，L_R 表示 SFC 请求的虚拟链路集合，Src 表示 SFC 请求的源节点，Dst 表示 SFC 请求的目的节点。对于每个虚拟节点 $n_r \in N_R$，$\text{dem}(n_r)$ 表示 n_r 的计算资源需求，$\text{fun}(n_r)$ 表示 n_r 的功能需求。对于每条虚拟链路 $l_r \in L_R$，$\text{dem}(l_r)$ 表示 l_r 带宽资源需求。

域级功能图。域级功能图（Domain-Level Function Graph，DLFG）可以建模为一个无向加权图 $G_F^{\text{level}} = (N_F^{\text{level}}, E_F^{\text{level}})$，其中，$N_F^{\text{level}}$ 表示域级功能图中的节点集合，对于每个节点 $n_f^{\text{level}} \in N_F^{\text{level}}$，$n_f^{\text{level}}$ 对应着物理网络中的某个域，同时 $\text{FS}(n_f^{\text{level}})$ 表示节点 n_f^{level} 所对应的域中当前已部署的功能种类集合。E_F^{level} 表示域级功能图中的链路集合。域级功能图 G_F^{level} 表示底层物理网络各个域之间的连接关系，同时各个域对外提供域中当前已部署的功能种类，但并不对外提供功能的具体数量和部署位置，即不违背跨域场景的隐私性要求。

域内功能图。域内功能图（Domain-Intra Function Graph，DIFG）可建模成有向加权图 $G_F^{\text{intra}} = (N_F^{\text{intra}}, E_F^{\text{intra}})$，每个域都会维护一张域内功能图 G_F^{intra}，G_F^{intra} 记录了当前域中已部署功能的具体数量、种类及位置，属于内部数据，不对外公开。对于图中的每个节点 $n_f^{\text{intra}} \in N_F^{\text{intra}}$，$\text{loc}(n_f^{\text{intra}})$ 表示承载 n_f^{intra} 的物理节点，$\text{fun}(n_f^{\text{intra}})$ 表示该节点 n_f^{intra} 上部署的功能种类，如果 $\text{fun}(n_f^{\text{intra}}) = 0$，则表示该节点是转发节点，并没有部署具体的功能，未来可以考虑在该节点上

部署功能。需要特别说明的是，每个域的边界节点负责与其他域进行通信，不承载任何虚拟功能。对于图中的每条边 $e_f^{\text{intra}} \in E_{\text{F}}^{\text{intra}}$，$\text{loc}\left(e_f^{\text{intra}}\right)$ 表示承载 e_f^{intra} 的物理链路。域内功能图记录了各域中所接收的在线 SFC 请求和所部署的 VNF，每当 SFC 请求到达或离去，域内功能图都会随之更新。

扩展点聚合技术。 在多域网络中，点聚合技术[14,15]有助于简化物理网络，从而更清楚地显示域间连接关系，这对跨域 SFC 映射至关重要。但是，域间连接关系并不能反映在线 SFC 请求的功能约束。因此，如图 3-2 所示，基于扩展点聚合（Extended Node Aggregation，ENA）技术将物理网络抽象成域级功能图，以引导在线 SFC 请求的跨域映射过程。

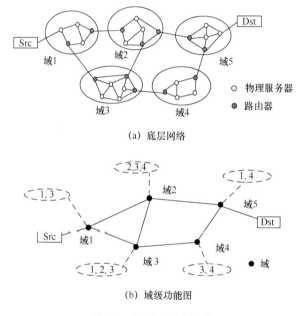

图 3-2　扩展点聚合技术

为了保护每个域的隐私和机密信息，在构建域级功能图时，扩展点聚合技术仅利用各个域的公开信息。图 3-2（a）中，白色节点表示用于部署 VNF 的物理服务器，黑色节点表示用于与其他域进行通信的路由器。实线表示物理服务器之间、物理服务器与路由器之间，以及路由器之间的连接关系。图 3-2（b）中，黑色节点和实线分别表示物理网络中的域及两个域之间是否至少有一条域间链路连接，这些信息都是公有数据。Src 和 Dst 分别表示 SFC 请求的源节点和目的节点。与每个黑色节点相连的虚线圈中的数字由各个域的管理者提供，用于表示该域当前已部署的 VNF 类型。这些数字还表明：当该域尝试部署具有相同功能需求的 VNF 时，可以通过共享物理服务器来减少活跃物理服务器的数量。虽然各个域的管理者提供了该域当前所部署 VNF 的功能种类，但是域中各种 VNF 的部署位置和数量对其他域来说仍不可见，因此扩展点聚合技术并没有违背域的隐私性要求。

3.2.3　数学模型

3.2.3.1　能耗

当一台物理服务器处于活跃状态时，即便没有承载任何 VNF，也会产生待机功耗，这部分电力开销称为基本电能消耗。随着负载的增加，物理服务器需要消耗更多的能源以处理新的计算任务。因此，一台物理服务器的电能消耗由两部分组成：基本电能消耗和负载相关电能消耗，可通过式（3-1）计算。

$$P_n^{\text{server}} = \begin{cases} P_n^{\text{base}} + P_n^{\text{load}} \times u, & \text{如果活跃} \\ 0, & \text{否则} \end{cases} \qquad (3\text{-}1)$$

式中，P_n^{server} 表示服务器 n 承载 VNF 业务时产生的电能消耗；P_n^{base} 表示服务器 n 空载时产生的能量消耗，即基本电能消耗；P_n^{load} 表示服务器 n 满载时的电能消耗；u 表示服务器 n 的负载率。当服务器 n 处于关机状态时，其电能消耗为 0。

此外，当 VNF 部署到一台物理服务器上时，这台物理服务器需要跟其他服务器通信并转发业务数据。转发过程会产生电能消耗，消耗量与服务器上使用的端口数有关，根据式（3-2）计算。

$$P_n^{\text{link}} = \begin{cases} P_n^{\text{rack}} + P_n^{\text{port}} \times c_n^{\text{port}}, & \text{如果活跃} \\ 0, & \text{否则} \end{cases} \qquad (3\text{-}2)$$

式中，P_n^{link} 表示服务器 n 转发业务时产生的电能消耗；P_n^{rack} 表示服务器 n 开启转发功能的基本电能消耗；P_n^{port} 表示服务器 n 使用一个端口产生的电能消耗；

c_n^{port} 表示服务器 n 上使用的端口数。需要说明的是，每台服务器处理或转发一条 SFC 请求都需要使用两个端口，即数据接收端口和发送端口。

$$P_{\text{compute}} = \sum_{v \in N_R} m_v^n \times P_n^{\text{server}} \qquad (3\text{-}3)$$

式（3-3）中，P_{compute} 表示映射一条在线 SFC 请求时，物理网络中所有服务器承载 VNF 业务时产生的电能总消耗。m_v^n 是 0-1 变量：$m_v^n = 1$ 表示虚拟网络功能 v 部署在服务器 n 上，否则表示没有部署。P_n^{server} 表示服务器 n 承载 VNF 业务时产生的电能消耗。

在各个承载 VNF 业务的服务器之间转发业务数据时产生的电能消耗为：

$$P_{\text{forward}} = \sum_{ij \in L_R} \sum_{nk \in E_S} m_{ij}^{nk} [m_i^n \times P_n^{\text{link}} + m_j^k \times P_n^{\text{link}} +$$

$$w_i^n \times \left(P_n^{\text{server}} + P_n^{\text{link}} \right) + w_i^k \times \left(P_k^{\text{server}} + P_k^{\text{link}} \right)] \qquad (3\text{-}4)$$

P_{forward} 主要由两部分组成：一部分是物理服务器的数据转发端口产生的能耗，对应式（3-4）中的第一项和第二项；另一部分是作为转发节点的服务器维持基本功能所产生的能耗，对应式（3-4）中的第三项和第四项。ij 表示 SFC 上的一条虚拟链路，nk 表示物理网络中的一条物理链路。m_{ij}^{nk} 是 0-1 变量：$m_{ij}^{nk} = 1$ 表示 ij 映射在 nk 上，否则表示没有。w_i^n 也是 0-1 变量：$w_i^n = 1$ 表示服务器 n 是一个转发服务器，否则不是。

3.2.3.2 优化问题

$$\min : P_{\text{compute}} + P_{\text{forward}} \qquad (3\text{-}5)$$

$$\text{s.t.} \ \sum_{v \in N_S} m_v^n = 1, \ \forall n \in N_R \qquad (3\text{-}6)$$

$$\sum_{v \in N_R} m_v^n \leqslant 1, \ \forall n \in N_S \qquad (3\text{-}7)$$

$$f(n) \times \text{fun}(v) = f(n) \times f(n), \ \forall v \in N_R, \ \forall n \in N_S \qquad (3\text{-}8)$$

$$m_v^n \times \text{dem}(v) \leqslant c(n), \ \forall v \in N_R, \ \forall n \in N_S \qquad (3\text{-}9)$$

$$m_{ij}^{nk} \times \mathrm{dem}(ij) \leqslant b(nk), \ \forall ij \in L_{\mathrm{R}}, \ \forall nk \in E_{\mathrm{S}} \tag{3-10}$$

$$\sum_{ij \in L_{\mathrm{R}}} \sum_{np \in E_{\mathrm{S}}} m_{ij}^{np} + \sum_{ij \in L_{\mathrm{R}}} \sum_{pn \in E_{\mathrm{S}}} m_{ij}^{pn} \leqslant 2, \ \forall n \in N_{\mathrm{S}} \tag{3-11}$$

$$\sum_{ph \in E_{\mathrm{L}}^{\mathrm{inter}}} m_{ij}^{ph} - \sum_{hp \in E_{\mathrm{L}}^{\mathrm{inter}}} m_{ij}^{hp} = D_j^h - D_i^h, \forall ij \in L_{\mathrm{R}} \tag{3-12}$$

$$\sum_{kn \in E_{\mathrm{S}}^h} m_{ij}^{kn} - \sum_{nk \in E_{\mathrm{S}}^h} m_{ij}^{nk} = D_j^h \times m_j^n - D_i^h \times m_i^n, \ \forall n \in N_{\mathrm{S}}^h, \ \forall ij \in L_{\mathrm{R}} \tag{3-13}$$

$$m_{ij}^{nk} = m_i^n + w_i^n, \ \forall ij \in L_{\mathrm{R}}, \ \forall nk \in E_{\mathrm{S}} \tag{3-14}$$

式（3-5）给出了本节的优化目标，即最小化在线 SFC 部署产生的电能总消耗。

式（3-6）至式（3-9）给出了 VNF 映射约束。式（3-6）确保 SFC 中每个 VNF 只能被部署在物理网络中的一台服务器上。式（3-7）表示对同一条 SFC，一台物理服务器最多只能承载该 SFC 的一个 VNF。式（3-8）表示每台物理服务器只能部署相同类型的 VNF。当服务器上没有部署 VNF 时，其功能类型为 $f(n)=0$。因此，式（3-8）确保只有在某服务器未部署 VNF，或已部署 VNF 的类型与待部署 VNF 的类型相同时，该 VNF 才能部署在该服务器上。式（3-9）确保服务器的计算资源容量不低于其上承载的 VNF 的计算资源需求之和。

式（3-10）、式（3-11）给出了 VNL 映射约束。其中，式（3-10）确保物理链路的带宽资源容量不低于其上承载的 VNL 的带宽资源需求之和。式（3-11）表示在映射每条 SFC 时，流量至多经过每台物理服务器一次，这保证了 SFC 映射的有序链式结构，避免出现"乒乓路由"。

式（3-12）至式（3-14）给出了 SFC 请求的顺序约束。其中，D_j^h 表示功能 j 是否（分别对应 1 和 0）分配到域 h 的二元变量。式（3-12）确保当两个 VNF 分配到不同的域时，至少能找到一条域间链路来连接这两个域。式（3-13）表示每个域内也按序放置 VNF。式（3-14）表明：即使一条虚拟链路的映射路径上有转发服务器，VNF 依然能按序排列。w_i^n 是一个 0-1 变量，表示物理服务器 n 是否为转发服务器，如果 w_i^n 等于 1，则表示该服务器是转发服务器，反之不是。SFC 部署方案的终点一定是 SFC 请求的目的节点而不是转发节点，因此只需要约束承载每条虚拟链路的物理链路的第一个节点即可。如果 m_{ij}^{nk} 等于 0，则节点 n 既不是部署 VNF 的节点，也不是转发节点。如果 m_{ij}^{nk} 等于 1，则节点 n 要么是转发节点，要么是部署 VNF 的节点。

3.2.3.3 NP-hard 证明

上述 ILP 模型提供了在线 SFC 跨域部署的节能目标和约束条件。但是，在多域网络中，域的隐私性导致映射决策者不能掌握整个物理网络的全部拓扑信息，使得直接求解该 ILP 模型十分困难。另外，在线 SFC 请求的最终映射方案实际上是由数个域内子链的映射结果组合而成的，由此本研究发展出如下启发式方法。

首先，映射决策者计算出在线 SFC 请求的所有子链的 VNF 顺序。接着，每个域管理者在各自域中尝试映射所有的子链，并将映射结果返回给映射决策者。然后，映射决策者收集所有子链映射方案并选择全局最优的映射结果。最后，映射决策者挑选域间链路来连接所选择的子链映射方案。

定理 3-1：对于长度为 n 的在线 SFC 请求，其保证顺序性约束的子链数目等于 $(n\times(n+1))/2$。

证明：与计算字符串所有子串类似[16]，从第一个 VNF 开始，能够计算出 n 条子链；从第二个 VNF 开始，能够生成 n 1 条 VNF 顺序正确的子链；……；从最后一个 VNF 开始计算，能够求出一条子链。因此，对于一条在线 SFC 请求，它所能生成的 VNF 顺序正确的子链数可通过下式计算：

$$n+(n-1)+\cdots+1=\frac{n\times(n+1)}{2} \tag{3-15}$$

定理 3-2：上述 ILP 模型描述的在线 SFC 请求跨域节能映射问题是 NP-hard 问题。

证明：根据文献[16]和[17]，SFC 请求映射问题是 NP-hard 问题。因此，各个域中子链的映射问题理论上也是 NP-hard 问题。根据上述 ILP 模型求解方法和定理 3-1，每个域管理者均需要映射 $(n\times(n+1))/2$ 条子链。然后，映射决策者再负责从众多子链映射结果中挑选出最优的结果。因此，在线 SFC 请求跨域节能映射问题能够被分解成几个 NP-hard 的子问题，所以其是 NP-hard 问题。

3.2.4 算法设计

3.2.4.1 单 SFC 跨域映射算法

本小节针对在线 SFC 请求跨域节能映射问题，提出了映射框架 EE-SFCO-MD，如图 3-3 所示。

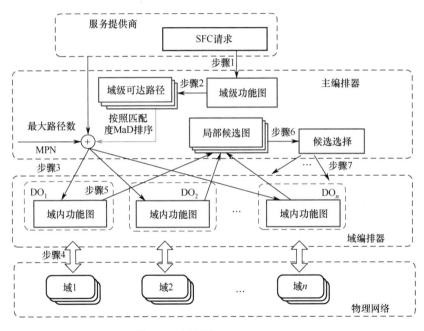

图 3-3 映射框架 EE-SFCO-MD

首先，服务供应商（SP）提交到达的 SFC 请求给主编排器（步骤 1）。主编排器回收过期请求占用的资源，构建域级功能图并计算域级功能图中源节点和目的节点之间的所有域级可达路径（Domain-Level Reachable Path，DLRP）。接着，主编排器根据式（3-16）计算每条 DLRP 的匹配度（Match Degree，MaD），并将求出的所有域级可达路径按照 MaD 降序排列。对于选定的 DLRP，主编排器将 SFC 请求发送到 DLRP 上的每个域（步骤 3）。DLRP 上的每个域编排器更新各自的域内功能图（DIFG），并根据 DIFG 计算 SFC 请求在该域中的候选映射结果（步骤 4）。主编排器收集当前 DLRP 上各个域的候选信息，并构建一个局部候选图（Local Candidate Graph，LCG）（步骤 5）。主编排器重复步骤 3 至步骤 5 直到尝试了 MPN 条 DLRP，MPN 表示最大路径数目（Maximum Path Number），是在主编排器中定义的一个动态变量。算法 3-1 描述了在一条 DLRP 上构建局部候选图的过程。主编排器通过调用算法 3-2，能够从多个局部候选图中挑选出能量消耗最小的候选映射信息作为最终的 SFC 请求切分方案。最后，主编排器将 SFC 请求最终切分方案发送到对应的域中，各个域再调用算法 3-3 来映射所分配到的子链并更新物理网络资源（步骤 7）。

1. 匹配度

如图 3-2（b）所示，每个域向主编排器提供该域当前已部署的功能种类，随后主编排器计算出各个域通过重用活跃物理服务器来承载的 VNF 数量，进而估计出每个域可接纳的 SFC 请求子链数目。一条 DLRP 可能穿过多个域，因此定义匹配度（MaD）为这些域可接纳的、顺序正确的子链数的归一化值。实际上，匹配度初步显示了可达路径通过复用活跃服务器来降低电能开销的能力。其计算见式（3-16）。

$$\mathrm{MaD} = \frac{1}{\mathrm{pl}} \times \sum_{d=1}^{\mathrm{pl}} \left(\frac{1}{C_{\mathrm{SFC}_l}} \times \sum_{i=1}^{l} C_{\mathrm{SFC}_{l(i)}} \right), i \leqslant l \qquad (3\text{-}16)$$

$$C_{\mathrm{SFC}_{l(i)}} = \frac{l(i) \times \left[l(i) + 1 \right]}{2} \qquad (3\text{-}17)$$

式中，pl 表示可达路径长度，即可达路径穿过的域数；$C_{\mathrm{SFC}_{l(i)}}$ 表示按照 SFC 请求给定的 VNF 顺序，长度为 $l(i)$ 的子链能够产生的更短子链数；l 表示 SFC 请求长度；C_{SFC_l} 表示 SFC 请求能够产生的顺序正确的子链数。

2. 构建局部候选图

当域编排器收到由主编排器转发的在线 SFC 请求时，它会在其域内功能图（DIFG）中尝试寻找候选物理服务器和物理链路，以部署部分或整个 SFC 请求。每个 DIFG 中的节点表示该域内当前处于活跃状态的物理服务器。为了降低电能消耗，映射策略应该在满足 SFC 请求约束的同时尽量复用这些服务器。此外，为了满足 VNF 的顺序约束，预映射过程应该结合具体情况来确定每个 VNF 的候选服务器。构建局部候选图的详细步骤见算法 3-1。

算法 3-1　构建局部候选图

输入：（1）底层物理网络 $G_P = (N_S, E_S)$

　　　（2）一条 SFC 请求实例 sfc、一条连接 SFC 源域和目的域的可达路径 rp

　　　（3）最大回退因子 fbf

输出：在可达路径上构成的局部候选图 $G_C = (N_C, E_C)$

1:　初始化令 G_C 等于空集

2:　**for** 每个域 $d \in$ rp , **do**

3:　　**if** d 是 rp 上第一个域, **do**

4:　　　　从 sfc 源节点开始，在域 d 的 DIFG 上找出一条子链。这条子链从 sfc 请求上第一个 VNF 开始，在保证 sfc 上 VNF 顺序的前提下尽可能包含多的 VNF。记录所找到的 VNF 和它们的电能消耗，并把这些数据加到 G_C 中

5:　　**else if** d 是 rp 上最后一个域, **do**

6:　　　　从 sfc 目的节点开始，在域 d 的 DIFG 上找出一条子链。这条子链以 sfc 请求上最后一个 VNF 结尾，在保证 sfc 上 VNF 顺序的前提下尽可能包含多的 VNF。记录所找到的 VNF 和它们的电能消耗，并把这些数据加到 G_C 中

7:　　**else**

8:　　　　令 start 表示第一个 VNF 在 sfc 上的下标值

9:　　　　**while** start < sfc.length , **do**

10:　　　　　从域 d 的一个边界节点开始，该边界节点需要满足：该节点与 rp 上域 d 的前一个域相连且电能消耗最小，在域 d 的 DIFG 上找出一条子链。这条子链以 start 开始，在保证 sfc 上 VNF 顺序的前提下尽可能包含多的 VNF。记录所找到的 VNF 和它们的电能消耗，并把这些数据加到 G_C 中

11:　　　　　记录所找出子链上最后一个 VNF 在 sfc 上的下标值为 index

12:　　　　　**if** index − fbf > start , **do**

13:　　　　　　start= index-fbf

14:　　　　　**else**

15:　　　　　　start=start+1

16:　　　　　**end if**

17:　　　　**end while**

18:　　**end if**

19: **end for**

20: **return** G_C

如图 3-2（b）所示，域级可达路径可能穿过多个域。由于 SFC 请求的映

射结果必须满足 VNF 的顺序约束，因此，对于每条可达路径 rp，在其第一个域中，算法 3-1 只需要考虑从第一个 VNF 开始的 sfc 子链。这是因为在一个域中，如果第一个 VNF 没有部署，那么部署其他 VNF 将毫无意义。

算法 3-1 的第 3、4 行描述了在 rp 的第一个域中找出候选映射方案的过程。同理，为了满足顺序约束，在 rp 的最后一个域中，算法 3-1 的第 5、6 行也只需要考虑以最后一个 VNF 结束的子链。然而，在 rp 的其他域中，算法 3-1 需要考虑更复杂的情况：那些没有部署在当前域中的 VNF 可能已经部署在之前或者之后的域中。第 7~18 行介绍了如何从 rp 上除首、尾域之外的其他域中获取候选映射信息。更具体地说，当所找到的子链不包含 sfc 的所有 VNF 时，算法 3-1 的第 12~16 行记录所找出子链的最后一个 VNF 在 sfc 上的下标，并根据该下标更新起始 VNF 的位置，然后算法 3-1 再反复尝试找出其他子链。值得一提的是：VNF 的下标代表了该 VNF 在 sfc 中的顺序，而且该下标值从 0 开始编号。此外，最大反馈因子（fbf）是一个动态参数，用于调整所找出子链的数量。最后，主编排器从 DLRP 上各个域中收集所有候选信息，并基于该 DLRP 构建局部候选图。

图 3-4 描述了一张局部候选图。图中虚线表示逻辑连接，并不对应于物理网络中各个域的连接关系。在图 3-4 中，域 1 的候选子链以第一个 VNF 为首，域 5 中候选子链以最后一个 VNF 结尾。在域 2 中，算法 3-1 首先从第一个 VNF（它的下标等于 0，即第 10 行中的 start 等于 0）开始搜索，并找出一条以 VNF2（它的下标值等于 1，即第 11 行中的 index 等于 1）结尾的子链。在该例子中，假设 fbf=1，则在第 12 行中，因为 $index - fbf = 1 - 1 = 0$，所以意味着 $index - fbf = start$，随即算法 3-1 更新 $start = start + 1 = 0 + 1 = 1$。然后算法 3-1 重复第 9~17 行，找出以 VNF2 开始并以 VNF3 结尾的另一条子链。因此，

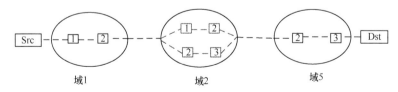

图 3-4　局部候选图

在本例中，域 2 包含两条候选子链。

3. 切分 SFC 的候选信息选择

如图 3-3 所示，局部候选图包含多个用于部署 VNF 的候选选择。算法 3-2
描述了用于 SFC 请求切分的候选信息选择算法：尝试通过在多条候选路径之
间竞价来选出最优切分方案。第 6～18 行首先尝试确定 SFC 请求上各个 VNF
的候选域集合，并记录那些没有候选域的 VNF。第 11 行根据以下条件来选择
部署 VNF 的域：（1）确保 VNF 的正确顺序；（2）确保候选路径上的 VNF 能
找到某个域去部署；（3）选择具有最小电能开销的域。第 19～25 行继续为那
些尚未找到候选域的 VNF 寻域。切分过程也严格保证了 VNF 的顺序性。

算法 3-2　用于 SFC 请求切分的候选信息选择算法

输入：（1）一条 SFC 请求实例 sfc 和一条域级可达路径 rp

　　　　（2）局部候选图 lcg

输出：SFC 请求分链结果 RESULT

1:　初始化令 RESULT 等于空集

2:　计算局部候选图 lcg 中 Src 和 Dst 之间所有候选路径 PATH

3:　**for** 每条候选路径 path ∈ PATH，　**do**

4:　　　令 $R_{temp} = \varnothing$ 表示路径上的分链结果

5:　　　令 FAIL = $\varnothing$ 表示那些没有成功找到候选域的 VNF

6:　　　记录 path 上的 VNF 到 FUN 中，对 sfc 上的每一个 VNF，记录它在 path 上的候选域到 CAN 中

7:　　　**for** 每一个 vnf ∈ sfc，　**do**

8:　　　　　**if** FUN 不包含 vnf，　**do**

9:　　　　　　　FAIL = FAIL $\cup$ {vnf}

10:　　　　**else**

11:　　　　　　令 list 表示 vnf 在 CAN 中的候选域列表。根据如下 3 个条件从 list 中选出域 dom 来承载
vnf：在 rp 上，部署 vnf 的域不能超过 vnf 前一个 VNF 已经确定的候选；在 FUN 中，vnf 后的 VNF
仍然能够找到一个候选域；vnf 的候选位置的电能消耗最小

12:　　　　　　**if** dom 存在，**do**

13:　　　　　　　　$R_{temp} = R_{temp} \cup \{< vnf, dom >\}$

14:　　　　　　**else**

15:　　　　　　　　FAIL = FAIL $\cup$ {vnf}

16:　　　　　　**end if**

17:　　　　**end if**

18:　　　**end for**

19:　　　**while**　$FAIL \neq \varnothing$, **do**

20:　　　　　令 fail 表示 FAIL 中第一个 VNF

21:　　　　　找出 fail 前第一个已找到候选域的 VNF，标记为 before，找出 fail 后第一个已找到候选域的 VNF，标记为 after；如果不存在，则标记 before 为 sfc 上第一个 VNF，after 为 sfc 上最后一个 VNF

22:　　　　　在 R_{temp} 中找出 before 和 after 的候选域，分别表示为 dom_a 和 dom_b。如果不存在，则 dom_a 表示 rp 上第一个域，dom_b 表示 rp 上最后一个域

23:　　　　　将 sfc 上 before 和 after 之间的 VNF 平均分配到 rp 上 dom_a 和 dom_b 之间的域中，将结果加到 R_{temp} 中

24:　　　　　从 FAIL 中移除 before 和 after 之间的 VNF

25:　　　**endwhile**

26:　　　调用算法 3-3 来计算 R_{temp} 的电能消耗

27:　　　**if** R_{temp} 的电能消耗低于 RESULT 的电能消耗, **do**

28:　　　　　RESULT = R_{temp}

29:　　　**end if**

30: **end for**

31: **return** RESULT

4. 子链映射算法

执行算法 3-2 后，在线 SFC 请求被切分成几条子链。获得子链的域编排器应与主编排器配合完成物理网络中整条 SFC 的映射。子链映射算法必须满足 SFC 部署的资源约束和顺序约束。此外，为了降低电能消耗，该算法还应该尽量复用活跃服务器。算法 3-3 给出了子链映射算法的伪码。

算法 3-3　子链映射算法

输入：（1）底层物理网络 $G_P = (N_S, E_S)$

　　　　（2）一条 SFC 请求实例 sfc 和一条域级可达路径 rp

　　　　（3）SFC 请求分链结果 RESULT

输出：SFC 请求映射结果 M_{end}

1:　初始化令 M_{end} 等于空集，令 source 表示 sfc 的源节点

2:　**for** 每个域 $dom \in rp$, **do**

3:　　　记录 $G_{temp} \leftarrow G_P^{dom}$，令 functionList 表示 RESULT 中分配给域的 VNF 集合，令 $M_{dom} = \varnothing$ 表示 functionList 在域中的映射结果；

4:　　　**for** 每个 $vnf \in functionList$, **do**

5:　　　　　对于每个物理节点 $k \in G_{temp}$，根据式（3-18）计算其到 source 的最小电能消耗物理路径 $p(source \rightarrow k)$。这条物理路径必须满足 SFC 请求上 vnf 前虚拟链路的带宽约束

6:　　　　　根据如下规则选择一台物理服务器 sd 作为 vnf 的部署服务器：满足 vnf 的计算资源和功能约

束；电能消耗最低；先选择处于开机状态且部署 VNF 的物理服务器，再选择转发服务器，最后选择未开机物理服务器

7:　　　　　**if** sd 存在，**do**

8:　　　　　　　将 vnf 的部署点 sd 加到 M_{dom} 中：$M_{\text{dom}} = M_{\text{dom}} \bigcup \{p(\text{source} \rightarrow k), \text{sd}\}$；然后从 G_{temp} 中移除路径 $p(\text{source} \rightarrow k)$ 上的所有节点，更新 source ← sd

9:　　　　　**else**

10:　　　　　　　**return** $\varnothing$

11:　　　　　**end if**

12:　　　　**end for**

13:　　　　令 next 表示 ^{r}p 上 dom 后一个域，令 link 表示 functionList 最后一个 VNF 后的虚拟链路

14:　　　　**if** next 存在，**do**

15:　　　　　　在域 dom 的边界节点集合中找出边界节点 b，b 连接了域 next 和域 dom，然后计算最小电能消耗路径 $p(\text{source} \rightarrow b)$，$p(\text{source} \rightarrow b)$ 上的所有物理边必须满足 link 的带宽资源约束

16:　　　　　　将路径 $p(\text{source} \rightarrow b)$ 加到 M_{dom} 中：$M_{\text{dom}} = M_{\text{dom}} \bigcup \{p(\text{source} \rightarrow b)\}$；然后更新 M_{end}：$M_{\text{end}} = M_{\text{end}} \bigcup M_{\text{dom}}$

17:　　　　　　在集合 $E_{\text{L}}^{\text{inter}}$ 中找出满足如下条件的域间物理边 e：（1）e 连接域 dom 和域 next；（2）e 必须以节点 b 为起始点；（3）$b(e) \geqslant \text{dem}(\text{link})$

18:　　　　　　**if** e 存在，**do**

19:　　　　　　　　将域间物理边 e 加到 M_{end} 中：$M_{\text{end}} = M_{\text{end}} \bigcup \{e\}$；更新 source 表示边 e 的宿点

20:　　　　　　**else**

21:　　　　　　　　**return** $\varnothing$

22:　　　　　　**end if**

23:　　　　**else**

24:　　　　　　计算最小电能消耗路径 $p(\text{source} \rightarrow \text{Dst})$，路径上所有物理边必须满足 link 的带宽约束

25:　　　　　　将路径 $p(\text{source} \rightarrow \text{Dst})$ 加入到 M_{dom} 中：$M_{\text{dom}} = M_{\text{dom}} \bigcup \{p(\text{source} \rightarrow \text{Dst})\}$；更新 M_{end}：$M_{\text{end}} = M_{\text{end}} \bigcup M_{\text{dom}}$

26:　　　　**end if**

27: **end for**

28: **return** M_{end}

为了保证 SFC 的顺序约束，每个域编排器独立部署获得的子链。算法 3-3 基于 Dijkstra 算法对部署逻辑进行了优化改进：在寻找承载 VNF 的物理节点时，需要满足资源约束、顺序约束，且优先选择电能消耗低的服务器，伪码第 6 行给出了详细的选择优先级。

$$\text{Power} = \sum_{n \in p(\text{source} \rightarrow k)} m_{\text{vnf}}^{n} \left(P_{n}^{\text{server}} + P_{n}^{\text{link}} \right) + w_{\text{vnf}}^{n} \left(P_{n}^{\text{server}} + P_{n}^{\text{link}} \right) \quad (3\text{-}18)$$

5. EE-SFCO-MD 复杂度分析

构建局部候选图（算法 3-1）的复杂度是 $O\left(\mathrm{pl}\times|N_R|^2\times\left|N_{\max}^{\mathrm{intra}}\right|^2\right)$，DLRP 就是可达路径，可达路径上的域数量就是可达路径穿过的域数，N_R 是 VNF 集合，对集合取模就是数量，$\left|N_{\max}^{\mathrm{intra}}\right|$ 表示 DLRP 上各个域的 DIFG 中节点数量最大值。候选信息选择算法（算法 3-2）的复杂度是 $O\left(|N_C|^4\right)$，其中 $|N_C|$ 表示候选路径上的候选节点数量。子链映射算法（算法 3-3）的复杂度是 $O\left(\mathrm{pl}\times|N_R|\times|N_S|^2\right)$，其中 $|N_S|$ 表示物理网络中节点的数量。综上，EE-SFCO-MD 算法的复杂度是 $O\left(\left|N_F^{\mathrm{level}}\right|^2\times(\mathrm{pl}\times|N_R|^2\times\left|N_{\max}^{\mathrm{intra}}\right|^2+|N_C|^4+\mathrm{pl}\times|N_R|\times|N_S|^2)\right)$，其中 $\left|N_F^{\mathrm{level}}\right|$ 表示域级功能图中节点的数量。

3.2.4.2 多 SFC 跨域映射算法

3.2.4.1 节给出了单 SFC 的跨域映射算法。在线场景中，某一时刻可能同时有多条 SFC 到达，此时只需根据 EE-SFCO-MD 部署框架依次处理每条 SFC 请求。不失一般性，本小节假设 SFC 请求按泊松分布到达。在 M-SFCO 算法中，所有到达的 SFC 请求首先被存放到队列 ArrivedSFC 中，随后由该算法按序独立映射，而已部署的 SFC 则记录于集合 DeployedSFC 中。并非所有 SFC 的资源需求都能被满足，而曾被成功映射的 SFC 都记录于集合 SFC$_{\mathrm{acc}}$ 中。M-SFCO 算法的伪码见算法 3-4。

算法 3-4　多个 SFC 请求跨域映射算法（M-SFCO 算法）

输入：（1）底层物理网络 $G_P=(N_S,E_S)$

（2）在线 SFC 请求队列 ArrivedSFC

输出： 成功映射的 SFC 请求集合 SFCacc 和映射方案集合

1:　初始化，令 SFCacc，M_{SFC} 等于空集

2:　**while** ArrivedSFC $\neq\varnothing$ **, do**

3:　　查询集合 DeployedSFC 中的 SFC 并释放已过期 SFC 所占用的资源，然后从 DeployedSFC 中移除过期 SFC 请求

4:　　取出 ArrivedSFC 中第一条 SFC 请求 sfc$_1$，根据 EE-SFCO-MD 框架映射 sfc$_1$；记录映射结果为 M_{opt}

5:　　**if** $M_{\mathrm{opt}}\neq\varnothing$ **, do**

6:　　　根据 M_{opt} 将 sfc$_1$ 映射到物理网络中，并更新物理网络

7:　　　SFC$_{\mathrm{acc}}=$ SFC$_{\mathrm{acc}}\bigcup\{\mathrm{sfc}_1\}$，$M_{\mathrm{SFC}}=M_{\mathrm{SFC}}\bigcup M_{\mathrm{opt}}$，DeployedSFC $=$ DeployedSFC $\bigcup\{\mathrm{sfc}_1\}$

8:　　　　**end if**

9:　　　　更新 ArrivedSFC：ArrivedSFC=ArrivedSFC\\{sfc₁}

10: **end while**

11: **return**　SFC_{acc}，M_{SFC}

3.2.5　仿真结果及分析

3.2.5.1　仿真环境介绍

仿真所使用的多域底层网络拓扑由 IGEN 工具[18]随机生成。共有 6 个域，每个域包含 20 个物理节点。域内节点按照 IGEN 中的 Delaunay 方式进行相应的连接和通信，域之间以 0.5 的概率相连。虚拟网络功能和虚拟链路的资源需求在(10,40)间均匀分布。每个物理节点的计算资源和每条域内物理链路的带宽资源在(200,300)间均匀分布，而每条域间物理链路的带宽资源则在(4000,6000)间均匀分布。物理服务器的空载能耗 P_n^{base} 为 171 W，满载能耗为 301 W，转发能耗 P_n^{rack} 为 5 W，服务器上一个端口的能耗 P_n^{port} 为 1.2 W。

此外，在仿真中，假设在线 SFC 请求按均值为 60 的泊松分布到达。对不同长度的 SFC 请求，都随机生成 2000 条服务功能链。本研究采用文献[19]和文献[20]中的算法作为性能对照。

3.2.5.2　性能指标

为了避免不同算法在资源约束下部署成功率的差异对总部署能耗产生干扰。本研究在衡量平均服务器能耗、平均链路能耗及平均总能耗时，假设底层网络无资源容量限制。此外，在考虑资源限制的前提下，对比各算法的请求响应时间，以及动态参数 MNP 和 fbf 对 EE-SFCO-MD 算法性能的影响。各类指标的定义如下。

平均服务器能耗 $P_{compute}^{average}$：服务器承载 SFC 的全部 VNF 所产生的电能消耗除以 SFC 的数量，通过式（3-19）计算。其中，$P_{compute}^i$ 表示部署 ArrivedSFC 中第 i 条请求时，物理网络中所有服务器产生的电能消耗。

$$P_{compute}^{average} = \frac{1}{|ArrivedSFC|} \times \sum_{i \in ArrivedSFC} P_{compute}^i \qquad （3-19）$$

平均链路能耗 $P_{\text{forward}}^{\text{average}}$：在 VNF 部署服务器之间转发业务数据产生的电能消耗除以 SFC 数量，通过式（3-20）计算。其中，P_{forward}^i 表示物理网络转发第 i 条 SFC 业务数据时产生的电能消耗。

$$P_{\text{forward}}^{\text{average}} = \frac{1}{|\text{ArrivedSFC}|} \times \sum_{i \in \text{ArrivedSFC}} P_{\text{forward}}^i \tag{3-20}$$

平均总能耗 P^{average}：映射全部已到达 SFC 所产生的平均电能消耗，它定义为平均服务器能耗和平均链路能耗之和，如式（3-21）所示。

$$P^{\text{average}} = P_{\text{compute}}^{\text{average}} + P_{\text{forward}}^{\text{average}} \tag{3-21}$$

平均响应时间 $T_{\text{response}}^{\text{average}}$：算法响应 SFC 请求的平均时间，通过式（3-22）计算。其中，T_{response}^i 表示算法对第 i 条请求的响应时间，其计算如式（3-23）所示，即从算法开始映射 SFC（T_{start}^i）到完成映射（T_{end}^i）的时间跨度。

$$T_{\text{response}}^{\text{average}} = \frac{1}{|\text{ArrivedSFC}|} \times \sum_{i \in \text{ArrivedSFC}} T_{\text{response}}^i \tag{3-22}$$

$$T_{\text{response}}^i = T_{\text{end}}^i - T_{\text{start}}^i \tag{3-23}$$

平均新增激活服务器数：为了映射 SFC 而额外激活的、原处于关机状态的服务器数量。

3.2.5.3 仿真数据

图 3-5 描述了动态参数 MNP 对 EE-SFCO-MD 算法性能的影响。当 SFC 请求长度为 3、4 和 5 时，图 3-5（a）、图 3-5（b）和图 3-5（c）分别描述了 EE-SFCO-MD 算法的平均服务器能耗、平均链路能耗和平均总能耗随最大路径长度 MNP 的变化情况。

图 3-5（a）、图 3-5（b）和图 3-5（c）显示，对每种长度的 SFC 请求，平均服务器能耗、平均链路能耗和平均总能耗均随着 MNP 的增加而降低。但在图 3-5（d）中，算法对每种长度 SFC 请求的平均响应时间随着 MNP 的增加而变长。导致这一系列现象的原因是：在 EE-SFCO-MD 算法中，MNP 表示的是算法映射 SFC 时尝试的最大域级可达路径数。因此，在域级功能图中，EE-SFCO-MD

尝试的路径越多，越可能找到能耗更低的映射方案，但同时所需的时间也越长。

此外，图 3-5（a）、图 3-5（b）和图 3-5（c）也表明：随着 MNP 的增加，能耗的减少量变小，并逐渐趋于稳定。这是因为 EE-SFCO-MD 算法将域级功能图中的每条 DLRP 按匹配度降序排列，使得 SFC 请求的近似最优映射方案大概率出现在前几条匹配度高的 DLRP 中。值得一提的是，MNP 是与底层网络规模相关的动态参数，往往需要经过多次评估来确定最佳值，进而充分发挥算法的性能。

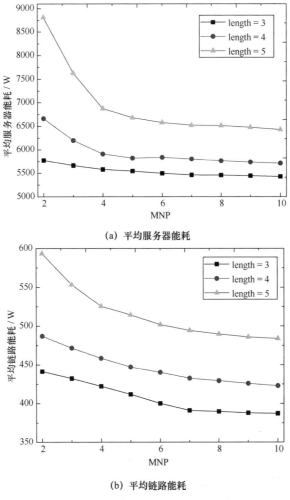

(a) 平均服务器能耗

(b) 平均链路能耗

图 3-5 动态参数 MNP 对 EE-SFCO-MD 算法性能的影响

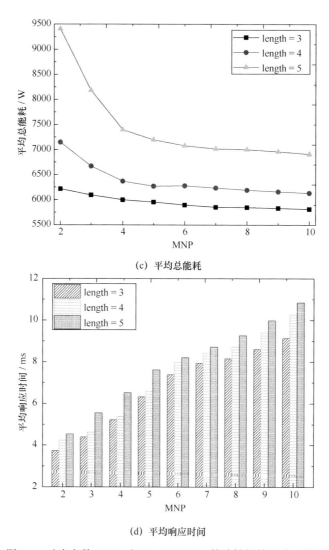

(c) 平均总能耗

(d) 平均响应时间

图 3-5 动态参数 MNP 对 EE-SFCO-MD 算法性能的影响（续）

图 3-6 描述了当 SFC 长度固定为 5、6、7 时，EE-SFCO-MD 算法的平均总能耗随最大反馈因子（fbf）的变化情况。图中表明：增大 fbf 会降低算法的平均总能耗。其原因在于当 fbf 增大时，算法 3-1 构建的局部候选图会更加丰富，因而更有利于辅助 EE-SFCO-MD 算法选出能耗更低的映射方案。

图 3-7 给出了三种算法的各类能耗随 SFC 长度的变化情况。基于图 3-5、图 3-6 的结果，图 3-7 中将 EE-SFCO-MD 算法的参数 MNP 和 fbf 分别设定为

10 和 3。

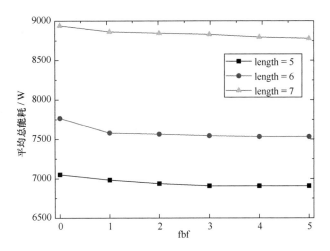

图 3-6   动态参数 fbf 对 EE-SFCO-MD 算法性能的影响

通过构建域级功能图和域内功能图，EE-SFCO-MD 算法能够尽可能复用活跃服务器，从而减少物理服务器的能耗，图 3-7（a）为之提供了有力的证明。图 3-7（b）则显示：EE-SFCD-MD 算法的平均链路能耗同样低于对比算法 Nestor[19]和 DistNSE[20]。这得益于其在进行 SFC 映射的过程中，将请求分割为不同的子链，并充分考虑每个域的实际网络情况，将子链部署在最合适的域中，

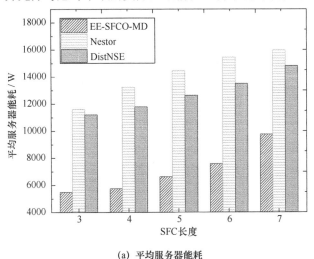

（a）平均服务器能耗

图 3-7   SFC 长度对算法能耗的影响

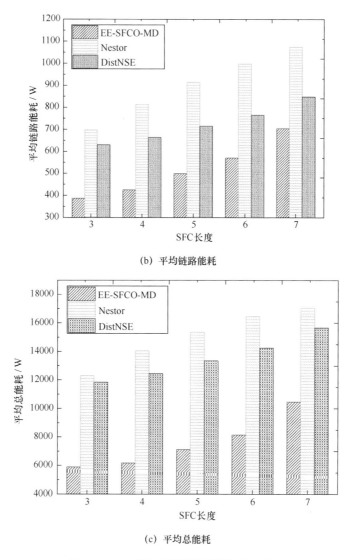

(b) 平均链路能耗

(c) 平均总能耗

图 3-7　SFC 长度对算法能耗的影响（续）

从而同时降低域间通信链路和域内通信链路的能量开销。因此，在平均总能耗上，本研究提出的算法也必然优于对比算法，如图 3-7（c）所示。

图 3-8 考察了其他指标随 SFC 长度的变化情况。其中，图 3-8（a）显示，在相同的条件下，EE-SFCO-MD 算法占用了更少的活跃服务器，这是服务器复用机制发挥作用的必然结果。从图 3-8（b）可知，本研究提出的算法与 Nestor

和 DistNSE 相比，其服务平均响应时间优势巨大。这是因为扩展点聚合技术降低了底层物理网络的规模，并且 EE-SFCO-MD 算法创建的域级功能图能高效引导 SFC 的映射过程，使得算法能快速得出部署决策。反观对比算法，Nestor 基于 ILP 模型来切分 SFC 请求，DistNSE 通过遍历每个域内的所有物理路径来寻找映射方案，因而大大拉长了算法的响应时间。

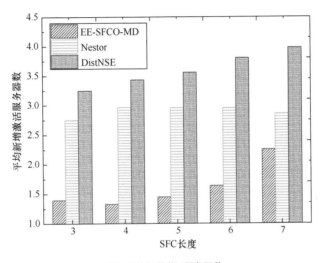

(a) 平均新增激活服务器数

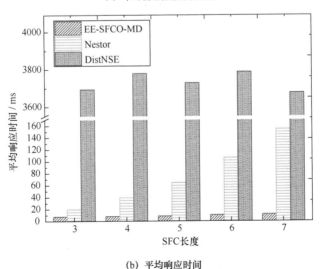

(b) 平均响应时间

图 3-8　SFC 长度对其他指标的影响

3.3 基于强化学习的跨域节能映射算法

机器学习得益于其强大的数据分析和特征提取能力，它一出现就受到各界学者的广泛关注。强化学习[21]（Reinforcement Learning，RL）作为机器学习的一种，能基于智能体与环境交互产生的反馈直接优化决策模型，不需要带标签的训练数据来帮助训练模型参数。强化学习的无监督特性决定了它适合处理复杂场景下的决策问题，同时跨域在线 SFC 部署问题自身的动态性、信息半公开性与强化学习的技术优势不谋而合。因此，本节提出基于强化学习的跨域在线 SFC 节能优化部署算法。

3.3.1 概念介绍

3.3.1.1 基本概念

几乎所有的强化学习模型都是基于马尔可夫决策过程（Markov Decision Process，MDP）而建立的。在 MDP 框架下，负责与环境进行交互的执行程序称为智能体，通常使用 5 个重要信息表示一个马尔可夫决策过程，分别对应符号 S、A、$P_{ss'}^a$、$R_{ss'}^a$ 和 γ。

S 代表智能体可能处于的状态构成的集合（状态集），该状态集需要囊括环境中可能出现的所有情况，$s \in S$ 代表状态集中的某种状态，状态之间互不相同且存在转化关系。

A 是指智能体的动作行为集合，该集合中的动作 $a \in A$ 可以使智能体从一种状态跳转到另一种状态，集合中的可选动作也需从所面对的问题或环境中据实获得。

$P_{ss'}^a$ 是状态转移概率，表示智能体在状态 s 下执行某一动作 a 后，转移到另一状态 s' 的概率。

$P_{ss'}^a$ 是奖励概率，指智能体在状态 s 下执行某一动作 a 后，转移到另一状态

s' 并获得奖励的概率。强化学习中智能体通过执行一系列动作与环境交互，获取该动作的奖励反馈，从而强化自己的记忆。

折扣因子 γ 用来控制累积收益的比例大小，在[0,1]之间取值，且通常根据具体问题而定。

在强化学习中，智能体需要通过反复的行为试错，不断与环境交互，基于收益信息不断摸索每种状态下的最优决策，直至完成模型收敛。从实现形式上看，强化学习又可以进一步分类，如随机学习自动机（Stochastic Learning Automata）[22~24]、Q 学习（Q-Learning）[25]、深度 Q 学习（Deep Q Learning）[26]及生成对抗网络（Generative Adversarial Networks）[27]。经过研究与比较，Q学习更适合求解本节的优化问题。

3.3.1.2　Q 学习

Q 学习要求待求解问题具有无后效性，即系统中下一状态的值只与当前状态有关，而与历史状态无关。这类似于马尔可夫链，但有一点不同：需要考虑动作 a 的影响，即系统的下一状态不仅与当前状态有关，还与在该状态下采取的动作有关（MDP）。图 3-9 给出了 MDP 决策过程。

$$s_0 \xrightarrow{a_0} s_1 \xrightarrow{a_1} s_2 \xrightarrow{a_2} s_3 \xrightarrow{a_3} s_4$$

图 3-9　MDP 决策过程

Q 学习使用决策矩阵（或称 $\boldsymbol{Q}$ 矩阵）作为记忆存储体。该矩阵一维对应状态，另一维对应动作，矩阵中的值表示某状态下执行某动作的累积收益，智能体训练的最终目标是使该矩阵达到收敛状态。对于满足强化学习模型要求的连续决策问题，文献[25]已证明其决策矩阵可收敛。达到收敛状态的 $\boldsymbol{Q}$ 矩阵不会随训练的继续进行而发生变化，除非环境配置有所改变。根据收敛状态下 $\boldsymbol{Q}$ 矩阵的值，智能体能轻松判断不同状态对应的最优动作。

奖励矩阵 $\boldsymbol{R}$ 是 Q 学习训练阶段的另一个关键矩阵，其形式和 $\boldsymbol{Q}$ 矩阵一样，其中保存着智能体在自主学习时可以参考的奖励或惩罚数值。$\boldsymbol{R}$ 中值的设置是引导智能体进行自主学习的关键：正值为奖励，负值为惩罚，通过设定数值的大小可以改变智能体选择动作时的优先级。

图 3-10 展示了 Q 学习的训练过程：智能体在当前状态下选择执行动作 a，环境状态发生变化，返回即时奖励 r 和新状态 s。智能体随即使用 r 去更新 $\boldsymbol{Q}$ 矩阵，并基于新状态 s 重复上述步骤，直到 $\boldsymbol{Q}$ 矩阵收敛或 $\boldsymbol{Q}$ 矩阵的值更新量达到终止条件。$\boldsymbol{Q}$ 矩阵的值更新如式（3-24）所示：

$$\boldsymbol{Q}(s,a) = \boldsymbol{Q}(s,a) + \alpha\left(r + \gamma \max_{a'} \boldsymbol{Q}(s',a') - \boldsymbol{Q}(s,a)\right) \tag{3-24}$$

在式（3-24）中，$\boldsymbol{Q}$ 代表记忆体 $\boldsymbol{Q}$ 矩阵，它存储所有状态下可执行动作的推荐值。换句话说，智能体通过训练得来的奖励和动作策略都被记录在该矩阵中。如前所述：$\boldsymbol{Q}$ 矩阵通常是一个二维矩阵，s 是当前状态，a 是当前选择执行的动作，s' 是未来状态，a' 表示未来的动作；而 r 是即时奖励，由环境返回，α 和 γ 分别是学习率和累积收益因子，均在 $[0,1]$ 之间取值。在 $\boldsymbol{Q}$ 矩阵中，同一状态下，$\boldsymbol{Q}$ 矩阵的值越大的动作越值得被执行。

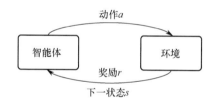

图 3-10 Q 学习的训练过程

3.3.1.3 Q 学习模型调整

为了使 Q 学习能更好地契合跨域在线 SFC 部署问题，本研究在原始 Q 学习的基础上对 $\boldsymbol{Q}$ 矩阵进行了调整：将状态空间维度从原来的 1 维扩展到 4 维，整个 $\boldsymbol{Q}$ 矩阵扩展到 5 维，用 $\boldsymbol{Q}[\text{now}_h, \text{now}_{node}, \text{end}_{node}, h, \text{action}_{node}]$ 表示新的 $\boldsymbol{Q}$ 矩阵。其中 now_h 表示当前状态下已经经过的节点数量，now_{node} 表示智能体当前所处的节点，end_{node} 表示该 SFC 最终要到达的节点，h 是映射完成时部署路径的最低节点数量，即择路的最短跳数。这 4 项共同标识了智能体当前所处的状态，而在该状态下，智能体采取的行为是 action_{node}，它取自下一步的可选节点集合，即 now_{node} 的邻接节点。通过比较不同 action_{node} 下的 $\boldsymbol{Q}$ 矩阵的值，智能体可判断出当前状态下的最佳行为。

相比 2 维 Q 矩阵，5 维 Q 矩阵使用 4 项信息描述网络状态，细节刻画更精准、更清楚、更直观，也更有利于提升算法对动态网络甚至是不同网络的适应性。

3.3.2　数学模型

本研究面向的是由多个单域网络组成的多域网络。在该网络中，每个节点都是通用型服务器，拥有各自的计算资源容量，并且支持部署虚拟网络功能。当有 SFC 经过时，服务器实例化 VNF 进行业务计算或转发服务，否则保持关机状态。网络中的通信链路分为域间链路和域内链路，前者全网可见，而后者属于各域的私有信息，不对外公开。此外，两种链路的带宽资源容量不同，域间链路数量较少，并且需要承载跨域通信的所有流量，因而其带宽容量通常远超域内链路。

在该网络场景下，用户需求随机到达，需求中包含了起止点信息、持续时间长度和依赖的虚拟网络功能序列。对于网络中已部署的 SFC，在到达生命周期时需要将其从网络中移除并返还占用的物理资源。本小节要解决的问题是在多域网络中有效地部署 SFC，以不违背资源容量约束和隐私性约束为前提，优化部署能耗，提高 SFC 部署成功率，从而最大化服务提供商的利润。

3.3.2.1　多域网络模型

多域网络由多个单域网络组成，服务器节点位于各域内。整个网络可用图 $G=(V,E)$ 表示，其中 V 表示节点集合，E 表示链路集合。$v \in V$ 表示某一具体节点，I_v 表示其计算资源容量。$e \in E$ 表示某条链路，既可能是域内链路，也可能是域间链路，B_e 代表其带宽资源容量。

对某个单域网络 n，用符号 G_n^{intra} 表示其域内网络。所有链路集合 E 进一步划分成域间链路集合 E^{inter} 和域内链路集合 E^{intra}，其中的元素分别用 e^{inter} 和 e_n^{intra} 表示。假设共有 k 个子域，则式（3-25）给出了各边集之间的逻辑关系。

$$E = \left\{ \bigcup_{e_i^{\text{intra}} \in E_i^{\text{intra}}; i \in [1,k]} e_i^{\text{intra}} \right\} \bigcup \left\{ \bigcup_{e^{\text{inter}} \in E^{\text{inter}}} e^{\text{inter}} \right\} \qquad (3\text{-}25)$$

$$I_v \leqslant I_{\max_v}, \forall v \in V \qquad (3\text{-}26)$$

$$B_e \leqslant B_{\max_e^{\text{inter}}}, \forall e \in E^{\text{inter}} \qquad (3\text{-}27)$$

$$B_e \leqslant B_{\max_e^{\text{intra}}}, \forall e \in E^{\text{intra}} \qquad (3\text{-}28)$$

$$\text{Energy}_{\text{total}} = \text{Energy}_{\text{base}} + \text{Energy}_{\text{vnf}} \qquad (3\text{-}29)$$

式（3-26）至式（3-28）是资源约束，分别表示物理节点的计算资源容量不低于其上部署的 VNF 的资源需求，域间链路带宽容量不低于其上流过的域间流量大小，域内链路带宽容量不低于其上流过的域内流量大小。式（3-29）给出的是本研究关注的能耗，由两部分组成：服务器待机的基础功耗 $\text{Energy}_{\text{base}}$ 和因承载业务产生的计算功耗 $\text{Energy}_{\text{vnf}}$。其中计算功耗与节点负载量相关，在服务器满载时达到峰值功耗。

3.3.2.2 跨域在线 SFC 部署模型

用户需求集合用 $\text{RE} = \{s_i^{\text{node}}, s_i^{\text{domain}}, d_i^{\text{node}}, d_i^{\text{domain}}, P_i, r_i, t_i\}$ 表示，其中 s_i^{node} 表示用户接入点，s_i^{domain} 是接入点所在的接入域；d_i^{node} 是对端通信节点，d_i^{domain} 是该节点所在的域。P_i 是有序数组，表示实现该 SFC 需要的 VNF 序列。r_i 表示该 SFC 成功部署后，用户需要支付的费用。t_i 是 SFC 的生存时间。

对于不同的 VNF，其资源消耗量不同，用符号 w_j 表示，其部署成本 o_j 与资源消耗量成正比，式（3-30）给出了整条 SFC 的部署成本。式（3-31）则是为该 SFC 提供服务的利润，对于服务提供商来说，只有当利润为正值时，才会考虑接收并部署该 SFC。式（3-32）给出了部署 SFC 的总利润。

$$\text{cost}_i = \sum_{j \in P_i} o_j * w_j * \beta \qquad (3\text{-}30)$$

$$\text{profit}_i = r_i - \text{cost}_i \qquad (3\text{-}31)$$

$$\text{profit}_{\text{total}} = \sum_{i: \text{profit}_i > 0} \text{profit}_i \qquad (3\text{-}32)$$

3.3.3　基于 Q 学习的多域 SFC 部署算法

3.3.3.1　算法框架设计

本节将介绍处理动态多域 SFC 部署算法，其整体框架如图 3-11 所示，分为两个模块：分层强化学习择路模块和网络节能评估模块。

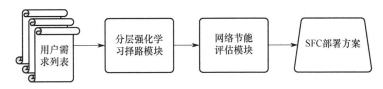

图 3-11　整体框架

用户需求先进入分层强化学习择路模块，该模块的主要任务是在多域网络中为 SFC 寻找映射路径，返回备选路径集合。随后由网络节能评估模块对备选路径进行能耗评分，输出其中最合适的路径作为最终的部署方案。

3.3.3.2　分层强化学习择路模块

1. 多域网络分层

在多域网络中，不同的域可能属于不同的网络服务提供商，其内部信息通常不对外开放。在不清楚域内节点位置、数量、链路连接情况和资源剩余情况时，无法建立统一的强化学习模型。因此，本研究将多域网络拆分，建立分层网络模型，下层分别处理不同的域，域内建立各自的强化学习模型，通过数值处理将具体信息模糊化并上报；上层收集各域的脱敏信息，进行进一步决策。图 3-12 展示了分层强化学习择路模块的执行逻辑。

分层结构对网络拓扑 G 进行了进一步抽象，原来的每个域 G_n^{intra} 在顶层网络中收缩为一个顶点，相应的域间链路负责连接这些顶点，从而形成新的网络 G^{top}。图 3-13 展示了顶层网络的形成示例。图中左侧为具有 5 个子域的原始多域网络，每个子域内的黑色节点是域间节点，白色节点是域内节点。连接域间节点的链路为域间链路，在该示例下共有 7 条，以虚线表示，实线则为域内链路，后者对其他域不可见，域内节点对其他域也不可见。

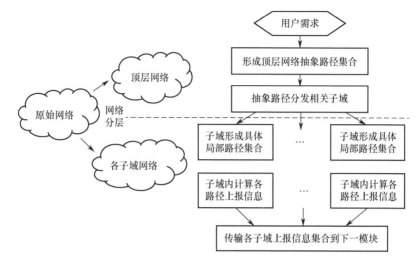

图 3-12　分层强化学习择路模块的执行逻辑

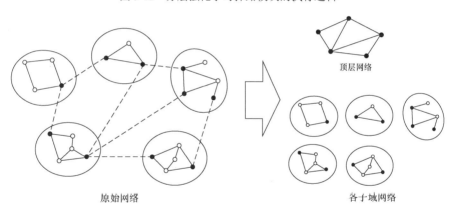

图 3-13　顶层网络的形成示例

经过网络分层后，各子域隐去其内部的具体信息，抽象为图 3-13 右侧顶层网络中的一个节点，再由域间链路构成通信路径，形成类似于单域网络的结构。不同的是，顶层网络中的抽象节点对外公布的信息（包括资源容量、剩余可用资源量及已部署 VNF 类型等）是整个子域信息汇聚后的模糊结果，如此既能够充分保护子域的隐私数据，又足以应对多域协作对信息的需求。

接下来，将基于分层网络结构，为顶层网络和子域网络分别设计 Q 学习训练及决策算法。

2. 域间 Q 学习训练算法

算法 3-5 给出了域间 Q 学习训练算法的伪代码。顶层网络的 Q 矩阵用 Q^{top} 表示，是一个 4 维矩阵，下标分别对应 now_h、now_{node}、end_{node}、$action_{node}$，即在顶层网络中，无须考虑择路的最短跳数 h。这是因为顶层网络的特性决定了其规模不会太大。出于类似的考虑，算法 3-5 将记录两点间所有长度的无环路径。此外，在初始化 R^{top} 时，将 now_{node} 和 end_{node} 相同的元素设为 1000，以表示成功找到路径的奖励。

算法 3-5： 域间 Q 学习训练算法

输入： 顶层拓扑 G^{top}

输出： 域间决策 Q^{top} 矩阵

1: 根据拓扑 G^{top}，初始化 Q^{top} 为零矩阵

2: 初始化 R^{top} 矩阵

3: **for** G^{top} 中的每个节点 $v \in V$，**do** //作为终止点 end_node

4:     初始化列表 chain，加入节点 v

5:     运行函数 Find_top_way(Q^{top}，R^{top}，G^{top}，chain)

6: **end for**

7: **return** Q^{top}

函数： Find_top_way(Q，R，G，chain)

1: 令 $v_0 =$ chain 中的最后一个元素；

2: 令临时列表 chain_tmp=chain； //存储已经路过的节点

3: **while** chain_tmp 未包含所有节点且 v_0 的邻接节点不都在 chain_tmp 内，**do**

4:     **for** v_0 的每一个邻接节点 $v_2 \in V_{v_0}$，**do**

5:         **if** 节点 v_2 不在 chain_tmp 列表里，**then**

6:             将节点 v_2 加入临时列表 chain_tmp；

7:             执行函数 Find_top_way(Q^{top}，R^{top}，G^{top}，chain_tmp)；

8:             **for** 在 chain_tmp 中的每个元素，按倒序，**do**

9:                 利用式（3-24）将 chain_tmp 中信息写入 Q 矩阵；

10:             **end for**

11:         **end if**

12:     **end for**

13: **end while**

---

3. 域间 Q 学习决策算法

当训练阶段完成后,域间训练算法生成 Q^{top} 矩阵文件交由系统保存。在决策阶段,使用 Q^{top} 矩阵来计算满足用户跨域 SFC 需求的备选路径集合 PA^{top},该集合中的路径在原始网络中经过了一系列子域并使用了域间链路。域间决策算法的作用就是形成这些抽象路径,并将其发送给相关子域的控制台,进行后续域内路径的生成。算法 3-6 给出了域间 Q 学习决策算法的伪码。虽然该算法的最后将备选抽象路径集合发送给节能评估模块,但当前还无法完成评估,需等待后续各子域完成域内路径决策并返回模糊数值后,评估模块才能进行最终评定和比较。

算法 3-6: 域间 Q 学习决策算法

输入:(1)读取训练完成的 Q^{top} 矩阵

      (2)读取用户需求列表 RE

输出: 备选路径集合 PA^{top}

1: **for** RE 中的每一条用户需求 re, **do**

2:     从 Q^{top} 矩阵获取一些符合起止域的备选路径加入 PA^{top}

3:     **for** 备选路径集合 PA^{top} 中的每条抽象路径 pa, **do**

4:         **if** 备选路径 pa 途经的域间路径通畅, **then**

5:             将 pa 及 re 相关信息下发到途经的子域

6:         **end if**

7:     **end for**

8:     **if** 备选路径集合 PA^{top} 为空, **then**

9:         re 部署失败

10:         **continue**

11:     **end if**

12:     将 PA^{top} 发送到网络节能评估模块,等待进一步数据收集

13: **end for**

14: **return** PA^{top}

---

4. 域内 Q 学习训练算法

算法 3-7 给出了域内 Q 学习训练算法的伪码。该算法的逻辑与域间 Q 学习训练算法类似,其不同之处如下。

(1)子域内路径的起止节点必须是域中与其他域直接通信的边界节点,因

而大幅减少了需要训练的状态空间。

（2）记录记忆信息时，双向写入分别对应边界节点为终止点和起始点，从而一次形成两条路径记忆。

（3）不同的子域由各自的子控制平台独立管理，因而域内训练算法可并行执行。

算法 3-7：域内 Q 学习训练算法

输入：域内拓扑 G_n^{intra}

输出：域内决策 $\boldsymbol{Q}_n^{\text{intra}}$ 矩阵

1: 根据拓扑 G_n^{intra} 初始化 $\boldsymbol{Q}_n^{\text{intra}}$ 为零矩阵

2: 初始化 $\boldsymbol{R}_n^{\text{intra}}$ 矩阵

3: 设置 $h_{\max}$ 的数值

4: 令 $h = 0$

5: **for** G^{inter} 中的每个跨域节点 $v \in V_{\text{access}}$ ，**do**　//作为终止点 end_node

6: 　　初始化列表 chain，加入节点 v

7: 　　运行函数 Find_double_way($\boldsymbol{Q}_n^{\text{intra}}$, $\boldsymbol{R}_n^{\text{intra}}$, G_n^{intra} , $h_{\max}$, h ,chain)

8: **end for**

9: return $\boldsymbol{Q}_n^{\text{intra}}$

函数：Find_double_way($\boldsymbol{Q}$, $\boldsymbol{R}$, G , $h_{\max}$, h ,chain)

1: 令 $v_0 =$ chain 中的最后一个元素

2: $h = h+1$

3: 令临时列表 chain_tmp=chain

4: **while** $h <= h_{\max}$, **do**　//循环持续到路径长度达到限制最大值

5: 　　**for** v_0 的每一个邻接节点 $v_2 \in V_{v_0}$, **do**

6: 　　　　**if** 节点 v_2 不在 chain_tmp 列表里，**then**

7: 　　　　　　将节点 v_2 加入临时列表 chain_tmp

8: 　　　　　　执行函数 Find_double_way($\boldsymbol{Q}$, $\boldsymbol{R}$, G , $h_{\max}$, h ,chain_tmp)

9: 　　　　　　**for** chain_tmp 中的每个元素，按倒序 **do**

10: 　　　　　　　　利用式（3-24）将 chain_tmp 中信息写入 $\boldsymbol{Q}$ 矩阵

11: 　　　　　　**end for**

12: 　　　　　　**for** chain_tmp 中的每个元素，按正序 **do**

13: 　　　　　　　　利用式（3-24）将 chain_tmp 中信息写入 $\boldsymbol{Q}$ 矩阵

14: 　　　　　　**end for**

```
15:    end if
16: end for
17: end while
```

5. 域内 Q 学习决策算法

决策阶段，在得到顶层网络的备选路径集合 PA^{top} 后，网络总控制平台会根据用户需求 re，向集合中每条抽象路径 pa 经过的子域下发 pa 和 re，进一步生成各子域内的路径，并对域内路径进行初步处理。

子域内路径的起止点由 pa 和 re 决定：如果是起止域，那么起止点之一是域内节点，另一个是连通其他域的边界节点；如果是转发域，那么起止点都是连通其他域的边界节点。为了提升多域 SFC 部署的处理效率，需要对子域内生成的路径进行筛选，从而控制总备选路径数量，筛选依据见式（3-33）、式（3-34）。

$$B_{\max_e^{intra}} - B_e > B_{SFC}, e \in SFC \tag{3-33}$$

$$Energy_{e_i^k} = num_{newPowerOn} \cdot Energy_{base} + Energy_{vnf} \cdot num_{node\_on\_pa_i^k} \tag{3-34}$$

$$\varphi_i^k = \frac{Energy_{e_i^k} \cdot 100}{1000} \tag{3-35}$$

其中，式（3-33）是指域内路径的剩余带宽资源足够部署当前的 SFC。式（3-34）计算路径 e_i^k 的大致能耗：若路径上存在处于关机状态的节点，则在该路径上部署 SFC 需要新增待机功耗，总增量为路径上非活跃服务器的数量乘以单服务器的待机功耗 $Energy_{base}$；此外还应包括承载 SFC 产生的计算能耗，其值等于路径上节点数量乘以 SFC 中计算开销最大的 VNF 的能耗。式（3-35）则给出了域模糊值的计算方法。

算法 3-8　域内 Q 学习决策算法

输入：（1）各子域 G_n^{intra} 训练完成的决策 Q_n^{intra} 矩阵

　　　（2）用户需求 re 和备选路径集合 PA^{top}

输出：各子域的有序模糊值 φ_i^k 和 $num\_vnf_i^k$

```
1:  for PA^top 中的每一条备选路径 pa, do
2:      从备选路径 pa 中获取经过的所有子域 G_n^intra
3:      for 每个子域 G_k^intra 的子控制平台, do    //并发运行
```

4:	生成符合该子域内起止点要求的路径集合 PA_k^{intra} ；
5:	根据式（3-33）和式（3-34）对 PA^{intra} 中的 pa_i^k 进行初步筛选，i 是路径编号
6:	计算筛选后 PA_k^{intra} 中每条路径的模糊值 φ_i^k ，递增排序并上报
7:	**if** pa_i^k 中有节点能部署 re 中资源需求最多的 VNF，**then**
8:	记 pa_i^k 中满足该条件的节点数量为 num_vnf$_i^k$
9:	**end if**
10:	**end for**
11:	**if** 筛选后的备选路径集合 PA_k^{intra} 为空，**then**
12:	备选路径 pa 部署失败
13:	**continue**
14:	**end if**
15:	记录各子域的有序模糊值 φ_i^k 和 num_vnf$_i^k$
16:	**end for**
17:	**return** 有序模糊值 φ_i^k 和 num_vnf$_i^k$

在计算 num_vnf$_i^k$ 时，以 re 中资源需求最大的 VNF 为标准，其目的是减小后续因资源不足而无法部署的概率。

3.3.3.3　网络节能评估模块

由于多域网络中的隐私限制，节能评估模块只能对用户需求 re 和顶层网络备选路径集合 PA^{top} 及各子域上报的与 PA_k^{intra} 相关联的模糊值 φ_i^k 和 num_vnf$_i^k$ 等信息进行处理。其具体过程见算法 3-9。

算法 3-9 　网络节能评分算法

输入：（1）顶层网络拓扑 G^{top}

　　　（2）用户需求 re

　　　（3）备选路径列表 PA^{top}

　　　（4）pa 的子域备选路径集合 PA_k^{intra} 的模糊值 φ_i^k 和 num_vnf$_i^k$

输出：re 的部署方案

1:	**if** 在线 SFC 列表 ONL 中的 SFC 达到了结束时间 t_{end-re} ，**then**
2:	移除过期 SFC，回收相关资源
3:	**end if**
4:	**for** 每一个在 PA^{top} 中的路径 pa，**do**
5:	利用栈生成整条 SFC，并利用式（3-36）计算路径 pa 的评分
6:	**end for**
7:	从备选路径集合 PA^{top} 中选取得分最低的路径

8: 记录 SFC 开始时间 $t_{start-re}$，计算该 SFC 的结束时间 t_{end-re}

9: 将该 SFC 信息添加到在线 SFC 列表 ONL

10: 更新网络拓扑中相关资源的占用情况

11: **return** re 的部署方案

算法 3-9 的关键在于从抽象路径形成具体路径。如图 3-14 所示，对于一条用户请求 re，以顶层网络的备选路径集 PA^{top} 中的一条备选路径 pa 为例，具体路径的选取过程分为三步。

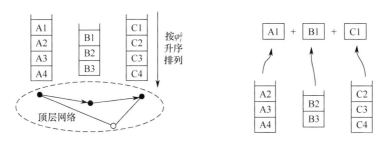

(a) 各子域上报信息 φ_i^k 和 num_vnf$_i^k$ (b) 弹出栈顶元素组成具体路径，若 VNF 可部署则输出方案

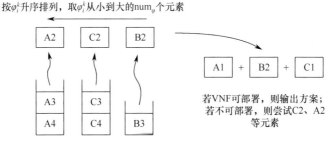

(c) 若上一步 VNF 不可部署，则尝试替补路径

图 3-14 栈式结构路径组合过程

（1）抽象路径 pa 途经的各子域先提交域内可行路径集合的 φ_i^k 和 num_vnf$_i^k$ 信息，这些信息被打包成元素，并按 φ_i^k 值升序入栈，栈顶最小。

（2）总控制平台收到这些信息后，把各子域 φ_i^k 值最小的 pa$_i^k$（栈顶元素）组合起来，由于栈内元素是按升序入栈的，所以理论上该组合路径已经是最节能的方案了。但还要考虑 SFC 中的 VNF 是否能够部署在这条路径上，具体方法是判断各元素中的 num_vnf$_i^k$ 相加是否大于 SFC 包含的 VNF 数量。

（3）如果步骤（2）形成的路径不能部署用户需求中的所有 VNF，则为了提高部署成功率，需要继续在下标 i 次小的 φ_i^k 里寻找最小值，用其对应的路径替换原方案的部分路径。为了进一步提高部署成功率并减少工作量，在这些排序好的元素里寻找替代路径时，可直接保留 φ_i^k 值最小的 num_φ 个元素，num_φ 称为路径回退值，可根据具体情况进行设置、调整。

$$\mathrm{score} = \sum_{G_k^{\mathrm{intra}} \in \mathrm{SFC}} \mathrm{weight}_{G_k^{\mathrm{intra}}} \cdot \varphi_i^k \tag{3-36}$$

在确定所有相关子域内的路径且明确该路径可承载所有 VNF 后，按式（3-36）计算整条 SFC 的评分，其中 $\mathrm{weight}_{G_k^{\mathrm{intra}}}$ 表示子域的权重。可通过增加该权重来减少对某个子域的使用，无特殊要求时全部置 1。

3.3.4　仿真结果及分析

3.3.4.1　仿真环境介绍

仿真程序运行在 Windows 10 操作系统下，CPU 型号为 2.5 GHz Intel Core i5-2450M，6 GB 内存。物理网络拓扑由仿真软件随机生成，共 6 个子域，每个子域内最少 10 个节点，最多 20 个节点，最少 30 条边，最多 60 条边。服务器节点既可以提供路由转发功能，也可以支持全类型 VNF 的实例化。

节点计算资源总容量设置为 100 个单位。对于每种 VNF 类型（共 7 种），其计算资源需求 ω_j 取值范围为[1,7]个单位。出于对隐私的考虑，VNF 一经部署，只能服务于其所属 SFC，不能被多用户共享。服务器待机能耗为 140 个单位，运行 VNF 产生的能耗与该 VNF 的计算资源需求成正比。用户服务请求按泊松分布动态到达，在线时间服从均匀分布，请求的 SFC 长度正态分布于区间[3,6]。

本研究以文献[28]中的 EE-SFCO-MD 算法为对照。为确保现象的准确性，展示的数据均是多次重复实验的平均值。

3.3.4.2　性能指标定义

本研究关注的性能指标包括：部署成功率、平均电能消耗、运营商总利润和 SFC 请求的平均响应时间。

部署成功率 A：已成功部署的 SFC 数量与到达数量的比例。其计算方法如式（3-37）所示。

$$A = \frac{\text{Number}_{\text{successfully\_deployed\_SFC}}}{\text{Number}_{\text{input service requests}}} \tag{3-37}$$

平均电能消耗 E：所有成功部署的 SFC 产生的总能耗除以 SFC 数量，其计算方法如式（3-38）所示。

$$E = \frac{\sum\limits_{i \in \text{RE}} \text{success}_i \cdot \text{Energy}_i^{\text{SFC}}}{\text{Number}_{\text{successfully\_deployed\_SFC}}} \tag{3-38}$$

运营商总利润 $\text{profit}_{\text{total}}$：运营商通过为用户提供服务而获得的总利润，其计算方法如式（3-39）所示。

$$\text{profit}_{\text{total}} = \sum\limits_{i \in \text{RE}} \text{success}_i \cdot (r_i - \text{cost}_i) \tag{3-39}$$

SFC 请求的平均响应时间 C：为所有 SFC 请求计算部署决策的总时间除以 SFC 的数量。由于 Q 学习的训练过程执行于部署过程之前，因而模型收敛时间不计入该指标。其计算方法如式（3-40）所示。

$$C = \frac{\text{Total\_running\_time}}{\text{Number}_{\text{input\_service\_requests}}} \tag{3-40}$$

3.3.4.3 仿真数据

1. 参数调优

QLMD-SFC-DD 算法的可调参数有 3 个：顶层网络使用率 λ^{top}、子域使用率 λ^{intra} 及 num_φ。其中，λ^{top} 和 λ^{intra} 用于调节 $\boldsymbol{Q}$ 矩阵输出的路径数目，参数设置越大，顶层网络的抽象路径和子域的局部路径越多，在一定程度上能提升部署成功率，但也需要消耗更多的运行时间。

图 3-15 和图 3-16 显示了 3 个 num_φ 参数对算法性能的影响。num_φ 是抽象路径填充失败后，再次尝试备选路径的最大次数。$\text{num}_\varphi = 0$ 表示 SFC 首次生

成路径失败后，不尝试任何备选路径，直接放弃部署，因而此时的部署成功率始终低于 num_φ 取 3 或 6 时的数据。此外，图 3-15 中 num_φ 取 3 和 6 时的曲线相差甚微，这意味着在绝大多数情况下寥寥几条备选路径中就存在能成功部署 SFC 的方案，或者是这些栈内相邻的备选路径的质量十分相近。

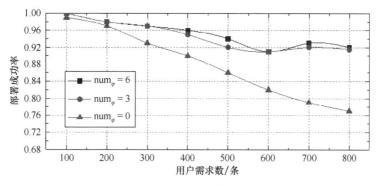

图 3-15　3 个 num_φ 参数下的部署成功率对比

在图 3-16 中，更大的 num_φ 对应更长的响应时间，这是尝试更多备选路径的必然结果。结合图 3-15 中的现象，对某一给定的拓扑，为了确定较合适的 num_φ，可不断增加其值直到部署成功率提升不明显为止。在本节后续的对比实验中，QLMD-SFC-DD 算法的 num_φ 参数设置为 3。

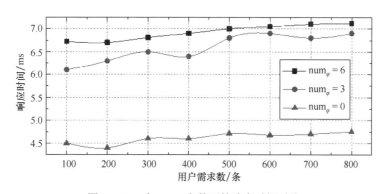

图 3-16　3 个 num_φ 参数下的响应时间对比

2. 部署成功率

从如图 3-17 所示部署成功率的比较结果可以看出，当 SFC 请求少于 200

时，因为网络资源充足，本节提出的算法 QLMD-SFC-DD 和对比算法的部署
成功率均达到 100%；当请求数量增加时，部署成功率开始缓慢下降，自 500
条开始，两算法的差距逐渐拉大，QLMD-SFC-DD 的备选路径机制开始发挥作
用。即使在高负载情况下，本节提出的算法依然能保证 91% 左右的部署成功
率，而对比算法维持在 87% 左右。

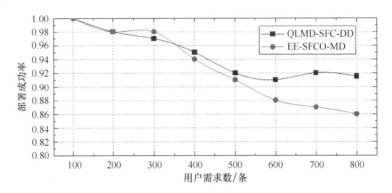

图 3-17　不同用户需求数下的部署成功率对比

3. 平均能耗及利润

图 3-18 给出了两算法的平均能耗开销。当 SFC 请求数量较少时，由于需
要激活大量服务器，新引入了较多的待机功耗，因此平均能耗较高；而随着业
务量的增加，分摊到每条 SFC 上的能耗（即平均能耗）逐渐降低。图 3-18 中
显示，当请求数量大于 400 条后，SFC 的平均能耗趋于平稳状态，这意味着此
时的网络承载能力逐渐趋于饱和。结合图 3-17 可知：在高负载时，本节提出
的算法不仅保证了更高的部署成功率，同时也维持着更低的平均能耗，即在不
损害用户体验的前提下，进一步为服务提供商节约了成本。图 3-19 进一步给
出了两种算法下运营商的总利润，不出所料，本节提出的 QLMD-SFC-DD 算
法在高负载时表现更优。

4. 响应时间

图 3-20 给出了两种算法的响应时间。其中，对比算法在应对跨域在线
SFC 部署这一复杂问题时，已经做到了极其优秀的响应速度。QLMD-SFC-DD
算法得益于 Q 矩阵决策的高效性，在该指标上又有了一定的提升。

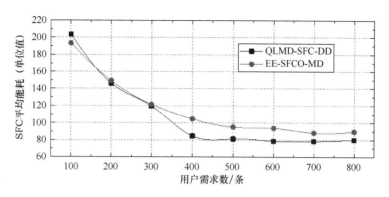

图 3-18　不同用户需求数量下平均能耗对比

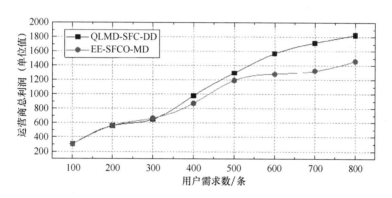

图 3-19　不同用户需求量下运营商利润对比

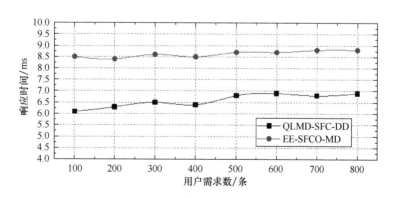

图 3-20　不同用户需求数下响应时间对比

3.4　本章小结

　　本章关注跨域在线 SFC 部署的节能优化问题，针对该场景中域信息隐私性带来的额外挑战，提出了两种不依赖域内具体信息的高效部署算法 EE-SFCO-MD 和 QLMD-SFC-DD。其中，前者基于启发式策略，后者基于机器学习方法。

　　3.2 节提出了扩展点聚合技术将底层物理网络构建成一个规模更小的域级功能图。随后设计 EE-SFCO-MD 算法用于生成 SFC 请求的源、目的节点间的所有域级可达路径，针对每条可达路径，该算法通过构建局部候选图来切分 SFC，并在对应的域内完成子链的映射，从而在不违背跨域隐私性约束的前提下完成完整 SFC 的部署。此外，域级可达路径间的竞价机制能有效地辅助算法挑选能耗较低的映射方案。仿真结果显示，EE-SFCO-MD 算法在平均服务器能耗、平均链路能耗和平均响应时间上均有明显优化。

　　3.3 节将强化学习中的 Q 学习引入跨域在线 SFC 部署算法 QLMD-SFC-DD 中，该算法对网络进行分层，在顶层网络和子域网络中分别开展 Q 学习的寻路训练和决策，由子域向上提供模糊化的备选分段路径信息，并利用栈结构将顶层抽象路径转化为具体路径，交由评估模块衡量方案质量。在机器学习的强大助力下，QLMD-SFC-DD 达到了更高的部署成功率、更低的平均能耗和更快的请求响应速度。

本章参考文献

[1] MIJUMBI R. On the energy efficiency prospects of network function virtualization[J]. arXiv preprint arXiv:1512.00215, 2015.

[2] PHAM C, TRAN N H, REN S, et al. Traffic-aware and Energy-efficient vNF Placement for Service Chaining: Joint Sampling and Matching Approach[J]. IEEE Transactions on Services Computing, 2017, PP(99):1-14.

[3] YANG K, ZHANG H, HONG P. Energy-Aware Service Function Placement for Service Function Chaining in Data Centers[C]. Global Communications Conference (GLOBECOM), IEEE, 2016: 1-6.

[4] FU S, LIU J, ZHU W. Multimedia Content Delivery with Network Function Virtualization: The Energy Perspective[J]. IEEE MultiMedia, 2017 (3): 38-47.

[5] ERAMO V, AMMAR M, LAVACCA F G. Migration Energy Aware Reconfigurations of Virtual Network Function Instances in NFV Architectures[J]. IEEE Access, 2017, 5:4927-4938.

[6] EL KHOURY N, AYOUBI S, ASSI C. Energy-aware placement and scheduling of network traffic flows with deadlines on virtual network functions[C]. 2016 5th IEEE International Conference on Cloud Networking (Cloudnet), IEEE, 2016: 89-94.

[7] CHEN X, LI C, JIANG Y. A feedback control approach for energy efficient virtual network embedding[J]. Computer Communications, 2016, 80:16-32.

[8] NONDE L, EL-GORASHI T E H, ELMIRGHANI J M H. Energy Efficient Virtual Network Embedding for Cloud Networks[J]. Journal of Lightwave Technology, 2015, 33(9):1828-1849.

[9] ZHENG K, WANG X, LI L, et al. Joint power optimization of data center network and servers with correlation analysis[C]. INFOCOM, 2014 Proceedings IEEE, 2014: 2598-2606.

[10] ZHANG Z, SU S, ZHANG J, et al. Energy aware virtual network embedding with dynamic demands: Online and offline[J]. Computer Networks, 2015, 93: 448-459.

[11] MELO M, SARGENTO S, KILLAT U, et al. Optimal virtual network embedding: Energy aware formulation[J]. Computer Networks, 2015, 91: 184-195.

[12] SUN G, ANAND V, LIAO D, et al. Power-Efficient Provisioning for Online Virtual Network Requests in Cloud-Based Data Centers[J]. IEEE Systems Journal, 2015, 9(2):427-441.

[13] TRIKI N, KARA N, BARACHI M E, et al. A green energy-aware hybrid virtual network embedding approach[J]. Computer Networks, 2015, 91(C):712-737.

[14] GAO C, CANKAYA H C, JUE J P. Survivable inter-domain routing based on topology aggregation with intra-domain disjointness information in multi-domain optical networks[J]. IEEE/OSA Journal of Optical Communications & Networking, 2014, 6(7):619-628.

[15] HONG S, JUE J P, ZHANG Q, et al. Virtual optical network embedding in multi-domain optical networks[C]. Global Communications Conference (GLOBECOM), IEEE, 2014: 2042-2047.

[16] SUNDAY D M. A very fast substring search algorithm[J]. Communications of the ACM, 1990, 33(8): 132-142.

[17] LUIZELLI M C, DA COSTA CORDEIRO W L, BURIOL L S, et al. A fix-and-optimize approach for efficient and large scale virtual network function placement and chaining[J]. Computer Communications, 2017, 102: 67-77.

[18] IGen Network Topology Generator[OL]. [2010-03-05]. http://informatique. umons.ac.be/

networks/igen/.

[19] DIETRICH D, ABUJODA A, RIZK A, et al. Multi-Provider Service Chain Embedding With Nestor[J]. IEEE Transactions on Network & Service Management, 2017, 14(1):91-105.

[20] ABUJODA A, PAPADIMITRIOU P. DistNSE: Distributed network service embedding across multiple providers[C]. Communication Systems and Networks (COMSNETS), 2016 8th International Conference on. IEEE, 2016: 1-8.

[21] MARS P, CHEN J R, NAMBIAR R. Learning algorithms: theory and applications in signal processing, control and communications[M]. CRC press, 2018.

[22] XIAO L, LU X, XU D, et al. UAV Relay in VANETs Against Smart Jamming with Reinforcement Learning[J]. IEEE Transactions on Vehicular Technology, 2018, 67(5):4087-4097.

[23] UNSAL C, KACHROO P, BAY J S, et al. Multiple stochastic learning automata for vehicle path control in an automated highway system[J]. IEEE Transactions on Systems, Man, and Cybernetics-part A: systems and humans, 2002, 29(1):120-128.

[24] BARTO A G, ANANDAN P, ANDERSON C W, et al. Cooperativity in networks of pattern recognizing stochastic learning automata[C]. In Adaptive and Learning Systems, 235-246. Springer, Boston, MA, 1986.

[25] KHAZAEI M. Occupancy overload control by Q-learning[J]. Lecture Notes in Electrical Engineering, 2019, 480, 765-776.

[26] KAI A, DEISENROTH M P, BRUNDAGE M, et al. Deep Reinforcement Learning A brief survey[J]. IEEE Signal Processing Magazine, 2017, 34(6):26-38.

[27] SEELIGER K, GÜÇLÜU, AMBROGIONI L, et al. Generative adversarial networks for reconstructing natural images from brain activity[J]. Neuroimage, 2018, 181: 775-785.

[28] SUN G, LI Y, YU H, et al. Energy efficient and traffic-aware service function chaining orchestration in multi-domain networks[J]. Future Generation Computer Systems, 2019, 91:347-360.

第 4 章

时延感知的网络服务功能链部署

随着各种即时业务的兴起，SFC 的端到端时延越来越受到重视。对于用户来说，时延是他们感受最清晰的指标之一，例如，对在线游戏，时延的恶化几乎能被玩家瞬间捕捉，导致游戏体验断崖式下跌。对于服务提供商来说，无法满足 SFC 的时延需求意味着流失客户、丧失竞争力，甚至要为违反 SLA（Service Level Agreement）买单。因此，研究时延感知的 SFC 部署算法极具现实意义。本章将介绍两种时延优化算法：一种是通过 SFC 拆分，降低数据中心内的排队时延；另一种是通过优化 SFC 组织结构，缩短数据传播时延。

4.1 研究背景

随着应用的飞速发展，网络中的数据量也越来越庞大，为了保证用户的网络服务体验，许多学者们醉心于研究如何降低网络服务的端到端时延。文献[1]致力于解决 VNF 调度和资源分配问题以及优化网络服务的传输和处理时延。Cziva 等人[2]认为当前的 NFV 平台不允许在边缘网络上运行，因此他们提出了基于容器 VNF 的 Glasgow 网络功能平台，该平台可以运行和编排轻量级容器 VNF，降低核心网络利用率以及提供低时延策略等。文献[3]在给定网络消息和策略规范的前提下通过优化中间件的位置来优化总时延。文献[4]使用一种新方法来实现时延与能源开销的折中。Oljira 等人[5]探究了虚拟化对基于大数据的网络时延的影响，结果表明虚拟化环境会增加端到端时延。Xu 等人[6]将跨域 SFC 时延优化问题建模为两个 ILP 模型，并提出了启发式算法。Ma 等人[7]优化 SFC 的端到端时延（包括传输时延、处理时延和排队时延）来最大化服务提供商利润。

以上研究具有自己的独特优势，但考虑到用户需求和应用场景的差异，它们仍存在以下不足之处。

（1）未考虑单数据中心内，异质流量对排队时延的影响。

（2）虚拟网络服务大多以链式结构实现，未考虑通过优化自身结构从而优化时延指标。

4.2 基于 SFC 拆分的低时延映射算法

在数据中心网络（Data Center Network，DCN）内，存在两种异质流：一种是流量带宽需求少而持续时间短的老鼠流；另一种是流量需求大而持续时间长的大象流[8~11]。研究[8]表明，老鼠流对时延敏感，由用户搜索、浏览网页等产生，占总服务请求数目的大部分；大象流对吞吐敏感，由数据备份、文件传输、虚拟机迁移等产生，占总服务请求流量的大部分。若大象流和老鼠流的 SFC 部署路径经过同一链路，则在交换机出端口队列中，容易出现老鼠流后列于大象流的情况，因而严重拉长老鼠流的端到端服务时延[12,13]。

然而，目前很少有相关研究提出有效的算法来满足这种异质流的差异化需求。它们或者假设用户请求的 SFC 速率恒定[14]，或者是在小范围内变化[15]，甚至简单地忽略老鼠流[16,17]。因此，提出有效的 SFC 部署算法来满足 DCN 内大象流和老鼠流的不同需求很有必要。本节将介绍一种基于 SFC 拆分的在线部署算法并对其进行仿真验证。

4.2.1 相关理论

4.2.1.1 DC 胖树拓扑

本小节使用的数据中心网络拓扑为胖树（Fat-Tree）拓扑。该拓扑源、目的服务器间存在多条并行路径，扩展能力强、容错率高。对于 k 叉（k-ary）Fat-Tree 拓扑，该网络有 k 个 Pod，每个 Pod 有两层，每层 $k/2$ 台 k 口交换机。其中每台边缘层交换机连接 $k/2$ 台主机，剩余端口与聚合层交换机相连。核心层交换机数量为$(k/2)^2$，聚合层和边缘层交换机数量均为 $k^2/2$，服务器台数可达 $k^3/4$[68]。图 4-1 给出了 k=4 的 Fat-Tree 拓扑。

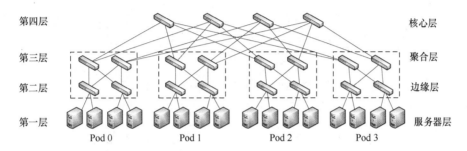

图 4-1　k=4 的 Fat-Tree 拓扑

4.2.1.2　排队模型

本小节使用最基本的 $M/M/1$ 排队模型对时延建模。排队系统只有单服务台（Server），顾客到达率服从均值为 λ 的泊松分布，Server 为每位顾客服务的时间服从均值为$1/\mu$ 的负指数分布，服务规则为 FCFS，系统容量无限制。此时排队模型可以用连续时间马尔可夫链描述，式（4-1）描述了其状态转移 Q 矩阵。

$$Q = \begin{bmatrix} -\lambda & \lambda & & & & \\ \mu & -(\mu+\lambda) & \lambda & & & \\ & \mu & -(\mu+\lambda) & \lambda & & \\ & & \mu & -(\mu+\lambda) & & \\ & & & \mu & \lambda & \\ & & & & & \ddots \end{bmatrix} \tag{4-1}$$

其状态空间为$\{0, 1, 2, 3, \cdots, n, \cdots\}$，状态转移图如图 4-2 所示。

设 $\pi = (\pi_0, \pi_1, \pi_2, \cdots, \pi_n, \cdots)$，根据 $\pi \cdot Q = 0$，计算可得 $\pi_n = (\lambda/\mu)^n \cdot \pi_0$。因

93

为 $\sum_{n=0}^{\infty}\pi_n=1$ ，即 $\sum_{n=0}^{\infty}(\lambda/\mu)^n\cdot\pi_0=1$ 。当 $\lambda/\mu<1$ 时，该连续时间马尔可夫链可遍历，存在平稳分布 π ，其中 $\pi_0=(1-\lambda/\mu)$ ， $\pi_1=(\lambda/\mu)\cdot(1-\lambda/\mu)$ ，$\cdots$ ，$\pi_n=(\lambda/\mu)^n\cdot(1-\lambda/\mu)$ 。记 $\rho=\lambda/\mu$ ， $M/M/1$ 排队系统中驻留顾客数量（包括排队中和正在被服务的顾客）的期望 L_s 的推导过程如下：

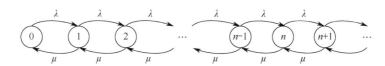

图 4-2 $M/M/1$ 马尔可夫链状态转移图

$$L_s=\sum_{n=0}^{\infty}n\cdot\pi_n=\sum_{n=0}^{\infty}n\cdot\left(\frac{\lambda}{\mu}\right)^n\cdot\pi_0=\sum_{n=0}^{\infty}n\cdot\rho^n\cdot\pi_0=\pi_0\rho\sum_{n=0}^{\infty}\frac{\mathrm{d}\rho^n}{\mathrm{d}\rho}$$

$$=\pi_0\rho\cdot\frac{\mathrm{d}}{\mathrm{d}\rho}\left(\frac{1}{1-\rho}\right)=\frac{\rho}{(1-\rho)} \tag{4-2}$$

记系统对顾客的平均响应时间（顾客在系统中停留的总时间）为 T_{res} ，根据 Little 公式有 $L_s=\lambda\cdot T_{res}$ ，式（4-3）给出了 T_{res} 的计算过程。顾客平均排队时延 T_{que} 按式（4-4）计算。

$$T_{res}=\frac{L_s}{\lambda}=\frac{\rho}{\lambda(1-\rho)}=\frac{1}{\mu-\lambda} \tag{4-3}$$

$$T_{que}=\frac{1}{\mu-\lambda}-\frac{1}{\mu} \tag{4-4}$$

4.2.1.3 端到端时延组成

在本小节中，大小为 L 比特的数据包经历的端到端时延主要包括四部分。

（1）传播时延（d_{prop}）：指数据包（从源节点到目的节点）在物理链路上传播花费的时间。若端到端路径长度之和为 S ，电磁波在信道中的传播速度为 c ，则传播时延按式（4-5）计算。

$$d_{\text{prop}} = \frac{S}{c} \tag{4-5}$$

（2）处理时延（d_{proc}）：指数据包传输过程中在网络节点（如交换机、路由器或主机）上进行处理（如分析首部、提取数据包中的数据等）所花费的时间。若处理速率均为 R（bps），则处理时延按式（4-6）计算。

$$d_{\text{proc}} = \frac{L}{R} \tag{4-6}$$

（3）传输时延（d_{trans}）：指数据包第一个比特开始传输到最后一个比特传输完成所花时间。若链路的传输速率是 B（bps），则传输时延按式（4-7）计算。

$$d_{\text{trans}} = \frac{L}{B} \tag{4-7}$$

（4）排队时延（d_{que}）：指数据包处理完成后在端口排队等待传输的时间。假设当前数据流的到达率为 A（bps），排队系统服从 $M/M/1$ 模型，根据式（4-4）可推出数据包平均排队时延为

$$d_{\text{que}} = \frac{1}{(B-A)/L} - \frac{1}{B/L} \tag{4-8}$$

由于是在单个数据中心网络内部，源节点、目的节点间的链路距离 S 远小于传播速度 c，因此 d_{prop} 趋近于零。而网络中节点的处理速率和链路传输速率是固定的，即 d_{proc} 和 d_{trans} 两种时延与部署方案无关。因此本章主要关注排队时延 d_{que}，它表现好坏会直接影响到用户体验的端到端时延。

4.2.2　问题描述

4.2.2.1　SFC 拆分释义

SFC 拆分[18]是指将带宽需求大的 SFC 拆分为具有相同 VNF 集合和连接顺序的、带宽需求小的数条子 SFC，每条子 SFC 都承载了一部分父 SFC 的流量，且保持总和不变。图 4-3 给出了 SFC 拆分示例。

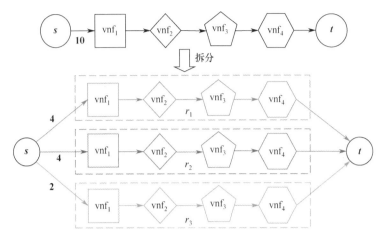

图 4-3　初始 SFC 请求被拆分成子请求 r_1、r_2、r_3

数据中心内异质流的存在容易导致大流吞小流的情况出现，即大象流长时间占用发送端口导致其后的老鼠流必须等待，因而产生较高的端到端时延。SFC 拆分可以将大象流化整为零，减小队列中数据包的平均大小，从而加速老鼠流的转发。

4.2.2.2　物理网络模型

图 4-1 即为本节所使用的物理拓扑。该拓扑可用无向图 $G=(N, E)$ 表示，其中 $N=\{n_i, 1 \leqslant i \leqslant |N|\}$ 表示物理节点集合，$E=\{e_i, 1 \leqslant i \leqslant |E|\}$ 表示物理链路集合。网络中的交换机和服务器分别用 $N_{sw} \in N$ 和 $N_h \in N$ 表示。layer(n_i) 表示物理节点所在的层级，1～4 分别代表服务器、边缘交换机、聚合交换机和核心交换机。Adj(n_i) 表示网络中与节点 n_i 相邻的节点集合。

用 RC=(C_N, C_E) 表示网络资源属性，其中 C_N 表示物理节点的资源属性，此处特指计算资源，其容量记为 $c(h_i) \in C_N$。对于每个服务器节点 $h_i \in N_h$，uCost(h_i) 表示该节点单位时间、单位计算资源的成本。同理，物理链路的属性用 C_E 表示，包括链路带宽容量和单位时间、单位带宽资源的成本，分别记作 $c(e_i)$ 和 uCost(e_i)。

4.2.2.3　SFC 请求模型

$R=\{r_i, 1 \leqslant i \leqslant |R|\}$ 表示到达的用户请求集合。每条请求表示为四元组 $r_i=<s_i,$

t_i, SC$_i$, b_i>，其中 s_i 和 t_i 表示该请求的源、目的交换节点，均位于核心层，即 layer(s_i)=layer(t_i)=4，b_i 表示 r_i 的带宽需求。由于用户请求动态到达，每条用户请求还有另外两个与时间相关的属性：到达时间 T_i^{arr} 和消亡时间 T_i^{exp}。当 $b_i > K_{\text{elep}}$ 时（K_{elep} 为阈值常数），r_i 被判定为大象流；否则，认定为老鼠流。$R = R_{\text{elep}} \bigcup R_{\text{mouse}}$，$R_{\text{elep}}$ 和 R_{mouse} 分别表示大象流请求集合和老鼠流请求集合，它们的并集组成全集 R，即 $R = R_{\text{elep}} \bigcup R_{\text{mouse}}$。请求 r_i 的初始 SFC（拆分前）记作 SC$_i$。

若划分带宽为 b_i 的流为若干个（含一个）子流，则划分后子流集合记作 $b_i^{\text{SUB}} = \{b_{i,j}, 1 \leq j \leq |\text{SUB}_i|\}$，其中 $|\text{SUB}_i|$ 表示子流数量。同样，SC$_i$ 被拆分为 $|\text{SUB}_i|$ 条子链，用 Rep$_i$={SC$_{i,j}$, $1 \leq j \leq |\text{SUB}_i|$} 表示 r_i 拆分后的子 SFC 集合，其中 SC$_{i,j}$=<$F_{i,j}$, $L_{i,j}$>表示第 j 个子 SFC。$F_{i,j} = \{f_{i,j}^k, 1 \leq k \leq |F_{i,j}|\}$ 表示需要按序部署的 VNF 集合，$f_{i,j}^k$ 表示 SC$_{i,j}$ 的第 k 个 VNF；$L_{i,j} = \{l_{i,j}^k, 1 \leq k \leq |L_{i,j}|\}$ 表示 SC$_{i,j}$ 的虚拟链路集合，$l_{i,j}^k$ 表示第 k 条虚拟链路。

拆分后，每个子流 b_{ij} 分别被分配到各条 SC$_{i,j}$ 上，形成多条子请求 $r_i^{\text{SUB}} = \{r_{i,j}, 1 \leq j \leq |\text{SUB}_i|\}$，这里 r_{ij}=<s_i, t_i, SC$_{i,j}$, $b_{i,j}$>。Res($l_{i,j}^k$) 表示虚拟链路 $l_{i,j}^k$ 的带宽需求，假定经过 VNF 实例处理后流量大小不发生变化，即 $\text{Res}(l_{i,j}^k) = b_{i,j}, 1 \leq k \leq |L_{i,j}|$。对每个 VNF 实例，假设它所需计算资源与待处理流量成正比[19]，即 $\text{Res}(f_{i,j}^k) = b_{i,j} \, r_{i,j}^{k,h}$，其中 $r_{i,j}^{k,h}$ 表示 $f_{i,j}^k$ 实例在节点 $h \in N_h$ 上处理单位流量所需的计算资源。最后，假设 VNF 实例不能被任意两条 SFC（包含子 SFC）共享。

4.2.2.4　时延模型

基于上述符号定义，用户数据包的平均排队时延可定义为式（4-9），其中 ar(e)表示链路 e 当前流量到达比特率（bps），$c(e)$表示该链路带宽容量。

$$D_e = \frac{L}{c(e) - \text{ar}(e)} - \frac{L}{c(e)} \tag{4-9}$$

$P = \{p^k, 1 \leq k \leq |P|\}$ 表示网络中所有路径的集合，其中 $p^k = <N^k, E^k>$，N^k、E^k 表示路径 p^k 的节点、链路集合。$S_{p^k} = \{s_{p^k}^m, 1 \leq m \leq |S_{p^k}|\}$ 表示路径

p^k 上的服务器节点集合。请求 r_i 的流量被划分为多个子流 b_i^{SUB}，这些子流需要按序通过所需的 VNF 实例。变量 $X_{i,j}^p \in \{0,1\}$ 表示子流 $b_i^j \in b_i^{\text{SUB}}$ 是否流经了路径 p（要求 p 以 s_i 为源节点，t_i 为目的节点，且路径上按序部署了 $\text{SC}_{i,j}$ 所需的 VNF 实例），即

$$X_{i,j}^p = \begin{cases} 1, & \text{如果} b_i^j \text{使用了路径} p \\ 0, & \text{否则} \end{cases} \qquad (4\text{-}10)$$

定义变量 v_p^e：当链路 $e \in E$ 在路径 $p \in P$ 上时，$v_p^e = 1$；否则该变量值为 0。结合式（4-9），子流 $b_{i,j}$ 通过路径 p 的排队时延之和由式（4-11）计算，式（4-12）则是请求 r_i 的排队时延。

$$D_{i,j} = \sum_{p \in P} \sum_{e \in E} X_{i,j}^p \cdot v_p^e \cdot D_e \qquad (4\text{-}11)$$

$$D_i = \max_{b_{i,j} \in b_i^{\text{SUB}}} D_{i,j} \qquad (4\text{-}12)$$

4.2.2.5 优化问题模型

本小节优化问题的公式化描述如下：

$$\min \sum_{r_i \in R} D_i \qquad (4\text{-}13)$$

$$\text{s.t.} \sum_{r_i \in R} \sum_{b_{i,j} \in b_i^{\text{SUB}}} \sum_{f_{i,j}^k \in F_{i,j}} N_{i,j}^{k,h} \cdot \text{Res}\left(f_{i,j}^k\right) \leqslant c(h), \ \forall h \in N_h \qquad (4\text{-}14)$$

$$\sum_{r_i \in R} \sum_{b_{i,j} \in b_i^{\text{SUB}}} \sum_{p \in P} X_{i,j}^p \cdot v_p^e \cdot b_{i,j} \leqslant c(e), \forall e \in E \qquad (4\text{-}15)$$

$$\sum_{p \in P} X_{i,j}^p = 1, \ \forall r_i \in R, \ \forall b_{i,j} \in b_i^{\text{SUB}} \qquad (4\text{-}16)$$

$$\sum_{h \in N_h} N_{i,j}^{k,h} = 1, \ \forall r_i \in R, \ \forall b_{i,j} \in b_i^{\text{SUB}}, \ \forall f_{i,j}^k \in F_{i,j} \qquad (4\text{-}17)$$

$$X_{i,j}^p \leqslant \sum_{h \in S_p} N_{i,j}^{k,h}, \ \forall r_i \in R, \ \forall b_{i,j} \in b_i^{\text{SUB}}, \ \forall f_{i,j}^k \in F_{i,j} \qquad (4\text{-}18)$$

$$\left(\sum_{n=1}^{m} N_{i,j}^{k-1,h_p^n} \right) - N_{i,j}^{k,h_p^m} \geqslant X_{i,j}^p - 1, \tag{4-19}$$

$$\forall r_i \in R, \quad \forall b_{i,j} \in b_i^{\mathrm{SUB}}, \forall f_{i,j}^k \in F_{i,j}, \quad \forall h_p^m \in S_p$$

式（4-13）表示优化目标是所有成功部署的 SFC 经历的排队时延之和。式（4-14）、式（4-15）对应物理节点、链路资源容量约束，$N_{i,j}^{k,h}$ 是布尔变量，当 $f_{i,j}^k$ 部署在节点 $h \in N_h$ 上时，$N_{i,j}^{k,h} = 1$；否则，$N_{i,j}^{k,h} = 0$。式（4-16）表示每条子流 $b_{i,j}$ 只被引导到一条路径 p 上，式（4-17）表示每个 VNF 只被部署在一个服务器节点上。式（4-18）确保当 $X_{i,j}^p = 1$ 时，部署了 $f_{i,j}^k$ 实例的服务器节点在路径 p 上。式（4-19）对应 SFC 的顺序约束。

4.2.3　算法设计

4.2.3.1　在线部署算法框架

用户请求到达服从泊松过程，所有请求按到达时间 T^{arr} 顺序压入队列 ArrivalSFC，消亡时压入另一个队列 FinishedSFC。另外，集合 SFC$_{\mathrm{blo}}$ 中存放因网络资源不足而造成阻塞的用户请求。

所有用户请求 R 的映射方案集合记作 $\mathrm{Map}_{\mathrm{slt}} = \{\mathrm{DS}_i, 1 \leqslant i \leqslant |R|\}$，其中 $\mathrm{DS}_i = \{\mathrm{DS}_{i,j}, 1 \leqslant j \leqslant |\mathrm{SUB}_i|\}$ 表示用户请求 r_i 拆分后子用户请求的映射方案集合。$\mathrm{DS}_{i,j}^f = \{\mathrm{DS}(f_{i,j}^k), 1 \leqslant k \leqslant |F_{i,j}|\}$ 表示 SC$_{i,j}$ 所有 VNF 的部署方案，$\mathrm{DS}_{i,j}^l = \{\mathrm{DS}(l_{i,j}^k), 1 \leqslant k \leqslant |L_{i,j}|\}$ 表示 SC$_{i,j}$ 所有虚拟链路的映射方案。$\mathrm{DS}(f_{i,j}^k)$ 为部署 $f_{i,j}^k$ 的服务器节点，$\mathrm{DS}(l_{i,j}^k)$ 是虚拟链路 $l_{i,j}^k$ 的映射路径，子流 $b_{i,j}$ 流经的路径为 $p_{i,j} = \sum_k \mathrm{DS}(l_{i,j}^k)$。

本小节提出的基于 SFC 拆分的在线部署算法 ONP_SFO（见算法 4-1）每次处理 ArrivalSFC 的队首元素，即用户请求 $r_i = <s_i, t_i, \mathrm{SC}_i, b_i>$。ONP_SFO 先调用 SFC 拆分子算法（见过程 4-1），基于用户带宽需求 b_i 进行拆分，得到子用户请求集合 r_i^{SUB}。每条子用户请求 $r_{i,j} \in r_i^{\mathrm{SUB}}$ 可表示成 $r_{i,j} = <s_i, t_i, \mathrm{SC}_{i,j}, b_{i,j}>$。然后调用过程 4-2 尝试映射每条子用户请求到底层数据中心网络中，返回对应

的子部署方案 $\text{DS}_{i,j}$。若 r_i 的任意子请求 $r_{i,j} \in r_i^{\text{SUB}}$ 在算法调用过程 4-2 后返回的部署方案为空，即 $\text{DS}_{i,j} = \varnothing$，则拒绝 r_i；反之，更新映射方案集合 Map_{slt}。

算法 4-1 基于拆分的在线 SFC 部署算法（ONP_SFO 算法）

输入：（1）数据中心网络的 Fat-Tree 拓扑 $G=(N, E)$ 和网络资源容量 $\text{RC}=(C_N, C_E)$

（2）用户请求队列 ArrivedSFC

输出：映射方案集合 Map_{slt} 和被阻塞的请求集合 SFC_{blo}

1:　初始化：$\text{Map}_{\text{slt}} = \varnothing$，$\text{SFC}_{\text{blo}} = \varnothing$

2:　**while** ArrivedSFC $\neq \varnothing$，**do**

3:　　根据队列 FinishedSFC 释放已消亡请求所占用的网络资源

4:　　调用过程 4-1 拆分 ArrivedSFC 队首的用户请求 r_i，返回子用户请求集 r_i^{SUB}

5:　　**for** $r_{i,j} \in r_i^{\text{SUB}}$，**do**

6:　　　　调用过程 4-2 返回映射方案 $\text{DS}_{i,j}$

7:　　　　**if** $\text{DS}_{i,j} \neq \varnothing$，**then**

8:　　　　　　$\text{DS}_i = \text{DS}_i \bigcup \text{DS}_{i,j}$

9:　　　　**else**

10:　　　　　　$\text{DS}_i = \varnothing$；break

11:　　　　**end if**

12:　　**end for**

13:　　**if** $\text{DS}_i = \varnothing$，**then**

14:　　　　$\text{Map}_{\text{slt}} = \text{Map}_{\text{slt}} \bigcup \text{DS}_i$

15:　　**else**

16:　　　　$\text{SFC}_{\text{blo}} = \text{SFC}_{\text{blo}} \bigcup \{r_i\}$

17:　　**end if**

18:　　ArrivalSFC = ArrivalSFC $\setminus \{r_i\}$

19:　**end while**

20:　**return** Map_{slt} 和 SFC_{blo}

4.2.3.2　SFC 拆分

在过程 4-1 中，参数 k_{sub} 表示拆分后子流带宽上限，通过调整 k_{sub} 可控制子流数量，以便于观察网络中最大子流带宽对老鼠流排队时延的影响。对于请求 $r_i \in R$，拆分后的子流带宽等于 k_{sub}。特别地，若用户的总带宽需求 $b_i \leqslant k_{\text{sub}}$，则无须对该用户流进行划分，即只有一条带宽需求等于 b_i 的子流。式（4-20）给出了拆分后子流的数量，式（4-21）则给出了 $b_i > k_{\text{sub}}$ 时各子流的带宽大小。

$$|\text{SUB}_i| = \begin{cases} 1, & b_i \leqslant k_{\text{sub}} \\ \left\lceil \dfrac{b_i}{k_{\text{sub}}} \right\rceil, & b_i > k_{\text{sub}} \end{cases} \qquad (4\text{-}20)$$

$$b_{i,j} = \begin{cases} k_{\text{sub}}, & j = 1, 2, \cdots, |\text{SUB}_i| - 1 \\ b_i - \left(|\text{SUB}_i| - 1\right) \cdot k_{\text{sub}}, & j = |\text{SUB}_i| \end{cases} \qquad (4\text{-}21)$$

初始流被划分成 $|\text{SUB}_i|$ 条子流后，生成 $|\text{SUB}_i|$ 条 SFC，这些 SFC 和原始 SFC 具有相同的 VNFs 序列，组成子请求集合 r_i^{SUB}。

过程 4-1　初始用户请求拆分

输入：用户请求 $r_1 = \langle s_1, t_1, \text{SC}_1, b_1 \rangle$，参数 k_{sub}

输出：子请求集合 r_1^{SUB}

1:　初始化：子流条数 $\text{sub}_{\text{num}} = 0$，$r_1^{\text{SUB}} = \varnothing$

2:　根据式（4-20）计算 sub_{num} 的值

3:　**while** $\text{sub}_{\text{num}} > 1$, **do**

4:　　　$r_1^{\text{SUB}} = r_1^{\text{SUB}} \bigcup \left\{ \langle s_1, t_1, \text{SC}_1, k_{\text{sub}} \rangle \right\}$

5:　　　$\text{sub}_{\text{num}} = \text{sub}_{\text{num}} - 1$

6:　**end while**

7:　$r_1^{\text{SUB}} = r_1^{\text{SUB}} \bigcup \left\{ \langle s_1, t_1, \text{SC}_1, b_i - \left(|\text{SUB}_i| - 1\right) \cdot k_{\text{sub}} \rangle \right\}$

8:　**return** r_1^{SUB}

4.2.3.3　子请求部署

过程 4-2 用于部署子用户请求 $r_{i,j} = \langle s_i, t_i, \text{SC}_{i,j}, b_{i,j} \rangle$。其设计思路为根据 Worst-Fit 策略挑选剩余带宽资源最多的链路，并且尽量将每条子 SFC 的 VNF 部署在同一服务器节点上，以实现低部署成本和负载均衡。

$\text{Adj}_{\text{low}}(n_m)$ 表示所有与节点 n_m 相邻且在网络拓扑中处于更低一层的节点集合，即若 $n_j \in \text{Adj}_{\text{low}}(n_m)$，则 n_j 与 n_m 相邻且 $\text{layer}(n_j) < \text{layer}(n_m)$。如图 4-1 中的 Fat-Tree 拓扑所示，服务器节点位于第一层，而核心交换机位于第四层。与之类似，$\text{Adj}_{\text{high}}(n_m)$ 表示所有与节点 n_m 相邻且在网络拓扑中处于更高一层的节点集合。网络中每个物理节点 $n_m \in N$ 维护一个变量 MaxCap_m。当 $n_m \in N_h$（为服务器节点）时，MaxCap_m 的值等于该节点剩余的节点计算资源 AvailCap_m；当 $n_m \in N_{\text{sw}}$（为交换机节点）时，MaxCap_m 等于集合 $\text{Adj}_{\text{low}}(n_m)$

中所有节点的 MaxCap 最大值。变量 MaxCap_m 的数学描述为

$$\text{MaxCap}_m = \begin{cases} \text{AvailCap}_m, & n_m \in N_h \\ \max\left\{\text{MaxCap}_j, n_j \in \text{Adj}_{\text{low}}\left(n_m\right)\right\}, & n_m \in N_{\text{sw}} \end{cases} \quad (4\text{-}22)$$

在过程 4-2 中，部署子请求 $r_{i,j}$ 时，首先在位于网络拓扑核心层的源节点处调用 downOperation，寻找服务器节点来部署 $\text{SC}_{i,j}$ 的第一个 VNF。之后，对于 $\text{SC}_{i,j}$ 的每个待部署 VNF，尽可能把它部署在承载了前一个 VNF 的服务器节点处。如果该服务器的剩余计算资源无法满足当前 VNF 的资源需求，则调用 upOperation 算法从网络拓扑的服务器层向更高层寻找合适的交换机节点，在该交换机节点处再次调用 downOperation 寻找另一个满足 VNF 计算资源需求的服务器节点。最后，算法返回子请求 $r_{i,j}$ 的部署方案。

过程 4-2　部署子请求

输入：（1）DCN 的 Fat-Tree 拓扑 $G=(N, E)$ 和网络资源容量约束 $\text{RC}=(C_N, C_E)$

　　　（2）子请求 $r_{i,j} = <s_i, t_i, \text{SC}_{i,j}, b_{i,j}>$

输出：子请求 $r_{i,j}$ 的部署方案 $\text{DS}_{i,j} = \left(\text{DS}_{i,j}^f, \text{DS}_{i,j}^l, p_{i,j}\right)$

1: 初始化：$\text{DS}_{i,j} = \varnothing$，tmpServer=0 和 tmpLocation=b（b 是源节点 s_i 的节点编号）

2: 在 s_i 处调用 downOperation 寻找服务器节点 n_s 以实例化第一个 $f_{i,j}^1$，以及从 s_i 到 n_s 的路径 p_{down}

3: **if** n_s 和 p_{down} 存在, **then**

4:　　更新部署方案 $\text{DS}\left(f_{i,j}^k\right) = n_s$，$\text{DS}\left(l_{i,j}^1\right) = p_{\text{down}}$，以及网络所有节点的 MaxCap 变量，tmpServer=tmpLocation=s

5: **else**

6:　　**return** $\text{DS}_{i,j} = \varnothing$

7: **end if**

8: **for** $\text{SC}_{i,j}$ 的 $f_{i,j}^k$，$2 \leqslant k \leqslant \left|F_{i,j}\right|$, **do**

9:　　**if** 服务器节点 $n_{\text{tempServer}}$ 有足够的计算资源部署 $f_{i,j}^k$, **then**

10:　　　　更新映射方案，$\text{DS}\left(f_{i,j}^k\right) = n_s$，$\text{DS}\left(l_{i,j}^k\right) = \varnothing$ 和所有节点的 MaxCap 变量

11:　　**else**

12:　　　　在服务器 n_s 处调用 upOperation 返回合适的交换机 n_{sw} 以及 n_s 到 n_{sw} 的路径 P_{up}

13:　　　　**if** n_{sw} 和 P_{up} 存在, **then**

14:　　　　　　tmpLocation=sw

15:　　　　**else**

16:　　　　　　**return** $\text{DS}_{i,j} = \varnothing$

17:　　　　**end if**

18:　　　　在交换机 n_{sw} 处，调用 downOperation 返回另一个服务器 n_{as} 来部署 $f_{i,j}^{k}$ 以及从 n_{sw} 和 n_{as} 的路径 p_{down}

19:　　　　if n_s and p_{down} 存在, then

20:　　　　　　更新部署方案 $DS\left(f_{i,j}^{k}\right)=n_{as}$ ，$DS\left(l_{i,j}^{k}\right)=p_{up}+p_{down}$ 和变量 MaxCap，tmpServer= tmpLocation=as

21:　　　　else

22:　　　　　　return $DS_{i,j}=\varnothing$

23:　　　　end if

24:　　end if

25: end for

26: return $DS_{i,j}$

4.2.3.4　downOperation 和 upOperation

在过程 4-2 中，downOperation 算法（见算法 4-2）被调用的情况有两种：一种是部署第一个 VNF；另一种是当前服务器节点无法满足待部署 VNF 的计算资源需求。downOperation（从网络拓扑较高层向服务器层）逐层挑选剩余带宽资源最多的链路。为了避免最后找到的服务器节点不满足计算资源需求，挑选链路时要确保对端节点所维护的变量 $MaxCap \geqslant Res\left(f_{i,j}^{k}\right)$，其中 $f_{i,j}^{k}$ 为当前待部署 VNF。伪码中 Candidate($n_{tmpLocation}$) 表示集合 $Adj_{low}\left(n_{tmpLocation}\right)$ 中满足条件 $MaxCap \geqslant Res\left(f_{i,j}^{k}\right)$ 的节点子集。

算法 4-2　部署 $f_{i,j}^{k}$（downOperation 算法）

输入：变量 tmpLocation 和 $f_{i,j}^{k}$

输出：服务器节点 n_s，路由路径 p_{down}

1:　初始化：$n_s=\varnothing$ ，$p_{down}=\varnothing$ ；

2:　for $n_{tmpLocation} \notin N_h$, do

3:　　　从集合 Candidate($n_{tmpLocation}$)中寻找节点 n_m，确保 n_m 与 $n_{tmpLocation}$ 两节点所组成的链路 $l_{worstfit}$ 满足带宽资源约束且剩余带宽最多

4:　　if n_m 存在, then

5:　　　　tmpLocation=m，$p_{down}=p_{down}+l_{worstfit}$

6:　　else

7:　　　　return $n_s=\varnothing$ ，$p_{down}=\varnothing$

8:　　end if

9:　end for

10: s=tmpLoaction

11: return n_s，p_{down}

103

upOperation 算法（见算法 4-3）被调用的情况只有一种：部署了前一个 VNF 的服务器节点没有足够的资源来实例化当前待部署 VNF。该算法从网络拓扑的服务器层向更高层，逐层挑选可用带宽最多的链路，直至找到一个合适的交换机节点。该交换机需要满足：它位于 Worst-Fit 策略挑选的链路上，且它所维护的变量 $\text{MaxCap} \geqslant \text{Res}\left(f_{i,j}^{k}\right)$，整个过程需要保证链路带宽资源约束。算法 4-3 中 $\text{Candidate}'(n_{\text{tmpLocation}})$ 表示节点集合 $\text{Adj}_{\text{up}}\left(n_{\text{tmpLocation}}\right)$ 中满足 $\text{MaxCap} \geqslant \text{Res}\left(f_{i,j}^{k}\right)$ 的节点子集。

算法 4-3 寻找合适的交换机节点（upOperation 算法）

输入：变量 tmpLocation 和 $f_{i,j}^{k}$

输出：交换机节点 n_{sw}，路由路径 P_{up}

1: 初始化：$n_{\text{sw}} = \varnothing$，$p_{\text{up}} = \varnothing$

2: **for** $\text{layer}\left(n_{\text{tmpLocation}}\right) \neq 4$，**do**

3: 　　从集合 $\text{Candidate}'\left(n_{\text{tmpLocation}}\right)$ 中寻找节点 n_m，确保 n_m 与 $n_{\text{tmpLocation}}$ 两节点所组成的链路 l_{worstfit} 满足带宽容量约束且剩余带宽最多

4: 　　**if** n_m 存在, **then**

5: 　　　　tmpLocation=m；　$p_{\text{up}} = p_{\text{up}} + l_{\text{worstfit}}$；　sw=tmpLoaction

6: 　　　　**return** n_{sw}，p_{up}

7: 　　**else**

8: 　　　　在集合 $\text{Adj}_{\text{up}}\left(n_{\text{tmpLocation}}\right)$ 中寻找节点 $n_{m'}$，确保 $n_{m'}$ 与 $n_{\text{tmpLocation}}$ 两节点所组成的链路满足带宽容量约束且剩余带宽最多

9: 　　**end if**

10: 　　**if** $n_{m'}$ 存在, **then**

11: 　　　　tmpLocation = m'，$p_{\text{up}} = p_{\text{up}} + l_{\text{worstfit}}$

12: 　　**else**

13: 　　　　break

14: 　　**end if**

15: **end for**

16: **return** $n_{\text{sw}} = \varnothing$，$p_{\text{up}} = \varnothing$

4.2.3.5 部署 SFC 实例

如图 4-4（a）所示，初始用户请求 r 的带宽需求为 5，源节点为核心交换机 s，目的节点为核心交换机 t，其对应的 SFC 由三个 VNF 组成，VNF 所需的节点

计算资源分别是 0.1，0.2，0.3。设每个服务器节点的资源容量均为 1。如图 4-4（b）所示，当 $k_{sub} = 3$ 时，初始用户请求被拆分成两条子用户请求 r_1 和 r_2，带宽需求分别是 3 和 2。每个 VNF 的资源需求与处理的流量成正比，因此，vnf_1 在 r_1 中的计算资源需求为 0.06，在 r_2 中为 0.04。

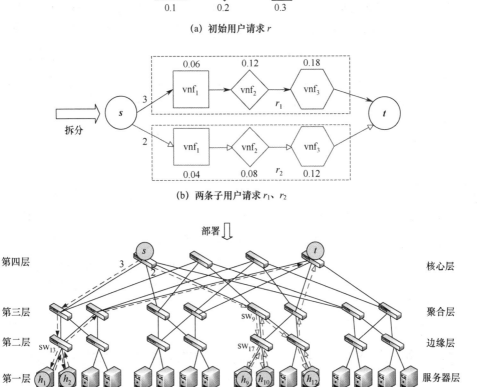

(a) 初始用户请求 r

(b) 两条子用户请求 r_1、r_2

(c) 子用户请求的部署

图 4-4　ONP_SFO 算法部署用户请求 r 举例

在图 4-4（c）中，r_1 的路由路径用实心箭头虚线表示，r_2 的路由路径用空心箭头虚线表示。服务器节点下方的数字表示未部署 r 时，各节点剩余资源。部署 r_1 时，首先调用 downOperation 算法，把 vnf_1 部署到服务器节点 h_1。此时 h_1 剩余资源为 $0.3 - 0.06 = 0.24 > 0.12$，即该服务器节点有充足的节点资源部署 vnf_2，因此 vnf_2 依然被部署到 h_1。然而，部署 vnf_3 时，h_1 的节点资源不足，需要寻找另一个服务器节点来实例化 vnf_3，即调用 upOperation 算法。由于 sw_{13} 维护的变量 MaxCap 值为 $\max(0.12, 0.25) > 0.18$，sw_{13} 即为合适的交换机节点。接着，调用 downOperation 算法，把 vnf_3 部署到 h_2。对子请求 r_2 的处理类似：首先调用 downOperation，部署 vnf_1 到 h_9。此时，h_9 资源不足以承载下一个 VNF，调用 upOperation 找到合适的交换机 sw_{17}，接着，vnf_2 被部署到 h_{10}。h_{10} 资源又不足，再次调用 upOperation，找到交换机节点 sw_9，最后 vnf_3 被部署到 h_{12}。

4.2.3.6　算法复杂度分析

假设用户请求数量为 $|R|$，其中带宽需求最大值为 b_{max}，每条 SFC 的 VNFs 个数为 N，数据中心网络是 k 叉 Fat-Tree 拓扑。Worst-Fit 策略每次从 $k/2$ 条链路中挑选满足带宽资源约束且剩余带宽最多者的时间复杂度为 $O(k)$。鉴于网络拓扑只有 4 层，downOperation 和 upOperation 算法中 for 循环最多执行 4 次，则这两个基本操作的时间复杂度为 $O(k)$。因此，部署 SFC 长度为 N 的子请求的复杂度为 $O(Nk)$。最后，拆分产生的子请求数量不超过 $|R| \cdot \left\lceil \dfrac{b_{max}}{k_{sub}} \right\rceil$，$b_{max}$ 为常数，所以 ONP_SFO 算法的时间复杂度为 $O(|R|Nk/k_{sub})$。

4.2.4　仿真结果及分析

4.2.4.1　环境和参数设置

物理网络：本小节使用图 4-1 中的拓扑进行仿真。共包含 36 个节点（16 个服务器节点及 20 个交换机节点）和 48 条链路。每条链路有 1000 单位的带宽容量，每个服务器节点的计算资源容量为 3600 单位。使用单位带宽资源或计算资源 1 秒所产生的成本均设置为 1。

用户请求：每条用户请求的源节点和目的节点从网络拓扑的核心交换机中随机挑选，且互不相同。老鼠流带宽需求（Mbps）服从均匀分布$U(0.002,1)$，大象流带宽需求（Mbps）服从均匀分布$U(1,50)$。老鼠流持续时间（秒）服从均匀分布$U(0,1)$，大象流用户请求的持续时间（秒）服从均匀分布$U(10,25)$。用户请求到达率服从均值为λ（条/秒）的泊松分布，可通过改变λ值来调整网络负载。每条 SFC 的 VNF 个数服从均匀分布$U(1,5)$。在本小节中，任意服务器节点上任意 VNF 实例处理单位流量所需的计算资源$r_{i,j}^{k,h}=1$。

超参设置：通过设定参数k_{sub}为 50 Mbps、40 Mbps、30 Mbps、20 Mbps、10 Mbps 和 5 Mbps，可以观察子流的数量／大小对 ONP_SFO 算法性能的影响。特别地，当k_{sub}取值为 50 Mbps 时，用户请求无须拆分，这时算法记作 ON_SFO。当k_{sub}取其他值时，算法记作 ONP_SFO。每次实验产生 20 000 条用户请求，其中大象流占比$p_{elephant}$（除特别说明）默认值为 0.2。每个数据包的大小L设为 1500 Byte[8]。

对比算法：本节选用文献[20]中提出的 NF-LGT 算法作为对比。

4.2.4.2　性能指标

1. 排队时延

排队时延是 ONP_SFO 算法关注的重要性能指标，尤指对时延敏感的老鼠流经历的排队时延。老鼠流的平均排队时延$D_{mouse}^{average}$可以定义为式（4-23）。其中，$|\text{ArrivedReq}_{mouse}|$表示到达的老鼠流数量，$D_i$为$r_i$体验的排队时延，根据式（4-12）计算。

$$D_{mouse}^{average} = \frac{1}{|\text{ArrivedReq}_{mouse}|} \cdot \sum_{r_i \in R_{mouse}} D_i \qquad (4\text{-}23)$$

2. 请求接收率

由于资源容量约束，一部分请求会被阻塞。总请求接收率AcptRt_{total}可用式（4-24）计算。其中，$|\text{ArrivedReq}_{total}|$表示请求总数量，$|\text{BlockedReq}_{total}|$表示被阻塞的请求数量。与之类似，大象流请求的接收率AcptRt_{elep}可通过式（4-25）计算。

$$\text{AcptRt}_{\text{total}} = \frac{\left|\text{ArrivedReq}_{\text{total}}\right| - \left|\text{BlockedReq}_{\text{total}}\right|}{\left|\text{ArrivedReq}_{\text{total}}\right|} \qquad (4\text{-}24)$$

$$\text{AcptRt}_{\text{elep}} = \frac{\left|\text{ArrivedReq}_{\text{elep}}\right| - \left|\text{BlockedReq}_{\text{elep}}\right|}{\left|\text{ArrivedReq}_{\text{elep}}\right|} \qquad (4\text{-}25)$$

3. 链路资源利用率

链路平均负载率用式（4-26）计算。

$$U_{\text{link}}^{\text{average}} = \frac{1}{|E|} \cdot \sum_{e_i \in E} u(e_i) \qquad (4\text{-}26)$$

式中，$u(e_i)$ 表示物理链路 e_i 的利用率，其计算方式为：

$$u(e_i) = \frac{1}{c(e_i)} \cdot \sum_{r_i \in R} \sum_{b_{i,j} \in b_i^{\text{SUB}}} \sum_{p \in P} X_{i,j}^p \cdot v_p^e \cdot b_{i,j} \qquad (4\text{-}27)$$

4. 平均映射成本

平均映射成本包括 VNF 部署成本和 VNL 映射成本。平均映射成本 $\text{Cost}_{\text{total}}^{\text{average}}$ 表示部署每单位流量的总成本，其计算方式为：

$$\text{Cost}_{\text{total}}^{\text{average}} = \frac{1}{\sum_i b_i} \cdot \sum_{r_i \in R} \text{Cost}_{\text{node}}^i + \frac{1}{\sum_i b_i} \sum_{r_i \in R} \text{Cost}_{\text{link}}^i \qquad (4\text{-}28)$$

$$\text{Cost}_{\text{node}}^i - \sum_{b_{i,j} \in b_i^{\text{SUB}}} \sum_{f_{i,j}^k \in F_{i,j}} \text{Res}(f_{l,j}^k) \cdot \text{uCost}\left(\text{DS}(f_{i,j}^k)\right) \cdot T_i \qquad (4\text{-}29)$$

$$\text{Cost}_{\text{link}}^i = \sum_{b_{i,j} \in b_i^{\text{SUB}}} \sum_{p \in P} X_{i,j}^p \cdot \sum_{l \in p} b_{i,j} \text{uCost}(l) \cdot T_i \qquad (4\text{-}30)$$

式中，$\text{Cost}_{\text{node}}^i$ 和 $\text{Cost}_{\text{link}}^i$ 分别是节点部署成本和链路映射成本，式（4-29）、式（4-30）分别给出了两种成本的数学表达。其中 $\text{DS}(f_{i,j}^k)$ 表示部署 $f_{i,j}^k$ 的服务器节点，$T_i = T_i^{\text{exp}} - T_i^{\text{arr}}$ 是 r_i 的持续时间。

4.2.4.3　仿真数据

1. 网络负载对算法性能的影响

图 4-5 比较了 ON_SFO、不同 k_{sub} 值下 ONP_SFO 及对比算法 NF-LGT 的

请求接收率指标。从图 4-5（a）和图 4-5（b）中可以看出，由于网络资源容量约束，所有算法的总请求接收率和大象流接收率都随请求到达率的增加而逐渐下降。

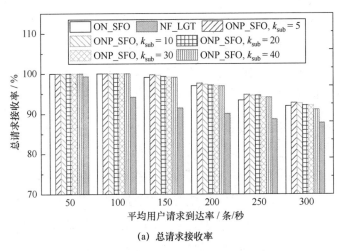

(a) 总请求接收率

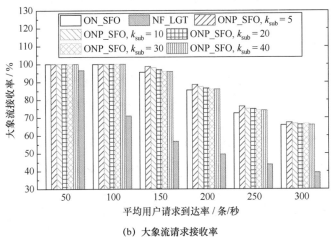

(b) 大象流请求接收率

图 4-5　用户请求接收率随请求到达率变化

相比之下，本节所有算法的接收率更高。这是因为在 NF-LGT 算法中，VNF 实例已被随机部署在服务器节点上，被部署 SFC 所需的 VNF 实例可能未集中在一个服务器节点上，这样会占用较多的带宽资源。而本节提出的算法总是尝试把同一条 SFC 的 VNF 部署在同一个服务器节点处，以尽量减少虚拟链路映射长度，从而减少带宽资源开销，进而提高接收率。本节算法对大象流接收率的优化更加明显，因为与老鼠流相比，大象流的带宽需求更高，对链路的剩余带宽更敏感。

图 4-5 还显示，ONP_SFO 算法的接收率性能比 ON_SFO 算法好，并且随着 k_{sub} 变小，ONP_SFO 算法的接收率越来越高。这表明拆分后子流的最大带宽越小越有利于提高对大象流的承载能力，直观的解释是子流的数量越多，用来承载总流量的物理路径越多，因而越容易避免链路瓶颈的产生。

图 4-6 评估了几种算法的平均链路利用率（average）、90%尾链路利用率（90th）和 95%尾链路利用率（95th），后两项分别指所有链路中利用率前 90%、95%的最大值。如图 4-6（a）所示，随着平均用户请求到达率 λ 从 50 条/秒增加到 300 条/秒，几乎所有算法的平均链路利用率都趋近各自的定值：当 λ 到达 200 条/秒后，本节提出的算法的平均链路利用率缓慢接近 94%，而 NF-LGT 的平均链路利用率趋近于 74%。由此可见，本节提出的算法在链路资源利用率方面比对比算法更优秀。此外，考虑了 SFC 拆分的 ONP_SPO 的资源利用率也优于 ON_SPO。

图 4-6（b）和图 4-6（c）中的折线分别描绘了各算法的指标 $\dfrac{90th-average}{average}$ 和 $\dfrac{95th-average}{average}$ 随网络负载的变化趋势。图中显示，NF-LGT 算法的这两个比值均大于 0.25。这说明在该部署方案下，网络中不同链路的资源利用率存在很大差异，多数链路负载轻，而少数链路负载重，即该算法未实现有效的负载均衡或效果不理想。相比之下，ONP_SPO 算法的两个比值都小于 0.1，且当 $k_{sub}=5$ 时，ONP_SPO 算法的两个比值比 ON_SFO 算法更低。例如，当 $\lambda=100$ 条/秒时，ONP_SPO 算法的 $\dfrac{95th-average}{average}$ 比 ON_SFO 的减少了 50%（从 0.216 到 0.108）。这些现象说明本节提出的算法能够更好地实现负载均衡，而且 SFC 拆分策略能对该指标做进一步增强。

在数据中心网络中，传播时延、传输时延和处理时延要么可以忽略不计，要么是固定值，而排队时延导致的端到端时延差异却可以很大。图 4-7 关注各个算法的老鼠流排队时延。如图 4-7（a）所示，一旦 λ 达到 250 条/秒，算法 NF-LGT 的老鼠流平均排队时延就要短于其他算法。这是因为 NF-LGT 以牺牲大象流的接收率［见图 4-5（b）］为代价使得网络的平均链路利用率较低［见图 4-6（a）］。图 4-7（b）和图 4-7（c）评估了各算法的 95%尾时延和 99%尾时延。这两个指标分别表示前 95%、99%的老鼠流的最大排队时延。如图 4-7

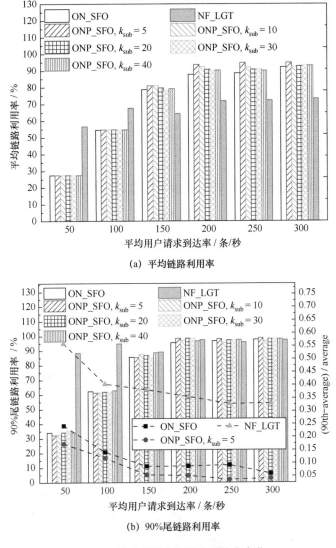

(a) 平均链路利用率

(b) 90%尾链路利用率

图 4-6　链路利用率随请求到达率变化

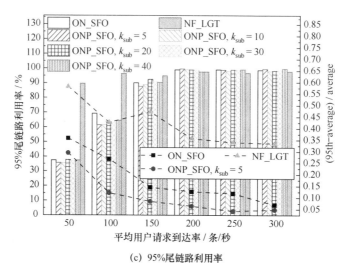

（c）95%尾链路利用率

图 4-6　链路利用率随请求到达率变化（续）

（b）所示，NF-LGT 的 95%尾时延总是大于 ON_SFO 的，而图 4-7（c）显示在网络负载较重的情况下（$\lambda \geqslant 250$ 条/秒）NF-LGT 的 99%尾时延要更小。前者与对图 4-6 分析的结论一致，即算法 NF-LGT 中网络负载不均衡，后者是因为 NF-LGT 算法的 90%和 95%尾链路利用率上限比 ON_SFO 的更低，如图 4-6（b）、图 4-6（c）所示。

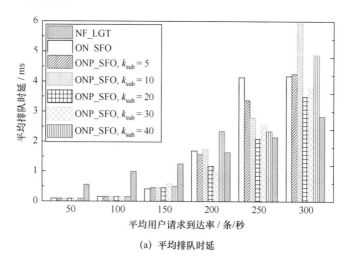

（a）平均排队时延

图 4-7　老鼠流体验的排队时延随请求到达率变化

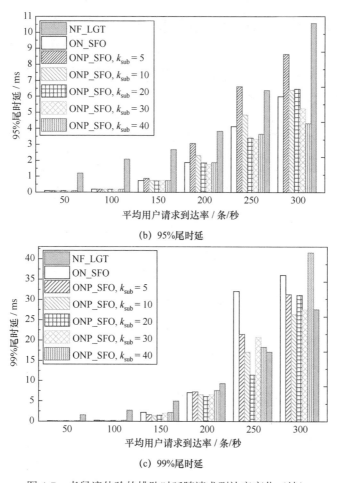

(b) 95%尾时延

(c) 99%尾时延

图 4-7　老鼠流体验的排队时延随请求到达率变化（续）

此外，图 4-7 显示：网络轻载时，ON_SFO 的排队时延与 ONP_SFO 的相近，但是网络重载时，ON_SFO 的性能下降了。这是排队时延的固有特性：根据式（4-8），当链路上的流量强度 $L \cdot ar(e) / C(e)$ 接近 0 时，排队时延 D_e 也接近 0；而当流量强度接近 1 时，排队时延则显著增加。因此，当网络轻载时，本节所提算法间的排队时延差距很小，而当负载加重，不同算法下链路利用率的差异会在很大程度上影响老鼠流的排队时延。

2. 大象流比例对算法性能的影响

图 4-8、图 4-9 和图 4-10 分别描述了不同请求到达率下，尾链路利用率随

大象流用户请求占比的变化情况。大象流用户请求占比从 0.1 增加到 0.5，NF-LGT 的链路利用率不断上升并趋于某个值。其原因是当负载达到某个阈值时，网络资源容量约束导致链路利用率增长变慢，最终趋于定值。本节算法的链路利用率增幅较小，资源效率更高。

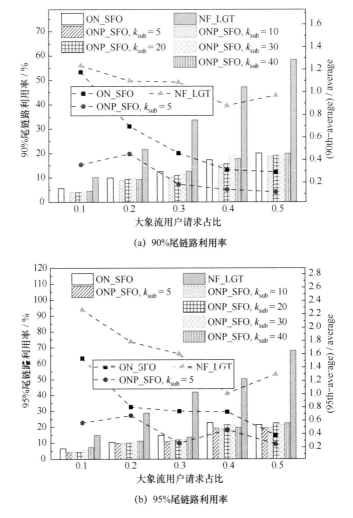

(a) 90%尾链路利用率

(b) 95%尾链路利用率

图 4-8　链路利用率随大象流用户请求占比变化（$\lambda=10$ 条/秒）

此外，图中折线描绘了三种算法的 $\dfrac{90th - average}{average}$ 和 $\dfrac{95th - average}{average}$ 随大象流用户请求占比的变化情况。值越低，说明尾链路利用率与平均链路利用率越接近，即网络负载越均衡。图中显示，在不同请求到达率下，ONP_SFO 的两个比值总是低于 ON_SFO 的，而 NF-LGT 则均高于另外两个算法。这说明基于 SFC 拆分的算法对大象流用户请求占比不敏感，因此在各种程度的负载下都能维持更优的性能。

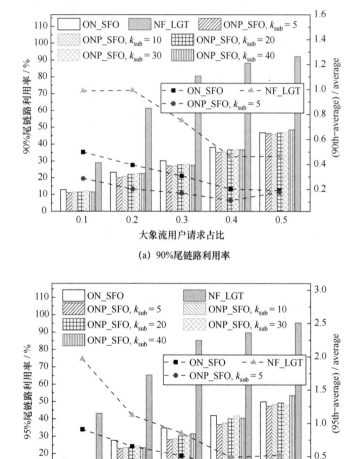

(a) 90%尾链路利用率

(b) 95%尾链路利用率

图 4-9 链路利用率随大象流用户请求占比变化（λ=20 条/秒）

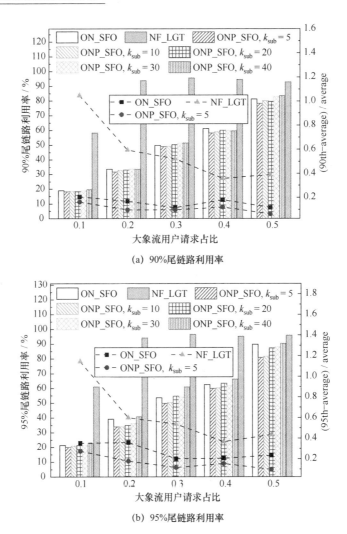

(a) 90%尾链路利用率

(b) 95%尾链路利用率

图 4-10 链路利用率随大象流用户请求占比变化（$\lambda=30$ 条/秒）

4.3 基于 Workflow 的低时延映射算法

虚拟服务的逻辑结构除了常见的 SFC 链式结构，也存在非链式的服务功能图（Service Function Graph，SFG）结构[21,22]。本节将重点介绍基于图结构的服务请求模式中的基本概念及其与链式结构的不同，并利用 SFG 的结构特点，设计基于 Workflow 思想的低时延映射算法。

4.3.1 服务请求模型

4.3.1.1 SFC 结构

SFC 由一系列按序的 VNF 以及连接它们的 VNL 组成，其中还包括表示通信双方的底层物理节点 s 和 t。链式服务模型如图 4-11 所示，每个 VNF 对应一种特定的网络功能，且具备一定的物理属性：计算资源需求 $C_{f,i}$、数据处理时延 $D_{p,i}$、数据传输时延 $D_{t,i}$ 及出带宽需求 $B_{f,i}$。

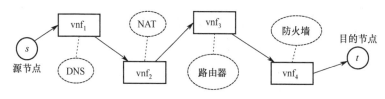

图 4-11　链式服务模型

4.3.1.2 SFG 结构

图 4-12 所示是一种 SFG 型（也称 Workflow 型）服务请求。与 SFC 不同，SFG 请求中一个 VNF 可以有多个出度边和多个入度边。例如，vnf_3 有两个出节点：vnf_5 和目的节点 t（源、目的节点均可看作不具备实际功能的 VNF 对象）。而 vnf_5 有两个入节点：vnf_3 和 vnf_4。

在图 4-12 中，从源节点到目的节点共有 4 条虚拟路径，它们在底层网络中对应 4 条不同的物理路径，其中具有最大时延的路径称为关键路径。整个 SFG 中无依赖关系且处于同一层的 VNF（如 vnf_1、vnf_3 及 vnf_4）可以并行处理，因此关键路径的时延即为整个 WFR（Workflow Service Request）

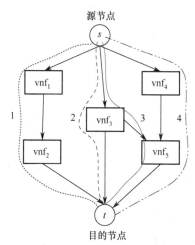

图 4-12　Workflow 型服务请求

部署后的端到端时延。

相关研究证实一些应用的数据处理过程确实可抽象成 Workflow 模型。以文献[23]中的大数据处理过程为例：原始数据可视为 Workflow 请求的源节点，而经过复杂处理得到的结果集对应目的节点，中间对数据进行的各种不同形式的分析处理则对应不同 VNF 的协同工作。Workflow 在基于大数据的学术搜索中的应用如图 4-13 所示。

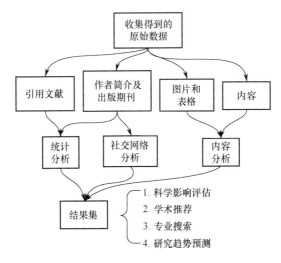

图 4-13　Workflow 在基于大数据的学术搜索中的应用

4.3.1.3　Workflow 的优势

用户的服务体验不仅取决于服务质量，也取决于服务的响应时间，而 Workflow 这种图化的工作流结构在缩短服务响应时间上具有天然优势。图 4-14 中给出了两条普通的链式 SFC 样例，其中网络功能集合 NF={f_1, f_2, f_3, f_4}，功能依赖关系集合 D_f={$f_1 \to f_2$, $f_3 \to f_4$}，即流量必须先经过 f_1 再经过 f_2。图 4-14（a）和图 4-14（b）的不同之处在于调换了 f_2、f_3 的顺序，但在图中设定的参数下，两条 SFC 的端到端时延 TL 均为 109。

图 4-15 给出了不同 Workflow 服务请求，在新模型下，无依赖关系的 VNF 被并行处理。图 4-15（a）、图 4-15（b）只调换了 f_1、f_3 的顺序，因而 TL 都是 85；图 4-15（c）由于并行化程度更高，TL 值进一步降到了 54。对比图 4-14

和图 4-15 中的 TL 值不难发现，即使对虚拟服务进行了轻量的 Workflow，其端到端时延也能得到明显优化。

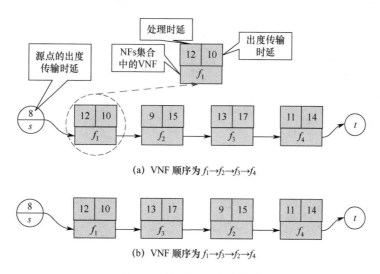

(a) VNF 顺序为 $f_1 \rightarrow f_2 \rightarrow f_3 \rightarrow f_4$

(b) VNF 顺序为 $f_1 \rightarrow f_3 \rightarrow f_2 \rightarrow f_4$

图 4-14　不同 SFC 服务请求

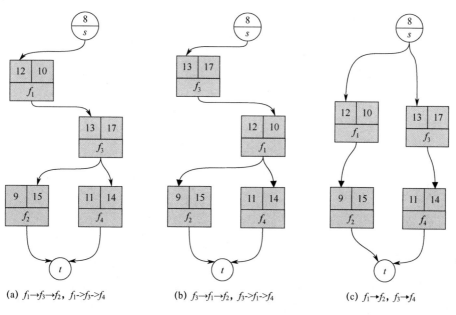

(a) $f_1 \rightarrow f_3 \rightarrow f_2$, $f_1 \rightarrow f_3 \rightarrow f_4$　　(b) $f_3 \rightarrow f_1 \rightarrow f_2$, $f_3 \rightarrow f_1 \rightarrow f_4$　　(c) $f_1 \rightarrow f_2$, $f_3 \rightarrow f_4$

图 4-15　不同 Workflow 服务请求

4.3.2 模型描述

4.3.2.1 优化目标

本小节的主要目标是优化服务的端到端时延 TL，即 Workflow 模型下关键路径的响应时延之和，其数学描述见式（4-31）。$T_{process,i}$、$T_{transfer,i}$ 分别表示关键路径上 VNF 处理时延和链路传输时延。path(s, t) 为 WFR 中源节点到目的节点的所有路径集合，$p_{s,t,m}$ 表示关键路径，F_m 是关键路径上的 VNF 集合，L_m 是关键路径在物理链路上映射的边集，下标 m 是路径编号。

$$\min \text{TL} = \max_{\substack{p_{s,t,m} \in \text{path}(s,t); \\ F_m, L_m \in p_{s,t,m}}} \left\{ \sum_{f_i \in F_m} T_{process,i} + \sum_{l_i \in L_m} T_{transfer,i} \right\}$$

$$\text{path}(s,t) = \left\{ p_{s,t,1}, p_{s,t,2}, \cdots, p_{s,t,n} \right\}$$

$$p_{s,t,m} = \left\{ F_m, L_m \right\}, \quad \forall m \in [1, n], F_m \in F, L_m \in L$$

$$F_m = \left\{ f_1, f_2, \cdots, f_{n1} \right\}, \quad L_m = \left\{ l_1, l_2, \cdots, l_{n2} \right\}$$

$$F = \left\{ F_1, F_2, \cdots, F_n \right\}, L = \left\{ L_1, L_2, \cdots, L_n \right\}$$

$$F_i \bigcap F_j \begin{cases} \neq \varnothing, \text{如果} p_{s,t,i} \text{与} p_{s,t,j} \text{共享VNF} \\ = \varnothing, \text{否则} \end{cases}, \quad \forall i,j \in [1,n]$$

$$L_i \bigcap L_j \begin{cases} \neq \varnothing, \text{如果} p_{s,t,i} \text{与} p_{s,t,j} \text{共享VNL} \\ = \varnothing, \text{否则} \end{cases}, \quad \forall i,j \in [1,n]$$

$$F_1 \bigcup F_2 \bigcup \cdots \bigcup F_n = \text{NF} \tag{4-31}$$

4.3.2.2 模型约束

数据流约束。定义布尔变量 $\text{Data}_{flow,i,j}$ 表示数据流流向，见式（4-32）。式（4-33）则约束数据只能在 f_i、f_j 间单向流动。此外，数据流具有传递性：即若 $\text{Data}_{flow,i,j} = 1$ 且 $\text{Data}_{flow,j,k} = 1$，则 $\text{Data}_{flow,i,k} = 1$。

$$\text{Data}_{flow,i,j} = \begin{cases} 1, \text{如果从} f_i \text{流到} f_j \\ 0, \text{否则} \end{cases} \tag{4-32}$$

$$0 \leqslant \mathrm{Data}_{\mathrm{flow},i,j} + \mathrm{Data}_{\mathrm{flow},j,i} \leqslant 1 \qquad (4\text{-}33)$$

资源容量约束。 不同 WFR 的 VNF 和 VNL 可能会部署在相同的物理节点和链路上，为了保证它们的正常运转，底层物理节点、链路资源容量必须足以承载其上部署的虚拟功能和链路。

$$\sum_{\mathrm{NF} \in \mathrm{SRC}_s} \sum_{f_i \in \mathrm{NFs}} C_{f,i} \times \Re_c \left(f_i, v_k \right) \leqslant C_{v_k}^T, \quad \forall v_k \in V_P \qquad (4\text{-}34)$$

$$\sum_{\mathrm{NF} \in \mathrm{SRC}_s}^{\forall f_i, f_j \in \mathrm{NFs}} \mathrm{Data}_{\mathrm{flow},i,j} \times P_{\mathrm{flow},i,j} \times \Re_c \left(f_j, v_k \right) \leqslant P_{v_k}^T, \quad \forall v_k \in V_P \qquad (4\text{-}35)$$

$$\mathfrak{I}_b \left(l_{i,j}, e_x \right) = \begin{cases} 1, & \text{如果 } l_{i,j} \text{部署在 } e_x \text{上} \\ 0, & \text{否则} \end{cases} \qquad (4\text{-}36)$$

$$\sum_{\mathrm{NF} \in \mathrm{SRC}_s}^{\forall f_i, f_j \in \mathrm{NF}} \mathrm{Data}_{\mathrm{flow},i,j} \times B_{f,i} \times \mathfrak{I}_b \left(l_{i,j}, e_x \right) \leqslant B_{e_x}^T, \quad \forall e_x \in E_P \qquad (4\text{-}37)$$

$$\sum_{v_k \in V_P} \sum_{f_i \in \mathrm{NF}} \Re_c \left(f_i, v_k \right) = \left| \mathrm{NF} \right| \qquad (4\text{-}38)$$

$$\sum_{v_k \in V_P} \sum_{f_i \in \mathrm{NF}} \Re_c \left(f_i, v_k \right) \times D_{p,i} + \sum_{e_x \in E_P} \sum_{f_i \in \mathrm{NF}} \mathfrak{I}_b \left(l_{i,j}, e_x \right) \times D_{t,i} \leqslant \mathrm{AML}_s \qquad (4\text{-}39)$$

$$0 \leqslant \sum_{v_k \in V_P} \Re_c \left(f_i, v_k \right) \leqslant 1, \quad \forall f_i \in \mathrm{NF} \qquad (4\text{-}40)$$

变量 $\Re_c(f_i, v_k)$ 表示某个 VNF 是否部署在指定的底层节点上，如果 f_i 部署在底层节点 v_k 上，则值为 1，否则为 0。式（4-34）表示底层顶点 v_k 的可用 CPU 计算资源必须大于或等于所有部署在其上的 VNF 的资源需求之和。式（4-35）表示从 f_i 流向 f_j 的数据量不能超过部署 f_j 的底层节点 v_k 的处理能力。变量 $\mathfrak{I}_b(l_{i,j}, e_x)$ 表示连接 f_i 与 f_j 的虚拟链路 $l_{i,j}$ 是否部署在物理链路 e_x 上。如果 $l_{i,j}$ 部署在 e_x 上，则为 1，反之为 0。式（4-37）表示所有部署在 e_x 上的 VNL 的带宽需求之和不超过 e_x 的带宽资源容量。

式（4-38）表示 WFR 的所有 VNF 必须都部署在底层网络中，否则该 WFR 部署失败。式（4-39）表示部署方案 P^S 的响应时延（处理时延加传输时延）必须小于用户可接受的最大时延。式（4-40）表示 NFs 中的任意 VNF 只能部署在一个底层节点上。

4.3.3 算法设计

为了降低服务的端到端时延，本小节基于 Workflow 模型提出了两个启发式算法：DMRT_SL 和 DMRT_NSL。其区别在于前者允许 Workflow 中的同层 VNF 部署在相同的物理节点上，而后者不允许，即后者在模型中增加了式（4-41），其中 $\mathrm{lb}_{f,i}$ 表示 f_i 的层序号。后续将对 DMRT_SL 算法进行详述。

$$0 \leqslant \mathfrak{R}_c\left(f_i, v_k\right) + \mathfrak{R}_c\left(f_j, v_k\right) \leqslant 1, \forall i \neq j, \mathrm{lb}_{f,i} = \mathrm{lb}_{f,j} \qquad (4\text{-}41)$$

算法 4-4 给出了 DMRT_SL 算法的伪码。该算法维护三个集合 Process、Deploys 及 Prepares。Process 集合存储每轮循环中待处理的 VNF，初始值为 $\{f_s\}$。Deploys 集合存储每次循环中成功部署的 VNF，初始化为空且每次循环后需清空，其作用是辅助更新下一轮循环要处理的 VNF（即算法 4-4 的 19~22 行）。Prepares 集合用于判断 Process 集合中的 VNF 是否满足部署的前置条件（即其父 VNF 已完成部署），初始值也为 $\{f_s\}$。

算法 4-4　DMRT_SL 算法

输入：（1）底层网络 $G_P = (V_P, E_P)$，Workflow 服务请求 WFR

　　　（2）Process 集合，用于存储每次循环中要被处理的 VNF，初始值为 $\{f_s\}$

　　　（3）Deploys 集合，存储每次循环中部署的 VNF

　　　（4）Prepares 集合，每次循环时准备好被处理的集合，初始值为 $\{f_s\}$

输出：部署方案 P^S

1: **while** Process 不为空 **do**

2: 　　**for** $f_i \in$ Process, **do**

3: 　　　　**if** f_i 的父 VNF 均已部署 **then**

4: 　　　　　　将 f_i 加入到 Prepares 集合中，并计算 grade(f_i) 值记入 f_i 的属性值内；

5: 　　　　**end if**

6: 　　**end for**

7: 　　将 Process 集合中的 VNF 按照 grade 值降序排列

8: 　　**for** $f_i \in$ Process, **do**

9: 　　　　按照 grade 值从大到小选取 Process 集合中的 VNF

10: 　　　　**if** f_i 在集合 Prepares 中，**then**

11: 　　　　　　调用 FBP 算法寻找最适合部署 f_i 的底层节点 v_k

12:	**if** v_k 不存在，**then**
13:	结束 DMRT_SL 算法并返回空值给 P^S
14:	**else**
15:	将 f_i 部署在节点 v_k 上并更新 P^S，将 f_i 加入到 Deploys 集合中；
16:	**end if**
17:	**end if**
18:	**end for**
19:	**for** $f_i \in$ Deploys 依次选取 Deploys 集合中的 VNF，**do**
20:	将 f_i 从 Process 及 Prepares 集合中删除
21:	将 f_i 的子 VNF 加入到集合 Process 中
22:	**end for**
23:	清空 Deploys 集合
24:	**end while**

每次 while 循环先判断 Process 集合中 VNF 的父 VNF 是否已全部部署，如果是，则将该 VNF 加入到 Prepares 集合中；否则不予处理。式（4-42）给出了 VNF 优先级 grade(f_i)的计算方法[24]。其中，C_{fi} 表示 f_i 所需的 CPU 计算资源；child(f_i)表示 f_i 的子 VNF 集合；$B_{i,j}$ 表示连接 f_i 与 f_j 的 VNL 带宽资源需求。约定源节点、目的节点的 grade 为 0。

$$\text{grade}\left(f_i\right) = C_{f,i} + \max_{f_j \in \text{child}(f_i)}\left\{B_{i,j} + \text{grade}\left(f_j\right)\right\} \tag{4-42}$$

DMRT_SL 算法按 grade 值降序为 Process 集合中的 VNF 寻找最佳部署位置：首先判断该 VNF 是否在 Prepares 集合中，如果不在，则说明其父 VNF 还未部署，为了维持数据流约束，将不会部署该 VNF；如果存在，则 DMRT_SL 将会调用 FBP（Find Best Position）算法（见算法 4-5）来寻找该 VNF 的最佳部署位置。如果 FBP 算法未返回合适的位置，则整个 WFR 请求部署失败；反之，将该 VNF 部署在该位置上并更新 P^S，最后将 f_i 加入 Deploys 集合。

算法 4-5　FBP 算法

输入：（1）底层网络 $G_P = (V_P, E_P)$，将要被部署的 f_i

　　　（2）f_i 的父 VNF f_p 的部署位置

　　　（3）Parents 集合，存储 f_i 的父 VNF

输出：f_i 的部署位置

1: **if** f_i 是 SRC 的源节点 s，**then**

2:      返回 f_i 的部署位置为源节点指定的位置，结束

3: **end if**

4: **if** f_i 是 SRC 的目的节点 t，**then**

5:      **for** 每个 $f_j \in$ Parents，**do**

6:         调用 Dijkstra 算法[25]计算 n_p 到目的节点的最短路径 p

7:         **if** p 不存在，**then**

8:            无法部署 f_i，结束

9:         **else**

10:            将 p 保存到 P^S 中

11:         **end if**

12:      **end for**

13:      返回目的节点指定的位置，结束

14: **end if**

15: **for** 底层节点 $v_i \in V_P$，**do**

16:      初始化变量 max(v_i)=-1

17:      **if** v_i 具备实现 f_i 的能力且 v_i 不是 SRC 的目的节点，**then**

18:         **for** 每个 $f_j \in$ Parents，**do**

19:            初始化变量 delay=0

20:            **if** v_i 不是 f_j 的父 VNF 或者祖先 VNF 的部署位置，**then**

21:               调用 Dijkstra 算法计算 n_p 到 v_i 的最小时延（min）路径 p，将 p 保存到 P^S 中，delay=min

22:            **else**

23:               **break**

24:            **end if**

25:            **if** max(v_i)<delay，**then**

26:               max(v_i)=delay

27:            **end if**

28:         **end for**

29:      **end if**

30: **end for**

31: 遍历 V_P，找到 max 值最小且非-1 的顶点 v_k，返回 v_k

    FBP 算法为 f_i 寻找承载节点 v_i 的逻辑是：遍历底层物理节点 v_i，要求 f_i 的所有父节点都有路径可达 v_i，在满足该条件的候选 v_i 中取时延最小者。需要注意的是，由于 Workflow 的源节点、目的节点位置给定，当 $f_i = f_s$ 或 f_t 时，v_i 分别只能是源节点、目的节点处唯一的物理节点。

　　为了便于理解，图 4-16 给出了 DMRT_SL 算法处理图 4-15（c）中 Workflow 的过程。第一轮 while 循环：Process={ f_s }，WFR 中已给定源节点、目的节点的部署位置（A 和 I），因此 DMRT_SL 将源节点直接部署在顶点 A 处，更新 Process 集合为{ f_1, f_3 }。第二轮 while 循环：f_1、f_3 的父 VNF（即 f_s）均已部署，因此 Prepares={ f_1, f_3 }。根据式（4-42）计算得 grade(f_1)>grade(f_3)，因此优先部署 f_1。如图 4-16（a）所示：FBP 算法返回 R 点作为 f_1 的最佳部署位置，且最短路径是 $A{\rightarrow}G{\rightarrow}R$；部署 f_3 时发现 C 点是最佳位置，对应最短路径是 $A{\rightarrow}B{\rightarrow}C$，如图 4-16（b）所示。

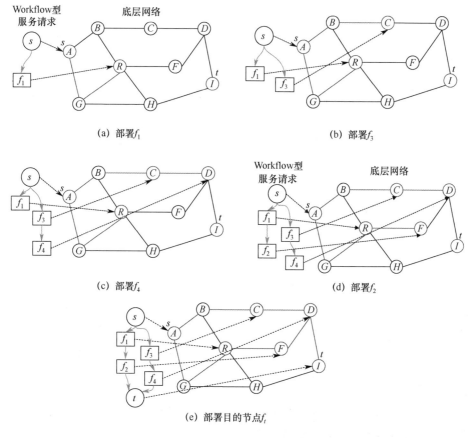

(a) 部署f_1　　　　　　　　　　　　　　(b) 部署f_3

(c) 部署f_4　　　　　　　　　　　　　　(d) 部署f_2

(e) 部署目的节点f_t

图 4-16　DMRT_SL 算法部署过程示例

　　第三轮 while 循环：Process={ f_2, f_4 }，f_2、f_4 的父 VNF 均已部署，因此 Prepares={ f_2, f_4 }。由于 grade(f_4)>grade(f_2)，所以优先部署 f_4。FBP 算法（见算

法 4-5）返回 f_4 的最佳部署位置 D，且到父 VNF 的最短路径是 $C{\to}D$，如图 4-16（c）所示。接下来 f_2 的最佳部署位置是 F，最短路径是 $R{\to}F$，如图 4-16（d）所示。部署目的节点 f_i 时发现其父 VNF 的部署位置（F 和 D）到目的节点 I 的最短路径分别为 $F{\to}D{\to}I$ 和 $D{\to}I$，如图 4-16（e）所示。

4.3.4　仿真结果及分析

4.3.4.1　仿真环境及对比算法

仿真使用的底层拓扑共计 20 个节点，由 GT-ITM 随机生成[26,27]，网络直径 D 设置为 6，参数 Ω 和 ∂ 分别设置为 0.1 和 0.4。物理节点计算资源容量在 [5,10] 均匀分布，物理链路带宽容量在 [20,50] 均匀分布；VNF 计算资源需求范围为 [1, 2]，VNL 带宽资源需求范围为 [5, 20]。

本小节采用文献[22]中的算法 SFG_DAG 作为对比，该算法优先部署 VNF 中带宽资源需求更大者，并于部署过程中逐步构建 SFG。

4.3.4.2　仿真数据

1. 平均时延

图 4-17 给出了各算法在不同业务负载（Traffic Load，TFL）下，服务的端到端时延随 SRC 中 VNF 数目变化情况。图中显示：当 VNF 数目较少时，对比算法 SFG_DAG 的端到端时延略低于本节的两个算法，但随着 VNF 数目增多，SFG_DAG 的时延性能折损严重，相比 DMRT_NSL，SFG_DAG 的时延增幅一度高达 120%。导致该现象的原因是：当 VNF 数目较少时，WFR 请求的最终形式可能就是 SFC，而 SFG_DAG 却始终在部署过程中形成 SFG，因此在平均时延上后者具有微小的优势。

此外，图 4-17 还显示：DMRT_SL 的时延性能比 DMRT_NSL 优 5%。这说明前者允许 SRC 的多个 VNF 部署在同一物理节点上的设定的确对优化端到端时延有积极作用，但受限于数据流约束和物理资源容量约束，能够复用物理机的 VNF 较少，且通过复用节省的时延相比于关键链路的总时延也较少，因此，时延平均优化量较小。

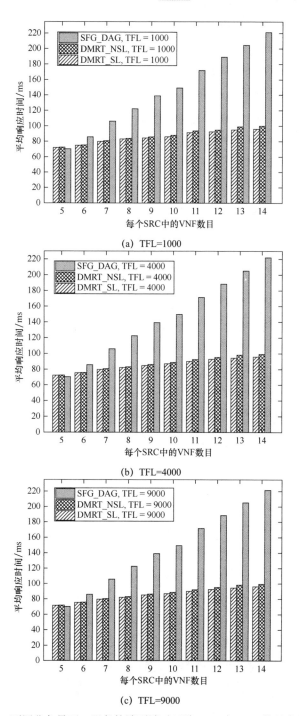

(a) TFL=1000

(b) TFL=4000

(c) TFL=9000

图 4-17 不同业务量下，服务的端到端时延随 SRC 中 VNF 数目变化情况

2. 服务阻塞率

图 4-18 给出了各算法在不同 VNF 数目下动态部署 10 000 条 WFR 请求的阻塞率数据，显示了三种算法在该指标下的质量等级是 DMRT_SL>DMRT_NSL>SFG_DAG。两种 DMRT 算法（因为 WFR 的图结构）有效缩短了服务请求的映射路径，节约了带宽资源，从而提升了底层网络对服务的承载能力。值得一提的是，尽管图 4-18 中显示 DMRT_SL 的阻塞率比 DMRT_NSL 的低，但并不表示永远如此。究其原因，本小节在设置仿真参数时，链路带宽资源的瓶颈程度略高于节点计算资源，此时 DMRT_SL 允许合并 VNF 的操作有效延缓了瓶颈链路的出现，因而展现出更强的接收能力。所以，严格来说，在链路资源更紧俏的网络中，DMRT_SL 对服务的承载能力优于 DMRT_NSL。

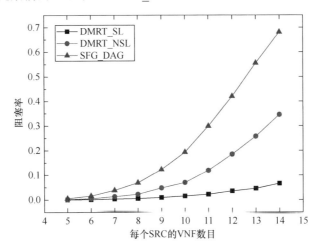

图 4-18　服务阻塞率随 VNF 数目变化情况

4.4　本章小结

为了保证良好的用户体验，本章着手优化虚拟服务部署后的端到端时延性能，提出了两种时延感知的服务部署算法。

4.2 节关注数据中心内异质流所导致的排队时延差异，提出了基于 SFC 拆分的高效部署算法。该算法通过将大象流拆分成多条子流来减小老鼠流的排队时延，而后通过 downOperation 和 upOperation 操作为每条子流寻找部署方案，过程中结合 Worst-Fit 策略实现链路带宽资源的高效利用，达到负载均衡。仿真结果显示本节提出的算法在端到端时延、部署成功率及链路利用率上均有明显提升。

4.3 节另辟蹊径地从服务的组成结构上入手，提出基于 Workflow 的低时延映射算法。该算法通过挖掘 SRC 的 VNF 间的依赖关系，将链式 SFC 转化成具有图结构的 SFG，使处于同层的、无依赖关系的 VNF 可以并行导流，以缩短服务请求的虚拟路径（即关键路径）长度，从而降低链路传输时延和 VNF 的处理时延，最终达到优化服务端到端时延的目的。

本章参考文献

[1] CHOWDHURY N M M K, RAHMAN M R, BOUTABA R. Virtual network embedding with coordinated node and link mapping[C]. IEEE International Conference on Computer Communications, Brazil, 2009: 783-791.

[2] CZIVA R, PEZAROS D P. Container network functions: Bringing NFV to the network edge[J]. IEEE Communications Magazine, 2017, 55(6): 24-31.

[3] LIU J Q, LI Y, ZHANG Y, et al. Improve service chaining performance with optimized middlebox placement[J]. IEEE Transactions on Services Computing, 2017, 10(4): 560-573.

[4] SHI Q, ZHAO L Q, ZHANG Y Y, et al. Energy-efficiency versus delay tradeoff in wireless networks virtualization[J]. IEEE Transactions on Vehicular Technology, 2017, 67(1): 1-5.

[5] OLJIRA D B, BRUNSTROM A, TAHERI J, et al. Analysis of network latency in virtualized environments[C]. IEEE Global Communications Conference, Washington, 2016: 1-6.

[6] XU Q, GAO D, LI T, et al. Low latency security function chain embedding across multiple domains[J]. IEEE Access, 2018, 6: 14474-14484.

[7] MA Y, LIANG W, XU Z, et al. Profit maximization for admitting requests with network function services in distributed clouds[J]. IEEE Transactions on Parallel and Distributed Systems, 2018, 30(5): 1143-1157.

[8] HE K, ROZNER E, AGARWAL K, et al. Presto: Edge-based load balancing for fast datacenter networks[J]. ACM SIGCOMM Computer Communication Review, 2015, 45(4): 465-478.

[9] WANG P, TRIMPONIAS G, XU H, et al. Luopan: Sampling-based load balancing in data center networks[J]. IEEE Transactions on Parallel and Distributed Systems, 2018, 30(1): 133-

145.

[10] ALIZADEH M, GREENBERG A, MALTZ D A, et al. Data center tcp (dctcp)[J]. ACM SIGCOMM computer communication review, 2011, 41(4): 63-74.

[11] KANDULA S, SENGUPTA S, GREENBERG A, et al. The nature of data center traffic: measurements & analysis[C]. Proceedings of the 9th ACM SIGCOMM conference on Internet measurement, Chicago, 2009: 202-208.

[12] XU H, LI B. TinyFlow: Breaking elephants down into mice in data center networks[C]. 2014 IEEE 20th International Workshop on Local & Metropolitan Area Networks (LANMAN), Reno, 2014: 1-6.

[13] LIU S, XU H, LIU L, et al. RepNet: Cutting Latency with Flow Replication in Data Center Networks[J]. IEEE Transactions on Services Computing, 2018.

[14] HSIEH C H, CHANG J W, CHEN C, et al. Network-aware service function chaining placement in a data center[C]. Network Operations and Management Symposium (APNOMS), 2016 18th Asia-Pacific, Melbourne, 2016: 1-6.

[15] HOFFMANN M, JARSCHEL M, PRIES R, et al. SDN and NFV as Enabler for the Distributed Network Cloud[J]. Mobile Networks and Applications, 2018, 23(3): 521-528.

[16] LI Y, PHAN L T X, LOO B T. Network functions virtualization with soft real-time guarantees[C]. 2016 IEEE Conference on Computer Communications (INFOCOM), San Francisco, 2016: 1-9.

[17] KUO T W, LIOU B H, LIN K C J, et al. Deploying chains of virtual network functions: On the relation between link and server usage[J]. IEEE/ACM Transactions on Networking (TON), 2018, 26(4): 1562-1576.

[18] ENGELMANN A, JUKAN A. A reliability study of parallelized vnf chaining[C]. 2018 IEEE International Conference on Communications (ICC), Kansas City, 2018: 1-6.

[19] JEMAA F B, PUJOLLE G, PARIENTE M. QoS-aware VNF placement optimization in edge-central carrier cloud architecture[C]. 2016 IEEE Global Communications Conference (GLOBECOM), Washington, 2016: 1-7.

[20] THAI M T, LIN Y D, LAI Y C. A joint network and server load balancing algorithm for chaining virtualized network functions[C]. 2016 IEEE International Conference on Communications (ICC), Kuala, 2016: 1-6.

[21] DIETRICH D, ABUJODA A, RIZK A, et al. Multi-provider service chain embedding with nestor[J]. IEEE Transactions on Network and Service Management, 2017, 14(1): 91-105.

[22] JALALITABAR M , LUO G C, KONG C G, et al. Service function graph design and mapping for NFV with priority dependence[C]. IEEE Global Communications Conference, Washington, 2016: 1-5.

[23] XIA F, WANG W, BEKELE T M, et al. Big scholarly data: A survey[J]. IEEE Transactions on

Big Data, 2017, 3(1): 18-35.

[24] JIANG H O, E H H, SONG M N. Dynamic scheduling of workflow for makespan and robustness improvement in the iaas cloud[J]. IEICE Transactions on Information and Systems, 2017, E100-D(4): 813-821.

[25] KNUTH D E. A generalization of Dijkstra's algorithm[J]. Information Processing Letters, 1977, 6(1): 1-5.

[26] CALVERT K L, ZEGURA E. Gt-itm: Georgia tech internetwork topology models (Software). Georgia Tech, [Online]. Available: http://www.cc.gatech.edu/fac/Ellen.Zegura/gt-itm/gt-itm.tar.gz.

[27] 周灵. Waxman-Salama 模型网络拓扑生成算法设计与实现[N]. 湖南理工学院学报（自然科学版）, 2008, 21(2): 40-42.

第 5 章

公平性保障的网络服务功能链部署

在任何涉及资源共享的场景中，公平性都是不可忽视的问题之一。当部署于同一服务器的 SFC 间存在重叠的资源需求时，竞争便无可避免，如果无法做出合适的应对，则很容易造成服务性能劣化，进而导致用户体验分化。针对该问题，本章将介绍两种具备公平性保障的 SFC 部署算法。

5.1 研究背景

在公共网络中，SFC 的部署路径相互交叠、错综复杂，一些服务的资源需求甚至存在动态变化的特点，这些因素导致了物理服务器上随处可见的资源竞争。如果不妥善应对，则很容易造成用户体验失衡，损害服务提供商的口碑和收益。

公平性问题十分重要，但其本身是一个相对主观的概念，为了能对资源分配算法的公平性好坏进行更准确、更直观的评估和判断，研究人员总结了四项极具价值的公平性特征：激励共享（Sharing Incentive）、帕累托效率（Pareto Efficiency）、无嫉妒（Envy-Freeness）及策略避免（Strategy-Proofness）。

激励共享：指相比于简单地在所有租户之间平均分配总资源量（即独占等额资源），资源分配策略的分配结果可以为租户带来服务体验的提升，或者至少不会造成损失，即鼓励租户进行资源共享。

帕累托效率：指分配策略无法在不损害任何其他租户利益或体验的前提下

提升某个租户的利益或体验。

无嫉妒：指系统中不存在羡慕他人所分得资源的租户，即任何租户都无法通过与他人交换分配结果而获得更好的服务体验。

策略避免：指租户无法通过谎报资源需求来骗取更多的资源分配量，从而谋求更优的服务体验。

文献[1]设计了满足上述四项特征的公平性保障方法，即主导资源公平性（Dominant Resource Fairness，DRF）策略。其核心是从用户的多维资源需求中找出其瓶颈资源（即主导资源），然后在分配资源时追求所有租户分得的主导资源份额的一致性。

一般而言，租户的多维资源需求通常用需求向量表示，向量的每一维代表着某一类资源，如 CPU、内存等。在进行资源分配时，各资源分配量必须与需求向量给出的比例保持一致。DRF 将需求向量的每一维与相应的物理资源容量相比，比值最大者即是该需求的主导资源。显然，DRF 选出的资源类型是在分配中最先被耗尽的资源。

遗憾的是，该策略并不能完全适用于 SFC 部署问题，因此，本章以它为基础，对其进行优化、改进和增强，从而实现 SFC 部署的公平性保障。

5.2　基于修正 DRF 的公平映射算法

5.2.1　相关理论

本节考虑具有动态多维资源需求的服务功能链部署问题。式（5-1）给出了其资源需求向量：

$$\boldsymbol{D}_s = \left\langle D_s^1, D_s^2, \cdots, D_s^{\mathrm{size}(F)} \right\rangle \tag{5-1}$$

式中，D_s^1 是 NF1 的资源需求，后面依次类推；F 表示虚拟网络功能集合，对其中的某个实例 $f \in F$，用 C_f 表示其资源容量。分配给一条 SFC 的资源量必须符合其需求向量定义的比例，即若给 NF1 分配了 D_s^1 单位的资源，则必须给 NF2 分配 D_s^2 单位的资源。

5.2.1.1 SFC 场景中的 DRF

DRF 关注对服务请求最重要的资源类型，即瓶颈资源。在 SFC 部署问题中，主导资源的定义为

$$\tilde{s} = \mathrm{argmax}_{f \in F} \left\{ D_s^f / C_f \right\} \tag{5-2}$$

在资源分配过程中，DRF 始终优先拉升主导资源获得份额最小的服务，直至某项物理资源容量被耗尽。图 5-1 给出了两条 SFC 共享三个物理服务器资源的例子，假设服务器的资源容量均为 1，SFC 的资源需求向量分别为 $\boldsymbol{D}_A = <1, 0.4, 0.2>$，$\boldsymbol{D}_B = <0.2, 0.8, 1>$。

图 5-1 SFC 资源共享示例

按照 DRF 对主导资源的定义，图 5-1 中 SFC A 的主导资源为 NF X，SFC B 的主导资源为 NF Z。分别用 A_X 和 A_Z 表示两条 SFC 获得的主导资源份额，则 DRF 建立的优化模型叮表示为如下形式：

$$\max \left(A_X, A_Z \right)$$

$$\mathrm{s.t.} \quad A_X + 0.2 A_Z \leqslant 1$$

$$0.4 A_X + 0.7 A_Z \leqslant 1$$

$$0.2 A_X + A_Z \leqslant 1$$

$$A_X = A_Z \tag{5-3}$$

图 5-2 给出了完全均分方案和 DRF 方案。其中，完全均分方案中两条 SFC 均分得了 1/2 比例的资源，而 DRF 方案中，两条 SFC 均分得了 5/6 比例

的资源。相比前者，在相同的物理资源容量下，DRF 实现了更优的服务体验，即所谓 Sharing Incentive。

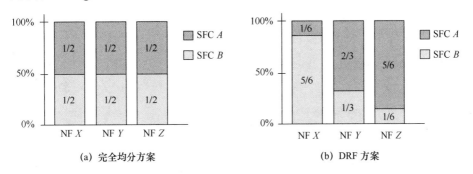

图 5-2 资源分配方案（一）

图 5-3 进一步给出了两条发生了资源交叠共享的 SFC 示例。所谓交叠共享，是指两条 SFC 间只有部分 VNF 部署在了相同的服务器节点上，体现在需求向量中则是某一项资源需求为 0。假设在图 5-3 中，D_A =<1,0.4,0>，D_B =<0,0.8,1>，则图 5-4 给出了完全均分方案和 DRF 方案。有趣的是，在该示例中，完全均分方案为 SFC A 分配了一份完整的资源，而 DRF 方案只分配了 5/6 的资源，即完全均分时 SFC A 的服务体验优于 DRF。

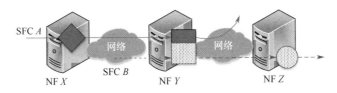

图 5-3 资源交叠共享的 SFC 示例

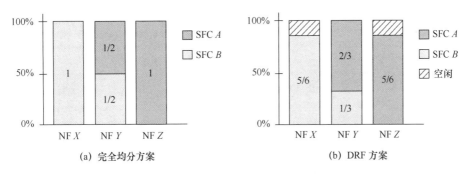

图 5-4 资源分配方案（二）

上述示例说明，在 SFC 场景中，原 DRF 方案并不能始终保证 Sharing Incentive 的特性。其原因在于 DRF 最初用于处理计算机节点中任务的资源分配问题，这些任务都对各项资源有需求，所以在确定瓶颈资源时只需考虑任务自身的资源需求和物理资源容量即可。而在新场景下，SFC 的瓶颈资源不仅与需求和容量有关，还与资源的热度有关。换句话说，即使 SFC A 的某项资源的需求/容量比很小，但其他 SFC 对该项资源的需求很大，那么这项资源也很可能成为 SFC A 的瓶颈资源。

5.2.1.2　SFC-DRF 方案

针对 DRF 方案在 SFC 资源分配中显露出的问题，本小节进一步对其进行修正和改进，提出 SFC-DRF 方案。

1. 修正过程

SFC-DRF 方案基于式（5-2）对主导资源进行了重定义，其新计算方式如式（5-4）所示，其中 N_f 为分配在 NF f 上的 SFC 数量。相应的主导份额按式（5-5）计算。

$$\tilde{s} = \text{argmax}_{f \in F} \left\{ D_s^f N_f / C_f \right\} \tag{5-4}$$

$$A_s = A_s^{\tilde{s}} N_{\tilde{s}} \tag{5-5}$$

基于新定义，本小节对原 DRF 方案的 Progressive Filling 过程进行调整，该过程的主要思想是以相同的速率提升每条 SFC 的主导资源份额，同时保持其他资源按需求向量同比增长。SFC-DRF 方案的伪码见算法 5-1。

算法 5-1　SFC-DRF 方案

输入：$S, F, D_s, \forall s \in S, C_f, \forall f \in F$

输出：分配策略 A

1:　设置 θ 为 SFC 主导资源份额的注水速率

2:　$A \leftarrow \varnothing$

3:　$N_f \leftarrow 0,\ \forall f \in F$

4:　**for** each $f \in F$, **do**

5:　　　**for** each $s \in S$, **do**

6:　　　　　**if** $D_s^f > 0$, **then**

7:　　　　　　　　$N_f \leftarrow N_f + 1$

8:　　　　end if

9:　　end for

10: end for

11: for each $s \in S$, do

12:　　$\tilde{S} \leftarrow \mathrm{argmax}_{f \in F}\{N_f D_f / C_f\}$

13:　　$A_s \leftarrow 0$

14: end if

15: while $S \neq \varnothing$, do

16:　　for each $s \in S$, do

17:　　　$A_s \leftarrow A_s + \theta$

18:　　end if

19:　　for each $f \in F$, do

20:　　　if $\sum_{s \in S} A_s C_s D_s^f / N \cdot D_s^{\bar{s}} \geq C_f$, then

21:　　　　F.remove(f)

22:　　　　A.append(A_s , $D_s > 0$)

23:　　　　S.remove(s , $D_s > 0$)

24:　　　end if

25:　　end for

26: end while

27: return A

仍以图 5-3 中的 SFC 需求向量为例，在式（5-4）、式（5-5）的定义下，原优化问题可重建模为

$$\max\left(A_X, A_Y\right)$$

$$\mathrm{s.t.}\ \ A_X \leq 1$$

$$0.4A_X + A_Y \leq 1$$

$$5/4A_Y \leq 1\ \ A_X = 2A_Y \tag{5-6}$$

使用 SFC-DRF 方案对新模型进行求解，经过两轮计算可得最终分配方案，求解过程如图 5-5 所示。相比图 5-4（a），显然图 5-5（b）实现了更优的服务质量，即在该示例下，SFC-DRF 方案具备 Sharing Incentive 性质。

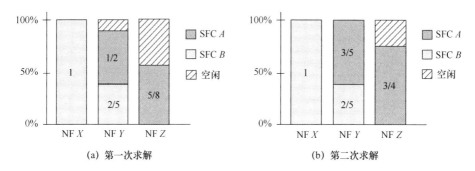

图 5-5　SFC-DRF 方案求解过程

2. 性质证明

1）激励共享（Sharing Incentive）

设 NF k 所需的资源最先被耗尽，且 SFC i 在该资源上分得的份额最大，用 A_i^k 表示，则式（5-7）显然成立。由 Progressive Filling 的等比例分配原则可得式（5-8），而式（5-9）则对应着主导资源的定义。综上可推导出式（5-10）。

$$A_i^k \geqslant 1 / N_k \tag{5-7}$$

$$A_i^{\tilde{i}} C_{\tilde{i}} / A_i^k C_k = D_i^{\tilde{i}} / D_i^k \tag{5-8}$$

$$D_i^{\tilde{i}} N_{\tilde{i}} \geqslant D_i^k N_k \tag{5-9}$$

$$A_i^{\tilde{i}} = A_i^k C_k D_i^{\tilde{i}} / D_i^k C_{\tilde{i}}$$

$$= A_i^k C_k D_i^{\tilde{i}} N_{\tilde{i}} / D_i^k C_{\tilde{i}} N_{\tilde{i}}$$

$$\geqslant A_i^k C_k D_i^k N_k / D_i^k C_{\tilde{i}}$$

$$\geqslant 1 / N_{\tilde{i}} \tag{5-10}$$

此外，Progressive Filling 始终保持着主导资源份额的同速增长，即式（5-11）。结合式（5-10），可得式（5-12），其代表的意义是：在 SFC-DRF 方案的分配结果中，对任意一条 SFC，其主导资源份额都不低于完全平均分配的结果，即实现了 Sharing Incentive。

$$A_j^{\bar{j}} N_{\bar{j}} = A_i^{\bar{i}} N_i, \forall i \neq j \in S \tag{5-11}$$

$$A_j^{\bar{j}} \geqslant \frac{1}{N_{\bar{j}}}, \forall j \in S \tag{5-12}$$

2）帕累托效率（Pareto Efficiency）

根据 Progressive Filling 的执行过程，在算法结束时，每个 SFC 都至少被某项资源所阻塞。因此，任何 SFC 都无法在不损害其他 SFC 体验的情况下提升自己的服务性能，即 SFC-DRF 满足帕累托效率性质。

3）无嫉妒（Envy-Freeness）

考虑 SFC A 和 SFC B，两者需要的资源类型可分为以下两种情况。

（1）所需资源类型完全一致，则原 DRF 关于无嫉妒性的证明在此处依然成立。

（2）所需资源类型不完全一致，则两者都至少需要一种对方未获得的资源，因而也不会羡慕对方的分配结果。

综上，SFC-DRF 满足无嫉妒性。

4）策略避免（Strategy-Proofness）

假设 SFC i 可以通过谎报需求向量 $\hat{D}_i$，$\hat{D}_i \neq D_i$ 来增加其最终的分配结果。设 $\hat{t}$ 和 t 分别代表两种需求向量下 Progressive Filling 过程在该 SFC 上发生阻塞的时间，r 代表在 D_i 下 SFC i 的阻塞资源。如果 SFC i 在需求向量 $\hat{D}_i$ 下表现得更好，则意味着 SFC i 需要分配到更多资源，这要求 $\hat{t}$ 大于 t。所以在 $\hat{D}_i$ 下，算法运行到时间 t 时，资源 r 还未发生阻塞，这表示其他 SFC 可以继续抢占该项资源，结果反而会使 SFC i 获得更少的 r 类资源，与假设相矛盾。故 SFC-DRF 满足策略避免性质。

5.2.2　模型描述

5.2.1 节讨论了在已知 SFC 资源编排位置的情况下不同公平性策略对资源

分配的影响，如果系统中的资源位置未知，问题将变得更加复杂。图 5-6 展示了不同 SFC 编排策略下的资源分配结果，其中包含 3 个用户 X、Y、Z 和两种资源 A、B。不难发现编排策略 2 的分配结果更有优势。本节将以此为出发点，探索编排策略对公平性策略的分配结果的影响。

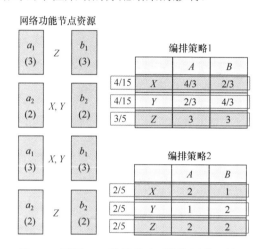

图 5-6　不同 SFC 编排策略下的资源分配结果

5.2.2.1　约束条件

定义 0-1 决策变量 $x_{s_k}^v$，表示 s_k 是否被分配到节点 v 上，如式（5-13）所示。式（5-14）表示 SFC 上的 NF 需求只能被分配到一个 VNF 实例上。

$$x_{s_k}^v = \begin{cases} 1, & \text{如果} s_k \text{在节点} v \text{上} \\ 0, & \text{否则} \end{cases} \qquad (5\text{-}13)$$

$$\sum_{v \in V} x_{s_k}^v = 1, \quad \forall s \in S, k \in (1, l_s) \qquad (5\text{-}14)$$

定义决策变量 b_s，表示分配给服务功能链 s 的端到端带宽大小，则 s 在第 k 个 NF 上所需的资源量为 $b_s d_s^k$。定义决策变量 $p_{smn}^{k,k+1}$ 表示 SFC s 的第 k 个和 $k+1$ 个 NF 间的通信是否经过物理链路 (m,n)：

$$p_{smn}^{k,k+1} = \begin{cases} 1, & \text{如果} (s_k, s_{k+1}) \text{在链路} (m,n) \text{上} \\ 0, & \text{否则} \end{cases} \qquad (5\text{-}15)$$

式（5-16）～式（5-19）分别对应节点资源容量约束、链路资源容量约束、流量守恒约束和服务端到端时延约束。

$$\sum_{s\in S}\sum_{k=2}^{l_c-1}b_s d_s^k t_{s_k}^f x_{s_k}^v \leqslant c_v^f, \ \ \forall v\in V, \ f\in F \tag{5-16}$$

$$\sum_{s\in S}\sum_{k=1}^{l_c-1}p_{smn}^{k,k+1}b_s \leqslant c_{mn}, \ \ \forall (m,n)\in E \tag{5-17}$$

$$\sum_{n\in\Omega(m)}\left(p_{smn}^{k,k+1}-p_{snm}^{k,k+1}\right)=x_{s,k}^m-x_{s,k+1}^m, \ \ \forall v\in V, \ s\in S, \ k\in(1,l_c-1) \tag{5-18}$$

$$\sum_{k\in(1,l_s)}p_{smn}^{k,k+1}l_{mn} \leqslant q_s, \ \ \forall s\in S \tag{5-19}$$

式（5-20）给出了确定主导资源类型的依据。若用 I 表示系统中的最小主导资源比例，则存在约束式（5-21），如此可得到与优化目标相关的变量 I，对原问题的优化可随即转换为对变量 I 的逐次优化。

$$\theta=\mathrm{argmax}_{k\in(1,l_s)}\left\{\frac{d_s^k}{\sum_{f\in F}t_{s_k}^f cf}\right\} \tag{5-20}$$

$$I\leqslant\frac{b_s d_s^\theta}{\sum_{f\in F}c_f t_{s_\theta}^f} \tag{5-21}$$

5.2.2.2　优化目标

公平性优化问题的数学形式通常写成 max-min 或 min-max，此处所考虑的 SFC 性能保障（Service Function Chain Performance Guarantee，SFC-PG）问题的优化目标可表示为式（5-22）。

$$\max I \tag{5-22}$$

5.2.3　算法设计

SFC-PG 本质上是 MILP 形式的联合优化问题：需要同时决定服务的部署位置和资源的分配量，因而很难直接对原问题进行求解。本节提出的性能保障感知编排（Performance Guarantee Aware Orchestration，PGAO）算法通过松弛整数变量，将原问题转换为无位置约束的编排问题，对结果中出现的无法实际部署的 SFC，尽量寻找最接近的放置方案，其伪码见算法 5-2。

算法 5-2 PGAO 算法

输入：$D_s, \forall s \in S, F, V, c_v^f, \forall v \in V, f \in F$

输出：资源分配策略 A_s

1:　$C_f \leftarrow \sum_{v \in V} C_v^f, \ \forall f \in F$

2:　**for** each $s \in S$, **do**

3:　　初始化 DRF 分配结果 $\hat{b}_s \leftarrow \mathrm{DRF}(D, V, F, C_f, \forall f \in F)$

4:　**end for**

5:　**while** $S \neq \varnothing$, **do**

6:　　**for** each $s \in S$, **do**

7:　　　$\hat{x}_s^k, b_s \leftarrow \mathrm{BIS}(s, \hat{b}_s, V)$

8:　　**end for**

9:　　$s \leftarrow \mathrm{MIS}(S, \hat{b}_s, \hat{x}_s^k, b_s, \forall s \in S, k \in (1, l_s))$

10:　　location $\leftarrow \mathrm{apply}(s, \hat{x}_s^k, b_s)$

11:　　$S \leftarrow S.\mathrm{remove}(s)$

12:　　$V \leftarrow V.\mathrm{update}(\ )$

13:　　**for** each $s \in S$, **do**

14:　　　$b_s \leftarrow \mathrm{DRF}(D, V, F, C_f, \forall f \in F, \mathrm{locations})$

15:　　**end for**

16:　**end while**

17:　**return** A_s

PGAO 算法主要分为以下三步。

第一步（第 1～3 行）：无资源位置约束的编排问题。假设对于每一种 NF 类别，其不同位置的所有资源均可以当作一个完整的资源池来进行处理，即将 x_{sk}^v 和 $p_{smn}^{k,k+1}$ 松弛为 0～1 的正实数变量。松弛后，原问题转换为资源公平分配问题，可直接求得最优解。

第二步（第 4～12 行）：包含资源位置约束的编排问题。第一步求得的一组最优资源分配方案不一定能够实际部署，但它却反映了优化问题的一个理论上界。于是可按照该解去探索每个请求独立存在时的最佳近似放置方案，即

BIS 算法。然后通过最小干扰策略（MIS 算法）将服务功能链依次映射到底层物理资源上。

第三步（第 13～15 行）：完成最终的资源分配。第二步中已经获得了一组可行解，但在实际分配过程中，由于服务功能链的比例关系，可能会导致一些服务过早被阻塞，造成不必要的资源浪费，因此，第三步将第二步的解代入原优化模型，使其变成一个位置信息已知的资源分配问题。随后通过公平性策略求得该资源放置方案下的最佳资源分配策略。

PGAO 调用的两个子算法模块的伪码分别见算法 5-3 和算法 5-4。其中 BIS 算法的核心思想是对需求向量和资源容量进行二范式运算，以此来获得最佳的实例；MIS 算法则通过观测每种 SFC 编排时对其他 SFC 的分配结果产生的影响来挑选此轮最适合进行编排的 SFC 对象。

算法 5-3　BIS 算法

输入：$s, \hat{b}_s, V$

输出：$\hat{x}_s^k, b_s$

1:　$\hat{x}_s^k \leftarrow \mathrm{argmin}_{v \in V}\left(c_v^f - \hat{b}_s d_s^k\right)^2,\ \forall k \in \left(1, l_s\right)$

2:　$b_s \leftarrow \min\left(c_{\cdot k}^f \big/ d_s^k, \hat{b}_s\right)$ 　　　x_s

3:　**return** $\hat{x}_s^k, b_s$

算法 5-4　MIS 算法

输入：$S, \hat{b}_s, \hat{x}_s^k, b_s\ \forall s \in S, k \in \left(1, l_s\right)$

输出：s

1:　**for** each $s \in S$, **do**

2:　　进行临时映射 $\mathrm{apply}\left(s, \hat{x}_s^k, b_s\right)$

3:　　**for** each $r \in \{S - s\}$, **do**

4:　　　$I_s^r \leftarrow \sum_{k \in (1, l_r)}\left(b_r d_r^k - \mathrm{BIS}\left(r, \hat{x}_s^k, V\right)b_r d_r^k\right)^2 I_s^r$

5:　　**end for**

6:　　$I_s \leftarrow \max_r I_s^r$

7:　　对映射操作进行回滚 $\mathrm{rollback}\left(s\right)$

8:　**end for**

9:　选取最小干扰 SFC $s \leftarrow \mathrm{argmin}_{s \in S} I_s$

10: **return** S

5.2.4 仿真结果及分析

5.2.4.1 基于 FloodLight 的链路资源分配公平性实验

本方案采用 FloodLight+Mininet 搭建测试环境，利用 iperf 来产生网络需求。测试拓扑如图 5-7 所示，包含 A、B 两个租户，所有链路带宽容量均为

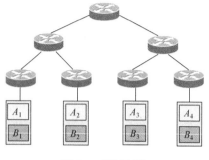

图 5-7　测试拓扑

100 Mbps。用于测试的租户具有完全一致的资源购买情况。

测试时的流预设：B 租户的 VM 一直参与通信：B_1 与 B_2 保持 TCP 通信，B_3 与 B_4 保持 TCP 连接；A 租户的 A_1、A_2、A_3 都与 A_4 进行 TCP 通信，存在时间分别为 200 s、300 s、400 s。

测试结果如图 5-8、图 5-9 所示。其中图 5-8 展示了单个流的带宽资源占用情况，图 5-9 则展示了流汇聚在一起后各个租户的带宽占用情况。可以发现，每当租户 A 有流消失后，其他流的带宽资源就会上升。一个很显然的原因是租户 A 的流都是向 A_4 汇聚的，所有 A 的流之间存在共享关系，有流消失就会有资源释放给其他流；然而观察图 5-9 可以发现租户 A 在 A_4 处得到的带宽比其释放出来的要多，因为按照传统平分的策略，A_4 与 B_4 应该得到相同的带宽资源，而 A_4 得到的一直比 B_4 多（X-A_4 为所有到 A_4 的

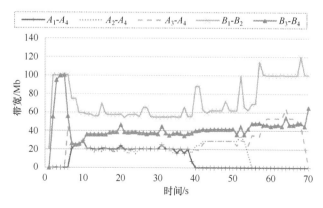

图 5-8　单个流的带宽资源占用情况

流的带宽之和）。这正是本方案的租户公平性带来的增益，因为租户 A 在 A_1 和 A_2 处释放的资源使得租户 A 有了比 B 更大的剩余权重。

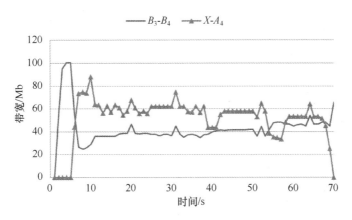

图 5-9　流汇聚在一起后各个租户的带宽占用情况

5.2.4.2　基于数值仿真的节点资源分配

1. 参数设置

1）拓扑信息

仿真同时采用真实网络拓扑和随机生成的网络拓扑：（1）Autonomous System 1755（AS1755）、Autonomous System 1239（AS1239）和 Autonomous System 3257（AS3257）；（2）RG-1（50 节点，75 条链路，所有节点度数为 3）和 RG-2［100 个节点，289 条链路，节点度数呈幂法则（Power Law）分布］。链路和节点的容量分别在 1000～2000 和 500～1000 范围内随机生成。

2）SFC 数据集

NF 种类设置为 50，每种 NF 类型的实例化数目为 5～10。系统每次随机生成 50～200 条服务功能链请求，其长度为 5～10。所有需求向量值在 1～10 之间随机生成。

2. 仿真数据

仿真所采用的对比算法为 SMA 算法，图 5-10 给出了基于 SMA 算法结果进行正则化后的 PGAO 结果，其主导资源的平均分配比例提升了 30%左右，最高提升了 70%。尽管在少数几个场景下，PGAO 低于 SMA，但差距较小，总体来说，PGAO 展现出了更优秀的资源分配公平性。

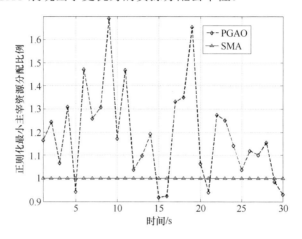

图 5-10　基于 SMA 算法结果进行正则化后的 PGAO 结果

图 5-11 进一步给出了数百条 SFC 的主导资源比例的累计概率分布图。图中前半部分曲线靠后，这说明 PGAO 会对系统中较差的 SFC 带来整体的性能提升，并且所有 SFC 的资源分配状况也更加接近。此外，PGAO 曲线率先到达 1，这也说明在该方案下用户的性能更加集中，即实现了更好的公平性。

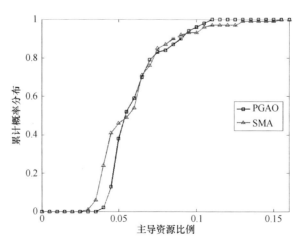

图 5-11　数百条 SFC 的主导资源比例的累计概率分布图

5.3　博弈论增强的公平映射算法

5.3.1　模型描述

本节首先介绍基于 NFV 边缘网络 SFC 的基本类型和构成；然后分别定义用户服务请求在边缘云和核心云上的收益函数，其中边缘云的收益受资源竞争的影响，而核心云的收益受 WAN 时延的影响；最后给出多用户服务链放置问题的定义。

5.3.1.1　SFC 模型

$R_n = (d_n, \mathcal{F})$ 表示用户的服务请求二元组，其中 d_n 表示用户服务请求 n 的服务数据总需求量，$\mathcal{F}$ 表示执行服务链请求所需的 VNF 集合。在边缘计算中，用户通过接入边缘云完成他们的服务请求，服务提供商决定这些服务请求最终在边缘云还是在核心云上完成。如图 5-12 所示，用户服务请求 1 被部署在边缘云上，用户服务请求 2 被部署在核心云上，后者会经历 WAN 上的传播时延。边缘云或核心云上由 VNF 串联而成的 SFC 负责承载用户的服务请求。此处假设用户服务请求在一段时间内不会改变，也假定服务只能在边缘云或核心云上完成，不能横跨边缘云和核心云。

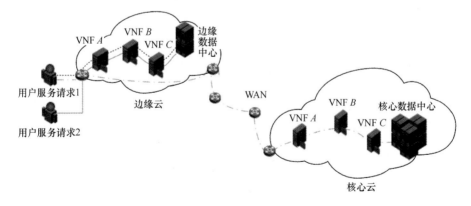

图 5-12　边缘计算中的 SFC

5.3.1.2 收益模型

当边缘云或核心云在执行服务请求数据 d_n 时，会消耗服务器上不同的网络资源（CPU 周期、网卡的 I/O 带宽等），各类资源对不同 VNF 的处理能力也不同。定义用户服务请求在边缘云或核心云上获得的收益为其获得的网络资源和传播时延的加权和，服务请求获得的收益越大，用户的体验越好。本小节将先后给出边缘云和核心云上收益模型的具体形式。

1. 边缘云

边缘云一般由具有一定计算存储能力的设备构成，如边缘服务器、无线接入点、基站、各级网关、路由器及交换机等。p_f^e 和 b_f^e 分别表示边缘云上 CPU 和网卡对 VNF$_f$ 的单位数据处理能力。边缘云虽然靠近用户，服务完成时延短，但是服务器集群规模较小，网络资源有限。因此，当多个用户的服务请求都选择在边缘云上完成时，会构成竞争关系，其最终分得的资源量将由 DRF 来决定。对于服务请求的某个 f_n，使用 DRF 策略的资源分配问题定义如下：

$$\max_{u_{i,f,p}^e, i \in \mathcal{N}: q_i = q_n} u_{i,f,p}^e$$

$$\text{s.t.} \sum_{i \in \mathcal{N}: q_i = q_n} u_{i,f,p}^e \leqslant P_f^e$$

$$\sum_{i \in \mathcal{N}: q_i = q_n} u_{i,f,b}^e \leqslant B_f^e$$

$$\frac{u_{i,f,p}^e I_p^f}{P_f^e} + \frac{u_{i,f,b}^e I_b^A}{B_f^e} = \frac{u_{j,f,p}^e I_p^f}{P_f^e} + \frac{u_{j,f,b}^e I_b^A}{B_f^e}, \forall q_i, q_j = q_n, i, j \in \mathcal{N}$$

$$\forall u_{i,f,p}^e \geqslant 0, i \in \mathcal{N}: q_i = q_n$$

可得

$$u_{i,f,p}^e = \frac{1}{\sum_{i \in \mathcal{N}} I_{\{q_i = q_n\}}} \min\left(P_f^e, \frac{B_f^e p_f^e}{b_f^e}\right)$$

$$= \frac{1}{\sum_{i \in \mathcal{N}} I_{\{q_i = q_n\}}} \left(P_f^e I_p^f + \frac{B_f^e p_f^e}{b_f^e} I_b^f\right) \tag{5-23}$$

$$u_{i,f,b}^e = \frac{1}{\sum_{i \in \mathcal{N}} I_{\{q_i = q_n\}}} \left(\frac{P_f^e b_f^e}{p_f^e} I_p^f + B_f^e I_b^f \right) \qquad (5\text{-}24)$$

式中，$I_{\{q_i = q_n\}}$ 是指示函数：如果 $q_i = q_n$，取 1；否则取 0。由此，边缘云中每个服务请求的收益函数由其在边缘云上分得的网络资源决定，即

$$U_n^e(q_n, q_{-n}) = \theta_1 u_{n,p}^e + \theta_2 u_{n,b}^e \qquad (5\text{-}25)$$

其中

$$u_{n,p}^e = \sum_{f \in \mathcal{F}} u_{i,f,p}^e \qquad (5\text{-}26)$$

$$u_{n,b}^e = \sum_{f \in \mathcal{F}} u_{i,f,p}^e \qquad (5\text{-}27)$$

2. 核心云

核心云一般由高性能服务器及与之匹配的存储设备构成。p_f^c 和 b_f^c 分别表示核心云上 CPU 和网卡对 VNF$_f$ 的单位数据处理能力。核心云虽然离用户较远，但服务器资源充足，可以提前预留一些资源[2]。由此可假设核心云中不存在资源竞争，但存在 WAN 上的传播时延。所以核心云中的收益函数由服务请求 n 分得的网络资源和 WAN 时延决定：

$$U_n^c = \theta_1 u_{n,p}^c + \theta_2 u_{n,b}^c - \theta_3 u_n^{\text{WAN}} \qquad (5\text{-}28)$$

其中

$$u_{n,p}^c = \sum_{f \in \mathcal{F}} p_f^c d_n \qquad (5\text{-}29)$$

$$u_{n,b}^c = \sum_{f \in \mathcal{F}} b_f^c d_n \qquad (5\text{-}30)$$

3. 问题定义

用户服务请求放置在边缘云上还是核心云上涉及传播时延及物理资源开销。利用收益函数将两者关联起来，则边缘计算中服务链放置问题可以通过求解用户的最大收益来获得最终的部署方案。服务链放置问题的定义为：给定用

户服务请求 R_n，边缘云和核心云中每个 VNF 的 CPU 和内存处理能力为 $(p_f^e, b_f^e, p_f^c, b_f^c)$，求解使得收益函数 U_n^e 或 U_n^c 最大化的服务链部署方案。

5.3.2 多用户服务链请求放置博弈

本节用博弈论对服务链请求放置问题进行建模。首先给出多用户服务链请求放置博弈（Multi-User Service request Offloading Game，MUSOG）的定义；接着构造势函数来验证 MUSOG 是一个势博弈，并给出正确性证明；随后利用势博弈的有限改进性质（Finite Improvement Property，FIP），证明 MUSOG 能够达到纳什均衡。至此，服务链部署问题转换为 MUSOG 纳什均衡点的求解问题。

5.3.2.1 MUSOG 定义

给定其他服务链请求的决策 $q_{-n} = (q_1, \cdots, q_{n-1}, q_{n+1}, \cdots, q_N)$，用户服务链请求 n 可以选择通过边缘云或核心云完成服务，以最大化收益。用户总收益函数如式（5-32）所示。

$$\max_{q_n} W_n(q_n, q_{-n}) \tag{5-31}$$

$$W_n(q_n, q_{-n}) = \begin{cases} U_n^c, & q_n = 0 \\ U_n^e(q_n, q_{-n}), & q_n > 0 \end{cases} \tag{5-32}$$

式（5-32）表示，当用户服务链请求的决策 $q_n = 0$ 时，用户服务链请求的收益 W_n 为将服务链部署在核心云上所获得的收益；当 $q_n > 0$ 时，用户服务链请求的收益 W_n 为将服务链部署在边缘云上所获得的收益。由于边缘云上资源分配遵循 DRF 原则，所以其收益和其他用户服务请求的决策相关。

由系统模型可知，多用户服务链请求放置问题可以定义为 $G(\mathcal{N}, (q_n, q_{-n}), W_n)$ 的博弈问题，该博弈纳什均衡点的定义见定义 5-1。

定义 5-1：策略集合 $q^* = (q_1^*, \cdots, q_N^*)$ 是多用户服务请求放置博弈的纳什均衡点，当且仅当式（5-33）成立。

$$W_n(q_n^*, q_{-n}^*) \geq W_n(q_n, q_{-n}^*), \forall q_n \geq 0, \ n \in N \tag{5-33}$$

纳什均衡点是一种稳定的状态，在该状态下，任何参与方都无法通过单方面改变策略来增加自身的收益，这在一定程度上保证了用户服务请求的公平性。

5.3.2.2　势函数和势博弈证明

定义 5-2：势博弈的势函数 $\Psi(q):\Pi_i Q_i \to \mathbb{R}$ 需满足对 $\forall n \in \mathcal{N}, q_{-n} \in \Pi_{i \neq n} Q_i$ 及 $q'_n, q_n \in Q_n$，都有

$$W_n(q'_n, q_{-n}) > W_n(q_n, q_{-n}) \quad \text{当且仅当} \ \Psi(q'_n, q_{-n}) > \Psi(q_n, q_{-n}) \quad (5\text{-}34)$$

定义 5-3：MUSOG 的势函数为

$$\Psi(q) = -\frac{1}{2} \sum_{i \in \mathcal{N}} \sum_{j \neq i} I_{\{q_i = q_j\}} I_{\{q_i > 0\}} - \sum_{i \in \mathcal{N}} Z_n I_{\{q_i = 0\}} \quad (5\text{-}35)$$

其中

$$Z_n = \frac{\theta_1 \sum\limits_{f \in \mathcal{F}} \left(P_f^e I_p^f + \dfrac{B_f^e p_f^e}{b_f^e} I_b^f \right) + \theta_2 \sum\limits_{f \in \mathcal{F}} \left(\dfrac{P_f^e b_f^e}{p_f^e} I_p^f + B_f^e I_b^f \right)}{\theta_1 \sum\limits_{f \in \mathcal{F}} p_f^e d_n + \theta_2 \sum\limits_{f \in \mathcal{F}} b_f^e d_n - \theta_3 u_n^{\mathrm{WAN}}} - 1 \quad (5\text{-}36)$$

证明：

如果对 $\forall k \in \mathcal{N}$，当其策略从 q_k 变化为 q'_k 时，其收益函数值也随之下降，即 $W_k(q'_k, q_{-k}) > W_k(q_k, q_{-k})$，则存在以下三种情况。

（1）$q_k > 0$，$q'_k > 0$；

（2）$q_k = 0$，$q'_k > 0$；

（3）$q_k > 0$，$q'_k = 0$。

对于情况（1），由 $W_k(q'_k, q_{-k}) > W_k(q_k, q_{-k})$ 可得

$$\frac{1}{\sum\limits_{i \in \mathcal{N}} I_{\{q_i = q'_k\}}} > \frac{1}{\sum\limits_{i \in \mathcal{N}} I_{\{q_i = q_k\}}} \quad (5\text{-}37)$$

式（5-35）之差为

$$\Psi(q_k, q_{-k}) - \Psi(q'_k, q_{-k}) = -\sum_{i \in \mathcal{N} - \{k\}} I_{\{q_i = q_k\}} + \sum_{i \in \mathcal{N} - \{k\}} I_{\{q_i = q'_k\}} \quad (5\text{-}38)$$

结合式（5-37）可得

$$\Psi\left(q_k, q_{-k}\right) - \Psi\left(q_k', q_{-k}\right) < 0 \tag{5-39}$$

对于情况（2），由 $W_k\left(q_k', q_{-k}\right) > W_k\left(q_k, q_{-k}\right)$ 可得

$$\sum_{i \in \mathcal{N} - \{k\}} I_{\{q_i = q_k'\}} < Z_k \tag{5-40}$$

$$\Psi\left(q_k, q_{-k}\right) - \Psi\left(q_k', q_{-k}\right) = -Z_k + \sum_{i \in \mathcal{N} - \{k\}} I_{\{q_i = q_k'\}} \tag{5-41}$$

所以

$$\Psi\left(q_k, q_{-k}\right) < \Psi\left(q_k', q_{-k}\right)$$

情况（3） 与情况（2）类似。

因为势博弈的 FIP 性质[3]，其一定具有纳什均衡点，上述过程证明了 MUSOG 是一种势博弈，因此 MUSOG 也必然存在纳什均衡点。后续将基于该结论设计算法寻找该问题的纳什均衡解作为最终的部署方案。

5.3.3 算法设计

5.3.2 节证明了 MUSOG 是拥有特定势函数的势博弈，而由势博弈的 FIP 性质，MUSOG 一定存在纳什均衡点。本小节依据此思路设计了 DSOA 算法来求解该纳什均衡点。接下来先介绍 DSOA 算法的流程和相应的伪代码，随后从理论上证明其收敛性，最后进行 PoA 分析以找到最差纳什均衡解和全局最优解的关系。

5.3.3.1 分布式服务请求放置算法

DSOA 算法首先对每个用户服务请求的收益函数进行初始化：将所有服务请求都放置在核心云上执行，即让 $q_n = 0$。接着只要用户服务请求的决策没有到达纳什均衡点，算法就进入循环。在每次循环中，基于当前的决策集合计算改变服务放置决策后（边缘云变为核心云，核心云变为边缘云）的收益增量，收益增量最大的服务请求在本轮更新自己的决策，算法迭代至所有的收益增量

都为零为止，此时算法到达纳什均衡点。DSOA 算法的伪代码见算法 5-5。

算法 5-5　DSOA 算法

输入：$\mathcal{N}, R_n = (d_n, \mathcal{F}), \left(p_f^e, b_f^e\right), \left(p_f^c, b_f^c\right), f \in \mathcal{F}$

输出：$\{q_n, n \in \mathcal{N}\}$

1:　初始化

2:　**for** $\forall n \in \mathcal{N}$, **do**

3:　　　$q_n \leftarrow 0$

4:　　　计算 $W_N(0)$

5:　**end for**

6:　**for** 每个迭代轮次 t 以及 $\forall \Delta_n(t) = 0$, **do**

7:　　　**for** $\forall n$ 以及每个轮次 t 同时进行, **do**

8:　　　　　$\Delta_n(t) \leftarrow \max\left(W_n\left(q_n', q_{-n}(t)\right) - W_n\left(q_n(t), q_{-n}(t)\right)\right), q_n' \neq q_n$

9:　　　　　**if** $\Delta_n(t) \leqslant 0$, **then**

10:　　　　　　$\Delta_n(t) \leftarrow 0$

11:　　　　　**end if**

12:　　　**end for**

13:　　　$k \leftarrow \arg_n(\max \Delta_n(t))$

14:　　　$q_k(t+1) \leftarrow q_k'$

15: **end for**

16: **return** $\{q_n, n \in \mathcal{N}\}$

DSOA 是一个求解多用户服务请求放置问题的分布式算法，每个服务请求根据上一轮的决策结果并行、独立地判断是否需要改变决策。该算法返回的纳什均衡解还能够保证各个服务请求收益的公平性。

5.3.3.2　收敛性分析

DSOA 算法包含了两个排序过程，每轮迭代时间复杂度为 $O(N\log N + M\log M)$ 。假设经过 Y 轮迭代到达纳什均衡点。定义 $Z_{\max} \triangleq \max_{i \in N}(Z_i)$ ，则有

$$0 < |\Psi(q)| < \frac{1}{2}N(N-1) + Z_{\max}N \tag{5-42}$$

接下来分三种情况讨论。

（1）$q_k > 0$, $q_k' > 0$;

（2） $q_k = 0$， $q'_k > 0$ ；

（3） $q_k > 0$， $q'_k = 0$ 。

情况（1）：

$$\left| \Psi\left(q_k, q_{-k}\right) - \Psi\left(q'_k, q_{-k}\right) \right| = \sum_{i \in \mathcal{N} - \{k\}} I_{\{q_i = q_k\}} - \sum_{j \in \mathcal{N} - \{k\}} I_{\{q_j = q'_k\}} \geqslant 1 \qquad （5\text{-}43）$$

情况（2）：

$$\left| \Psi\left(q_k, q_{-k}\right) - \Psi\left(q'_k, q_{-k}\right) \right| = Z_k - \sum_{i \in \mathcal{N} - \{k\}} I_{\{q_i = q'_k\}} > 0 \qquad （5\text{-}44）$$

如果 $Z_{\max}$ 是一个非负整数，则

$$Z_k - \sum_{i \in \mathcal{N} - \{k\}} I_{\{q_i = q'_k\}} \geqslant 1 \qquad （5\text{-}45）$$

$$\left| \Psi\left(q_k, q_{-k}\right) - \Psi\left(q'_k, q_{-k}\right) \right| \geqslant 1 \qquad （5\text{-}46）$$

情况（3）同理可得。由式（5-42）和式（5-46），最多经过 $\dfrac{1}{2}N^2 + \left(Z_{\max} - \dfrac{1}{2}\right)N$ 轮迭代，博弈可达纳什均衡点，DSOA 算法收敛性得证。

5.3.3.3　PoA 分析

MUSOG 是拥有特定势函数的势博弈，可能存在多个纳什均衡点，博弈论中一般用 PoA 来分析极端纳什均衡点的好坏，如最差纳什均衡解和全局最优解的关系。PoA 定义为博弈中的全局最优解与最小纳什均衡解的比值，即

$$PoA = \frac{\displaystyle\sum_{n \in \mathcal{N}} W_n(\hat{q})}{\displaystyle\min_{q \in \text{Equil}} \sum_{n \in \mathcal{N}} W_n(q)} \qquad （5\text{-}47）$$

$$T_{n,\min}^e \triangleq \frac{|S|}{N}\left[\theta_1 \sum_{f \in \mathcal{F}}\left(P_f^e I_p^f + \frac{B_f^e p_f^e}{b_f^e} I_b^f\right) + \theta_2 \sum_{f \in \mathcal{F}}\left(\frac{P_f^e b_f^e}{p_f^e} I_p^f + B_f^e I_b^f\right)\right] \qquad （5\text{-}48）$$

$$T_{n,\max}^e \triangleq \sum_{f \in \mathcal{F}}\left(\frac{d_n}{p_f^e} I_p^f + \frac{d_n}{b_f^e} I_b^f\right) \qquad （5\text{-}49）$$

假设 $\tilde{q}$ 是纳什均衡点之一，定义式（5-48）和式（5-49）中的参数，则 $\sum_{i \in \mathcal{N}-\{n\}} I_{\{q_i=q_n\}}$ 不会超过 $\dfrac{N-1}{|S|}$，证明如下。

假设上述论断有误，则有

$$\sum_{i \in \mathcal{N}} I_{\{q_i=q_n\}} > \frac{N}{|S|} \tag{5-50}$$

因为 $\tilde{q}$ 是纳什均衡点，则由纳什均衡点的性质可得式（5-51）和式（5-52）。

$$\sum_{i \in \mathcal{N}} I_{\{q_i=q_n\}} \leqslant \sum_{i \in \mathcal{N}} I_{\{q_i=m\}}, m \in S \tag{5-51}$$

$$|S| \sum_{i \in \mathcal{N}} I_{\{q_i=q_n\}} \leqslant \sum_{m \in S} \sum_{i \in \mathcal{N}} I_{\{q_i=m\}} \tag{5-52}$$

结合式（5-50）和式（5-52）可得

$$\frac{N}{|S|} < \sum_{i \in \mathcal{N}} I_{\{q_i=q_n\}} \leqslant \frac{\sum_{m \in S} \sum_{i \in \mathcal{N}} I_{\{q_i=m\}}}{|S|} = \frac{N}{|S|} \tag{5-53}$$

出现矛盾，因此原论断正确。若服务请求 n 由边缘云完成，则可得

$$U_n^e \geqslant \frac{|S|}{N} \left[\theta_1 \sum_{f \in \mathcal{F}} \left(P_f^e I_p^f + \frac{B_f^e p_f^e}{b_f^e} I_b^f \right) + \theta_2 \sum_{f \in \mathcal{F}} \left(\frac{P_f^e b_f^e}{p_f^e} I_p^f + B_f^e I_b^f \right) \right] \tag{5-54}$$

但若 $U_n^e < U_n^c$，则服务请求 n 由核心云来完成。

$$W_n(\tilde{q}) \geqslant \max \left(U_n^c, U_{n,\min}^e \right) \tag{5-55}$$

对于中心最优解 $\hat{q}$ 来说，如果服务请求 n 由边缘云完成，则有

$$U_n^e \leqslant \theta_1 \sum_{f \in \mathcal{F}} \left(P_f^e I_p^f + \frac{B_f^e p_f^e}{b_f^e} I_b^f \right) + \theta_2 \sum_{f \in \mathcal{F}} \left(\frac{P_f^e b_f^e}{p_f^e} I_p^f + B_f^e I_b^f \right) \tag{5-56}$$

如果 $U_n^e < U_n^c$，则服务请求 n 就会改变策略，选择核心云。

$$W_n(\tilde{q}) \leqslant \max \left(U_n^c, U_{n,\max}^e \right) \tag{5-57}$$

结合式（5-55）和式（5-57）可得

$$1 \leqslant \frac{\sum\limits_{n \in \mathcal{N}} W_n(\hat{q})}{\min\limits_{q \in \text{Equil}} \sum\limits_{n \in \mathcal{N}} W_n(q)} \leqslant \frac{\sum\limits_{n \in \mathcal{N}} \max\left(U_n^c, U_{n,\max}^e\right)}{\sum\limits_{n \in \mathcal{N}} \max\left(U_n^c, U_{n,\min}^e\right)} \qquad (5\text{-}58)$$

该结论表明：当边缘云中的服务实例越多时，最差纳什均衡点的性能提升越大，$|S|$ 越大，$U_{n,\min}^e$ 也越大，最差纳什均衡点越接近于全局最优点。

5.3.4 仿真结果及分析

本节通过仿真实验来评估 DSOA 算法的性能。首先介绍基于真实场景中间件和真实时延数值的仿真环境，然后介绍三种经典的对比算法。仿真关注的性能指标包括：算法收敛性、用户总收益、公平性、边缘云负载均衡性。仿真使用的硬件平台是 Intel(R) Core(TM) i5 6500 CPU @3.2GHz-16GB RAM。

5.3.4.1 参数设置

服务请求。仿真主要考虑三种服务请求，其数据量分别服从均匀分布[0.1, 0.5] GB、[0.5, 1] GB 与[1, 2] GB。

网络资源。用户服务请求可选择在边缘云或核心云中完成。边缘云一般由具有一定计算存储能力的设备构成，服务器集群规模较小，网络资源有限；核心云一般由高性能服务器以及与之匹配的存储设备构成，服务器资源充足。仿真每条服务链由 5 个 VNF 组成。根据文献[4]与文献[5]中对真实场景中间件处理性能的分析，VNF 的 CPU 和内存的处理性能随机采样于{1.65, 5.72, 30}时钟周期/比特数据量和{1, 5, 10}字节带宽/字节数据量。其中 CPU 的容量限制从{2, 4, 8} GHz 中随机选择，网卡带宽从{4, 8, 16} GB 中随机选择。而核心云的资源容量为边缘云的 100 倍。

时延估计。边缘云靠近用户侧，仿真中不考虑数据到边缘云的传播时延；核心云远离用户侧，数据从边缘云传输到核心云会经历 WAN 时延。参照文献[6]中从百万数量级的真实世界测得的 E2E 时延模型，仿真设定 WAN 时延服从均值为 10 ms，方差为 45.455 的 Gamma 分布。

权重参数 θ。仿真关注不同用户服务请求的时延敏感度对其部署结果的影响。设定 CPU 和内存的权重相等，即在边缘云中，$\theta_1^c = \theta_1 = \theta_2$；在核心云中，$\theta_1^c = \theta_1 = \theta_2$，此外，$2\theta_1^c + \theta_3 = 1$，$\theta_3$ 从集合{0.1, 0.5, 0.9}中取值。

5.3.4.2　对比算法

仿真选择了三种对比算法：OnlyEC、OnlyCC 及交叉熵算法（Cross-Entropy Method，CEM）[7,8]。

CEM：CEM 是一种基于参数扰动的搜索算法，与众多监督学习算法一样，也运用了交叉熵来指导参数更新方向。本小节用它来近似求解多用户服务链放置问题的全局最优解。

OnlyEC：OnlyEC 是一种极端服务链放置算法，它把所有服务链请求部署在边缘云上。边缘云中资源受限，存在多条 SFC 竞争资源的情况，OnlyEC 算法使用负载均衡策略在各个服务链实例上分配服务请求。

OnlyCC：OnlyCC 也是一种极端服务链放置算法，它只把服务请求部署在核心云上。核心云中资源不受限，所有服务请求的资源需求都可以被满足，但服务会经历 WAN 时延。

5.3.4.3　仿真数据

本小节分析各种指标下算法产生差异化实验结果的原因，讲述 DSOA 算法的收敛性、总收益、公平性和在边缘云上的负载均衡性。

1. 收敛性

仿真从两个方面验证 DSOA 算法的收敛性。在仿真参数设置中，20 个用户服务请求竞争 5 个 SFC（4 个在边缘云上，1 个在核心云上）。服务请求的数据量均匀分布于[0.1,0.5] GB，如图 5-13 所示，横坐标表示算法的迭代次数，纵坐标表示个体收益。

图 5-13 展示了在不同 θ_3 下，10 个用户的收益变化曲线，可以看出，在 $\theta_3 = 0.1$ 和 $\theta_3 = 0.9$ 时，这 10 个用户服务请求的收益都能够在有限迭代轮次中收敛且不再变化，该结果印证了 5.3.3.2 节中 DSOA 算法的收敛性。当用户

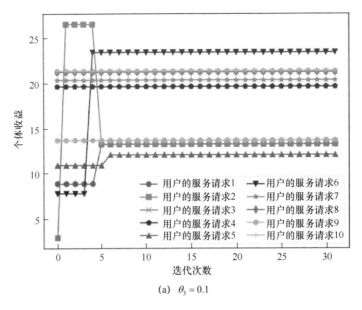

(a) $\theta_3 = 0.1$

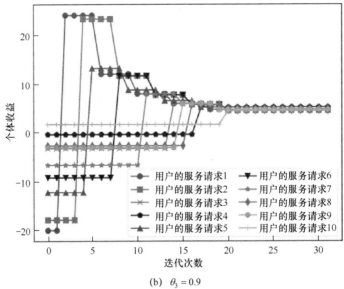

(b) $\theta_3 = 0.9$

图 5-13 单个服务需求收益变化曲线

服务请求对时延的敏感性增加，即 θ_3 从 0.1 变为 0.9 时，DSOA 算法的收敛速度变慢，算法迭代轮次增加。产生这种现象的原因是，当用户时延敏感度低时，多数用户服务请求都倾向于选择核心云来放置其服务链，从而保证充足的资源；而当时延敏感度高时，有些用户服务请求倾向于选择边缘云来放置服务链，但边缘云上资源受限，请求间的资源竞争也会导致用户服务收益降低。随着算法的不断迭代，用户服务决策不断在边缘云和核心云之间切换，直至达到纳什均衡点。

图 5-14（a）、（b）分别展示了在不同 θ_3 下，所有用户服务请求总收益随着算法迭代的变化曲线。在 $\theta_3 = 0.1$ 和 $\theta_3 = 0.9$ 时，这 20 个用户服务请求的总

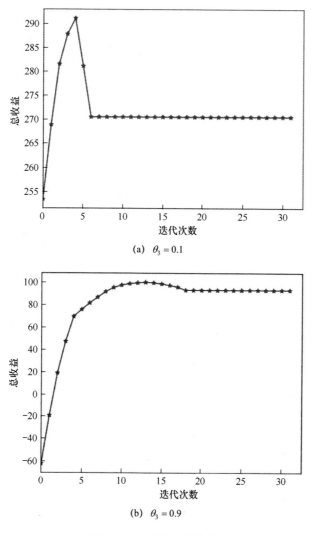

(a) $\theta_3 = 0.1$

(b) $\theta_3 = 0.9$

图 5-14　总收益变化曲线

收益都能够在有限迭代轮次中收敛且不再变化，该结果再次印证了 DSOA 算法的收敛性。值得注意的是，算法收敛后的总收益并不是原优化问题的最优值，而是能够保证各用户服务请求公平性的均衡值，后续的仿真结果会进一步证实该结论。

2. 总收益

图 5-15 展示了对不同种类的用户服务请求（d_n 的范围分别为[0.1, 0.5] GB、[0.5, 1] GB 和[1, 2] GB）采用四种不同算法得到的总收益和用户服务请求数目之间的关系。其中 $\theta_3 = 0.5$，图中横坐标表示需要规划的用户服务请求数目，范围为 5～25 条，纵坐标表示所有用户服务请求的总收益。对同一数据量的用户服务请求，随着服务请求数目的增加，除了 OnlyEC 算法，其他三种算法的用户服务请求的总收益都呈递增趋势，在这三种算法中，CEM 算法的总收益最高，DSOA 算法的总收益第二。在图 5-15（c）中，DSOA 算法与 CEM 算法的相对误差只有 1%。由此横向比较结果可以看出，虽然 DSOA 是分布式算法，但依然在优化用户总收益上表现出众。OnlyEC 算法则将所有服务链都放置到边缘云上，造成资源竞争。而且，OnlyEC 算法部署服务链时考虑负载均衡问题，所以无论服务请求数目是多少，边缘云的服务链实例都被完全占用，因而总收益没有变化。

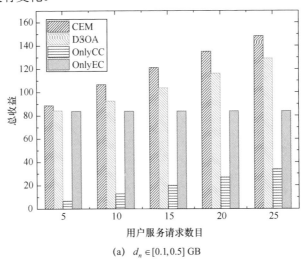

(a) $d_n \in [0.1, 0.5]$ GB

图 5-15　总收益对比

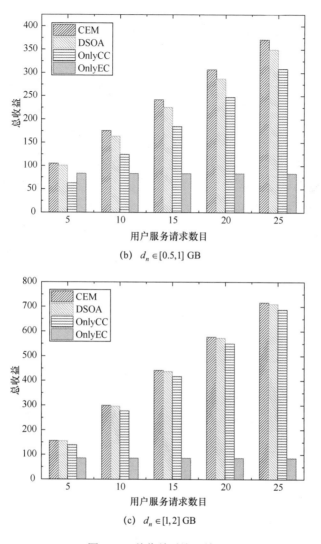

(b)　$d_n \in [0.5, 1]$ GB

(c)　$d_n \in [1, 2]$ GB

图 5-15　总收益对比（续）

　　当服务请求的数据量逐渐加大，服务请求数目相同时，除 OnlyEC 算法外总收益都逐渐增加。并且 DSOA 算法相对于 CEM 算法的总收益差距占比也在逐渐缩小，这说明数据量越大，DSOA 算法的最优值越接近 CEM 算法。当数据量增加时，边缘云上服务链的竞争导致用户服务请求的收益减少，此时经受 WAN 时延对于用户收益的影响相对更小，更多的用户服务请求选择将服务链部署在核心云上。当更多用户选择核心云时，从 PoA 分析的式（5-58）

可以看出，用户总收益的最优解和纳什均衡解逐渐接近，图 5-15 也证实了该结论。

此外，从图 5-15（a）中可以看到，当数据量较少时，OnlyCC 算法获得的收益远远少于其他三种算法。当数据量较大时，图 5-15（c）反映出 OnlyEC 算法获得的收益远远少于其他三种算法。这是因为当数据量较少时，核心云的广域网时延会使用户收益严重下降，用户服务请求在竞争不激烈的边缘云中获得的收益更大。当数据量较大时，由于核心云有更充足的资源以及更好的数据处理能力，正收益远远超过了 WAN 时延所带来的负收益，用户更倾向于把服务链放置在核心云上来获得更高的收益，而此时如果把数据量大的服务链都放在边缘云上（OnlyEC），则用户服务请求实际获得的资源变少，收益也随之变小。

3. 公平性

图 5-16 展示了算法的公平性指标。多用户服务请求放置问题的集中式优化目标是最大化用户服务请求总收益，本小节提出分布式解决方案 DSOA 算法的优化目标是求解决策的纳什均衡点，即任何用户请求都无法通过单方面调整策略来优化自身收益。DSOA 算法虽然不一定能够求得全局最优解，但是能够优化各用户服务请求的公平性，在一定程度上保证了用户的服务体验。

为了更直观地体现各种算法的公平性差异，定义不公平度量：用户服务请求的平均收益和最小收益的差值与平均收益的比例，如式（5-59）所示。不公平度量表现了最小收益与平均收益的相对差距，该值越大代表算法公平性越差。

$$\text{Unfairness} \triangleq \frac{\text{mean}_{n \in \mathcal{N}}\left(W_n\right) - \min_{n \in \mathcal{N}}\left(W_n\right)}{\text{mean}_{n \in \mathcal{N}}\left(W_n\right)} \tag{5-59}$$

在图 5-16（a）中，横坐标表示 20 条用户服务请求的序号，纵坐标表示在不同 θ_3 下各用户服务请求的收益。可以直观地看出，在 DSOA 算法中用户服务请求的个体收益比 CEM 算法更加均匀，"贫富差距"比 CEM 算法小。当 θ_3 不断增加时，两种算法都更倾向于选择边缘云来部署服务链，边缘侧资源竞争增大，各用户请求的个体收益随之降低。

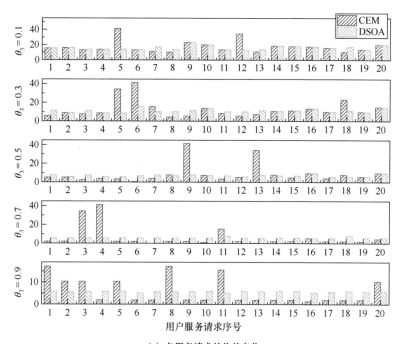

(a) 各服务请求的收益变化

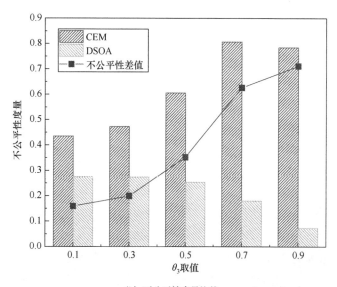

(b) 不公平性度量比较

图 5-16 公平性指标

在图 5-16（b）中，横坐标表示 θ_3 的不同取值范围（0.1～0.9），纵坐标则是不公平性度量，图中数据为两算法 100 次重复实验的平均值，折线表示 CEM 算法和 DSOA 算法不公平性差值。在 θ_3 相同时，DSOA 算法的公平性总是优于 CEM 算法的。随着 θ_3 增大，DSOA 的公平性提升，而 CEM 的公平性却下降了，公平性差距越来越大。这是因为，当 WAN 时延造成的影响增大时，更多的用户服务会选择边缘云，造成边缘侧资源竞争加大。在 CEM 算法中，更多的资源分配给了能贡献更多收益的用户服务请求。这些用户服务请求总是选择高质量 SFC，其他用户只能继续争抢剩下的 SFC 实例，使得竞争进一步恶化。对于 DSOA 算法，服务请求的选择权在用户自己手中：当边缘云资源受限时，用户会实时选择竞争更少的 SFC，保持自身收益的稳定。

4. 负载均衡性

图 5-17 展示了当时延敏感度 θ_3 增大时，边缘云上不同算法的负载均衡性。CEM 算法和 DSOA 算法采用计算卸载的方式，把一定数量的服务请求部署到核心云上，从而减小边缘云的压力。为了更直观地展示各算法在边缘云上的负载均衡性差异，定义负载均衡性指标 Load_Gap：边缘云上所接收的服务请求的最大数据量与最小数据量的差值占总数据量的比例，即

$$\text{Load\_Gap} \triangleq \frac{\max_{n \in EC}(d_n) - \min_{n \in EC}(d_n)}{\sum_{n \in EC} d_n} \tag{5-60}$$

该值越小代表算法负载均衡性越好。

图 5-17 横坐标表示 θ_3 的不同取值范围（0.1～0.9），纵坐标则是负载均衡性度量，折线表示 CEM 算法和 DSOA 算法负载均衡性差值。在 θ_3 相同时，DSOA 算法在边缘云上的负载均衡性总是优于 CEM 算法的。随着 θ_3 增大，两算法的负载均衡性都有所下降，但同时，两者的差异也逐渐变大。产生该现象的原因在于：CEM 算法中服务请求在不同 SFC 上以不均衡的方式调动，CEM 会将资源容量大的 SFC 分给收益高的用户服务请求，其他用户只能继续竞争剩下的 SFC 实例，因而进一步拉大负载差距；DSOA 算法允许每个用户服务请求独立做出决策，这种导向在一定程度上缓解了用户服务请求间的资源竞争，

负载差距不容易进一步拉大。

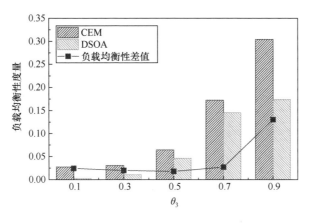

图 5-17　负载均衡性

5.4　本章小结

本章关注 SFC 部署过程中因资源竞争所导致的公平性问题，分别基于修正 DRF 和博弈论对问题进行建模求解。

5.2 节研究 SFC 多维资源需求的公平分配方案，明确该场景与经典 DRF 方案面对的主机资源分配场景有相似之处。针对 DRF 在处理 SFC 资源交叠时不能保证 Sharing Incentive 的问题，对其进行修正。改进后的 SFC-DRF 方案在 SFC 部署场景下依然能保证激励共享、帕累托效率、无嫉妒和策略避免这四项重要特征。

5.3 节关注在边缘云和核心云中进行服务部署所面临的机遇和挑战，使用势博弈对该服务链放置问题进行建模，并且给出了严格的理论证明。基于建立的模型设计了 DSOA 分布式算法求解纳什均衡点，并且分析了算法的收敛性以及最差纳什均衡解和全局最优解的关系。仿真结果显示，DSOA 算法在维持基本持平的总收益的前提下，实现了更好的部署公平性和负载均衡性。

本章参考文献

[1] GHODSI A, ZAHARIA M, HINDMAN B, et al. Dominant Resource Fairness: Fair Allocation of Multiple Resource Types[C]//Nsdi. 2011, 11(2011): 24.

[2] LI D, HONG P, XUE K, et al. Virtual network function placement and resource optimization in NFV and edge computing enabled networks[J]. Computer Networks, 2019, 152: 12-24.

[3] MONDERER D, SHAPLEY L S. Potential Games[J]. GAMES AND ECONOMIC BEHAVIOR,1996, 14: 124-143.

[4] GHODSI A, SEKAR V, ZAHARIA M, et al. Multi-resource fair queueing for packet processing[C]. ACM SIGCOMM 2012 conference on applications technologies architectures and protocols for computer communication, 2012: 1-12.

[5] WANG W, LIANG B, LI B. Low complexity multi-resource fair queueing with bounded delay[C]. IEEE INFOCOM 2014-IEEE Conference on Computer Communications, 2014, 1914-1922.

[6] CZIVA R, ANAGNOSTOPOULOS C, PEZAROS D P. Dynamic latency-optimal vnf placement at the network edge[C]. IEEE INFOCOM 2018-IEEE Conference on Computer Communications, 2018: 693-701.

[7] DE BOER P-T, KROESE D P, MANNOR S, et al. A tutorial on the cross-entropy method[J]. Annals of operations research, 2005, 134(1): 19-67.

[8] CHEN X, JIAO L, LI W, et al. Efficient multi-user computation offloading for mobile-edge cloud computing[J]. IEEE/ACM Transactions on Networking, 2016, 24(5): 2795-2808.

第 6 章

可靠性保障的网络服务功能链部署

基于 NFV 技术，网络运营商可以在通用硬件设备上部署服务，在降低设备和运营成本的同时，增强网络的灵活性和可扩展性[1]。但随之而来的问题是，相比专用硬件，VNF 发生故障的可能性更高、原因更复杂[2]。而且，为用户提供服务的是一系列 VNF 串成的 SFC，任何一个模块发生故障都会导致整条服务链中断[3]。NFV 的可靠性问题引发了人们对未来网络可用性的担忧，本章将针对该问题，介绍两种可靠性增强的服务映射算法。

6.1 研究背景

由于 VNF 的故障易发性，许多研究人员早已对 SFC 的高可用性表现出极大的兴趣。文献[4]提出了一个评估 NFV 部署可靠性的模型框架；文献[5]通过优化信道编码来提高 NFV 体系结构中物理设备的鲁棒性；文献[6]改进了OpenStack 的部分设计弱点，借鉴 VM 的自备份和迁移机制，发展出一种可靠的 VNF 部署方案。

冗余备份是保证 NFV 差错恢复能力的重要手段。文献[7～9]研究传统以太网的冗余备份方案，主要以链路备份为主，通过动态、静态地启用网络中的备份链路以保证数据流的可靠性。文献[10～12]研究虚拟网络的冗余备份方案，这些工作将原始虚拟节点和备份节点融合，生成并映射新的虚拟网络请求，以实现可靠性保障。文献[13，14]关注单条服务链的备份方案设计，为了尽量少占用物理设备，每次只备份可靠性最小的两个 VNF，从而逐步提升服务链的可靠性，直到满足所有服务链的可靠性要求。

为了保证动态部署（迁移）过程中的可靠性要求，文献[15～17]设计了控制层的状态管理模块，通过设定合理的迁移机制，保证数据流状态不丢失、不乱序，实现 VNF 处理的正确性、可靠性。文献[18]基于数据重处理和 P2P 隧道技术实现过渡数据的实时转发，保证各个 VNF 的数据不因扩展性受限而丢失，从而维持正常的数据处理流程，增强可靠性。

6.2 基于启发式思想的可靠映射算法

可靠的 SFC 部署方案是保证用户服务体验的基本要求，但同时，用户的高可靠性要求也可能会提高网络运营商或服务提供商的成本，降低他们的收益。本节基于启发式思想，在保证必要可靠性的前提下，优化网络资源利用率，提升服务部署成功率。

6.2.1 数学模型

6.2.1.1 物理网络模型

底层网络由物理节点以及连接节点的物理链路组成。每个物理节点代表一个具有计算能力的通用服务器或虚拟机，它可以实现一系列不同的虚拟网络功能，假设每个物理节点能够实现的功能不受限制。连接两个物理节点的物理链路具有一定的带宽资源。底层网络用 $G_P = (V_P, E_P)$ 表示，其中 $V_P = \{v_1, v_2, \cdots, v_{|V_P|}\}$ 表示底层网络中的物理节点集合，$|V_P|$ 表示物理节点数目，$E_P = \{e_1, e_2, \cdots, e_{|E_P|}\}$ 表示底层网络中的物理链路集合，$|E_P|$ 表示物理链路数目。

6.2.1.2 SFC 请求模型

SFC 请求模型由一系列串联的虚拟节点以及连接它们的虚拟链路组成。每个虚拟节点对应一种特定的功能（VNF），实现这些功能需要消耗一定的底层计算资源。同样，每条虚拟链路必须部署在底层物理路径上才能传输数据流，也需要消耗对应路径上的带宽资源。不同 SFC 需要的 VNF 可能存在重叠，它们可以部署在同一底层节点上来共享物理资源，只要物理节点资源充足就能不断实例化 VNF。

本小节使用 $SR = (N_S, L_S, s, t)$ 来表示 SFC 请求。其中 $N_S = \{f_1, f_2, \cdots, f_{|N_S|}\}$ 表示 VNF 集合，$|N_S|$ 表示该 SFC 请求中 VNF 的数目；$L_S = \{l_1, l_2, \cdots, l_{|L_S|}\}$ 表示请求中的虚拟链路集合，$|L_S|$ 表示虚拟链路数目；符号 s 和 t 分别表示 SFC 请求的源节点和目的节点。

6.2.1.3　SFC 映射模型

SFC 请求映射到底层网络中的过程称为 SFC 映射。每个承载 VNF 的底层节点必须满足该 VNF 所需要的资源以及功能性要求，每条承载虚拟链路的底层路径也必须满足该虚拟链路的带宽资源需求。本小节用 $P^S = (V_N^S, E_L^S)$ 表示，其中 $V_N^S = V_t^S + V_f^S$ 表示部署方案经过的所有底层节点集合，包括两部分：V_t^S 表示部署方案中的转发节点集合（即虚拟链路部署到物理路径上时所经过的未承载 VNF 的物理节点，转发节点不消耗任何计算资源）；V_f^S 表示部署方案中承载了 VNF 的物理节点集合。E_L^S 表示部署方案所占用的物理链路集合。

6.2.2　问题描述

SFC 映射实例如图 6-1 所示，一条 SFC 由三个串联的 VNF、一个源节点 s 以及一个目的节点 t 组成。图中实线与虚线分别表示该 SFC 在底层网络中的两种部署方案。其中粗实线（SFP_1）的可靠性为 0.94，资源开销为 202 个单位；粗虚线（SFP_2）的可靠性为 0.97，资源开销为 232 个单位；密集细虚线表示 SFC 的某个 VNF 在底层网络的部署位置。假设用户的可靠性要求不低于 0.90，则两种方案都满足，但对于用户来说，选择 SFP_2 会有更好的体验。另外，对于网络运营商来说，选择 SFP_1 会降低底层网络负载，从而容纳更多请求，带来更高的收益。

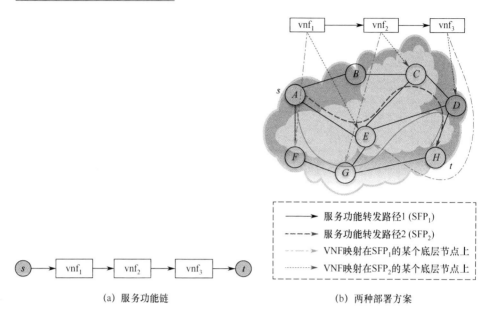

(a) 服务功能链   (b) 两种部署方案

图 6-1 SFC 映射实例

6.2.2.1 优化目标

优化目标的公式化描述见式（6-1）。其中，r_{v_p} 和 r_{e_p} 分别表示承载 SFC 请求的底层节点 v_p 和底层链路 e_p 的可靠性，取值范围为 $(0,1)$。可靠性度量值越大，表明该节点或链路越不容易出现故障。本小节的目标是设计一种既可以满足用户可靠性需求，又可以降低资源开销的 SFC 部署方案。即根据给定的 SFC 请求以及底层网络拓扑，找到使得映射路径中所有节点和链路的可靠性乘积尽可能大，总资源开销尽可能小的 SFC 部署方案。

$$\max\left\{ R^S = \prod_{v_p \in V_N^S} r_{v_p} \cdot \prod_{e_p \in E_L^S} r_{e_p} \right\}$$

$$\forall v_p \in V_P, \ 0 < r_{v_p} < 1.0$$

$$\forall e_p \in E_P, \ 0 < r_{e_p} < 1.0 \qquad （6\text{-}1）$$

6.2.2.2 约束条件

表 6-1 给出了算法设计过程中所使用的相关变量的定义。式（6-2）、

式（6-3）对应节点计算资源约束。其中，式（6-2）表示 VNF 部署节点的剩余计算资源不低于 VNF 的计算资源需求；式（6-3）表示底层节点的计算资源容量不低于其上承载的所有 VNF 的计算资源需求之和。

表 6-1 变量定义

变　量	变　量　释　义
R^{U}	用户的最低可靠性要求
$v_t \in V_t^{\mathrm{S}}$	SFC 转发节点
$v_f \in V_f^{\mathrm{S}}$	VNF 承载节点
$w_{v_i}^{r}$	顶点 v_i 的剩余计算资源，$v_i \in V_{\mathrm{P}}$
$e_{v_i}^{o}$	顶点 v_i 的出度边
$m_{e_{v_i}^{o}}^{r}$	顶点 v_i 出度边的剩余带宽资源
$e_{l_i}^{s}$	虚拟链路 l_i 在底层网络中的部署路径上的边，$l_i \in L_{\mathrm{S}}$
$\lambda_{l_i}^{s}$	虚拟链路 l_i 在底层网络中的部署路径
V_{remain}	底层网络中还未承载 VNF 的节点集合，$V_{\mathrm{remain}} \in V_{\mathrm{P}}$
$r_v^{v_{s_o}}$	从顶点 v 到源节点 v_{s_o} 的总可靠性值，$\forall v \in V_{\mathrm{P}}$
$r_v^{v_{s_i}}$	从顶点 v 到目的节点 v_{s_i} 的总可靠性值
v_{∞}	底层网络拓扑中不存在的顶点
$v_{s_o}^{e}$	底层网络中边 e 的源节点
$v_{s_i}^{e}$	底层网络中边 e 的目的节点

$$w_{v_{n_i}^s}^{r} \geqslant w_{n_i},\ v_{n_i}^s \in V_t^{\mathrm{S}},\ n_i \in N_{\mathrm{S}} \tag{6-2}$$

$$\sum_{r\in\mathrm{RS}}\sum_{n_i\in V_f^r} w_{v_{n_i}^s}^{r} \leqslant w_v^{\mathrm{total}},\ \forall v \in V_{\mathrm{P}} \tag{6-3}$$

$$m_{e_{l_i}^s}^{r} \geqslant m_{l_i},\ e_{l_i}^s \in \lambda_{l_i}^s \in E_{\mathrm{L}}^{\mathrm{S}} \tag{6-4}$$

$$\sum_{r\in\mathrm{RS}}\sum_{l_i\in E_{\mathrm{L}}^r} m_{e_{l_i}^s}^{r} \leqslant m_e^{\mathrm{total}},\ \forall e \in E_{\mathrm{P}} \tag{6-5}$$

式（6-4）、式（6-5）对应物理链路约束。其中，式（6-4）表示物理链路 $e_{l_i}^s$ 的剩余带宽资源必须满足要部署在其上的虚拟链路 l_i 的带宽资源需求；式（6-5）表示所有端到端物理路径的带宽资源容量不低于其上承载的所有 SFC 流量之和。

$$\Re_c\left(f_i, v_k\right) = \begin{cases} 1, & \text{如果} f_i \text{部署在顶点} v_k \text{上} \\ 0, & \text{否则} \end{cases} \tag{6-6}$$

$$\zeta\left(v_k, n_t\right) = \begin{cases} 1, & \text{如果顶点} v_k \text{是转发节点} \\ 0, & \text{否则} \end{cases} \tag{6-7}$$

$$0 \leqslant \sum_{v_k \in V_P} \Re_c\left(f_i, v_k\right) \leqslant 1, \quad \forall f_i \in N_S \tag{6-8}$$

$$0 \leqslant \Re_c\left(f_i, v_k\right) + \zeta\left(v_k, n_t\right) \leqslant 1 \tag{6-9}$$

$$0 \leqslant \Re_c\left(f_i, v_k\right) + \Re_c\left(f_j, v_k\right) \leqslant 1, \quad i \neq j, \forall f_i, \ f_j \in N_S, \ \forall v_k \in V_P \tag{6-10}$$

式（6-6）~式（6-10）对应 VNF 部署位置约束。其中，式（6-6）、式（6-7）中的变量描述了 VNF 节点、转发节点和物理节点间的关系。式（6-8）表示任何 VNF 至多只能部署在一个底层物理节点上。式（6-9）表示物理节点要么是其上承载的 SFC 的功能节点，要么是转发节点，即无环约束。式（6-10）限定同一 SFC 的 VNF 不能相互合并。

6.2.3　算法设计

本节提出了三种算法：可靠性保障（Ensure Reliability，ER）的启发式算法（简称"ER 算法"）、ER 算法的负载均衡优化算法（简称"ER_CS 算法"），以及基于 ER_CS 算法的带宽优化算法（简称"ER CS ADJ 算法"）。

6.2.3.1　ER 算法

ER 算法的目标是提高 SFC 部署方案的可靠性。ER 算法从前往后按照 SFC 中 VNF 的连接顺序依次进行部署。SFC 的源节点和目的节点（的部署位置）已经给定，因而 ER 算法可以根据这两个顶点的位置将 SFC 部署在可靠性最大的物理路径上。

ER 算法在处理每个 VNF 时，都将遍历底层网络中的所有顶点，找出该顶点到前驱节点（指当前待部署 VNF 的前驱 VNF 的部署位置，用 v_{s_o} 表示）的所有路径中可靠性最大者，并将该最大可靠性值作为顶点的属性之一存储。当更新完所有顶点到前驱的可靠性值后找出可靠性值最大的顶点，并将当前 VNF

部署在该顶点上，同时更新该顶点为下一个 v_{s_o}。ER 算法的伪代码如算法 6-1 所示。

算法 6-1　ER 算法

输入：（1）底层网络拓扑 $G_P=(V_P, E_P)$

　　　（2）SFC 请求 SR=(N_S, L_S, s, t)，初始化变量 $v_{s_o}=s$，$v_{s_i}=t$

输出：SFC 部署方案 P^S

1:　初始化使得 $V_{\text{remain}}=V_P$

2:　**for** $n_f \in N_S$，**do**

3:　　　**if** n_f 不是 SR 中的最后一个 VNF，　**then**

4:　　　　　调用初始化方法 iniAV，并使得 $r_{v_{s_o}}^{v_{s_o}}=r_{v_{s_o}}$

5:　　　　　调用 URSO 过程更新底层拓扑信息

6:　　　　　初始化变量 $\kappa_r=-\infty$ 以及 $v_{\text{temp}}=v_\infty$

7:　　　　　**for** $v \in V_{\text{remain}}$，**do**

8:　　　　　　　**if** $v \neq v_{s_i}, w_v^r \geqslant w_{n_f}$ 以及 $\kappa_r < r_v^{v_{s_o}}$，　**do**

9:　　　　　　　　　$\kappa_r=r_v^{v_{s_o}}, v_{\text{temp}}=v$；

10:　　　　　　　**end if**

11:　　　　　**end for**

12:　　　　　**if** $\kappa_r=-\infty$，**then**

13:　　　　　　　返回空并结束该算法

14:　　　　　**end if**

15:　　　　　根据对应该值最大的顶点 v_{temp} 来部署 n_f，同时生成相应的部署方案，并且令 $v_{s_o}=v_{\text{temp}}$，删除 V_{remain} 中的顶点 v_{temp}

16:　　　**else**

17:　　　　　重复执行第 4、5 行，令 $r_{v_{s_i}}^{v_{s_i}}=r_{v_{s_i}}$

18:　　　　　调用 URSO 过程更新底层拓扑中的信息

19:　　　　　**for** $v \in V_{\text{remain}}$，**do**

20:　　　　　　　**if** $w_v^r \geqslant w_{n_f}$ 以及 $\kappa_r < r_v^{v_{s_i}} \times r_v^{v_{s_o}} / r_v$，**then**

21:　　　　　　　　　令 $\kappa_r=r_v^{v_{s_i}} \times r_v^{v_{s_o}} / r_v$ 及 $v_{\text{temp}}=v$

22:　　　　　　　**end if**

23:　　　　　**end for**

24:　　　　　重复执行行第 12～15 行

25:　　　**end if**

26: **end for**

对于 SFC 中除尾 VNF 外的其他 VNF，ER 算法首先会调用 iniAV 算法更

新 V_{remain} 中所有顶点到源节点 v_{s_o} 的可靠性值 x 为负无穷大，并设定 v_{s_o} 到自身的 x 值为顶点自身的可靠性值（算法 6-1 第 4 行）。然后 ER 算法会调用 URSO 过程来计算更新 V_{remain} 中的所有满足当前 VNF 资源需求的顶点到源节点的路径以及可靠性值 x，具体过程如过程 6-1 所示。第 7～11 行遍历 V_{remain} 中的所有顶点，找到满足 VNF 计算资源需求且到源节点 v_{s_o} 的可靠性最高的顶点 v_{temp}。第 15 行表示将该 VNF 部署在顶点 v_{temp} 上并更新部署方案 P^S 中的路径信息。

过程 6-1 URSO 过程
输入：（1）顶点集合 $V_{temp}=V_{remain}$
（2）源节点 v_{s_o}，SFC 的第 $i-1$ 条虚拟链路 l_{i-1}
输出：更新后的 G_P
1: 初始化变量 $v_{s_o}^{temp}=v_{s_o}$
2: **while** $V_{temp} \neq \varnothing$
3:      **for** 顶点 $v_{s_o}^{temp}$ 的所有出度边 e_i，**then**
4:          **if** $m_{e_i}^r \geq m_{l_{i-1}}$ 以及 $v_{s_i}^{e_i} \in V_{temp}$，**then**
5:              **if** $\vartheta = r_{s_o}^{v_{s_o}^{temp}} \times r_{e_i} \times r_{v_{s_i}}^{e_i} > r_{v_{s_i}}^{v_{s_o}}$ 以及 $\vartheta > R^U$，**then**
6:                  令 $r_{v_{s_i}}^{v_{s_o}} = \vartheta$ 以及将 $v_{s_o}^{temp}$ 作为 $v_{s_i}^{e_i}$ 到源节点路径上的前驱顶点
7:              **end if**
8:          **end if**
9:      **end for**
10:     找到 V_{temp} 中到源节点 v_{s_o} 的可靠性 x 最大的顶点 v_{max}
11:     令 $v_{s_o}^{temp}=v_{max}$，删除 V_{temp} 中的顶点 v_{max}
12: **end while**

部署 SFC 的尾 VNF 时，需要同时考虑其前驱和 SFC 的目的节点。因此，需要修改其可靠性计算方式，见式（6-11），表示顶点 v 到源节点和目的节点的可靠性乘积除以其自身的可靠性值。

$$\kappa_r = r_v^{v_{s_i}} \times r_v^{v_{s_o}} / r_v \qquad (6\text{-}11)$$

URSO 过程与文献[19]类似，采用一个临时集合变量 V_{temp} 存储 V_{remain} 中的所有顶点集合，令变量 $v_{s_o}^{temp}$ 存储某个顶点到源节点路径上的前驱。当 V_{temp} 不为空时，遍历顶点中的所有出度边，如果出度边上目的端点的 x 值小于 ϑ，且 ϑ 大于用户的最低要求以及该出度边的剩余带宽资源满足虚拟链路 l_{i-1} 的带宽需求，则更新该目的端点的 x 值。ϑ 值的计算规则如式（6-12）所示。

$$\vartheta = r_{v_{s_o}^{\text{temp}}}^{v_{s_o}} \times r_{e_i} \times r_{v_{s_i}^{e_i}} \tag{6-12}$$

等式右边第一部分表示顶点 $v_{s_o}^{\text{temp}}$ 到源节点 v_{s_o} 的可靠性，第二部分表示边 e_i 的可靠性，最后一个符号表示边 e_i 的目的端点的可靠性。URSO 过程的第 4~8 行检测当前遍历的出度边的剩余带宽资源、目的端点的剩余计算资源以及到源节点的可靠性值是否满足要求，如果满足要求则更新信息。第 3~9 行遍历顶点 $v_{s_o}^{\text{temp}}$ 的所有出度边后，第 10、11 行找出这些出度边中到源节点可靠性最大的目的端点，并将其赋值给 $v_{s_o}^{\text{temp}}$ 变量，接着继续执行 while 循环直到 V_{temp} 为空。

6.2.3.2　ER_CS 算法

ER 算法一味追求高可靠性，容易导致底层网络负载不均衡，造成网络拥塞与资源浪费，极大影响网络的服务承载能力。ER_CS 算法在 ER 算法的基础上进一步考虑底层网络的负载均衡性。该算法优先将服务部署在负载较轻的节点和链路上，以降低网络拥塞的概率。式（6-13）给出了刻画网络负载的方法。

$$\delta = \frac{1}{w_{v_i}^r} + \sum_{e_{v_i}^o \in e_i^o} \frac{1}{m_{e_{v_i}^o}^r} + m_{v_i}^{v_{s_o}}, \ \forall v_i \in V_P \tag{6-13}$$

等式右边第一部分表示顶点 v_i 的剩余计算资源容量。第二部分中 e_i^o 表示顶点 v_i 的出度边集合，整体表示对所有满足条件的顶点 v_i 的所有出度边的剩余带宽容量的倒数求和。最后一部分表示顶点 v_i 到源节点 v_{s_o} 的路径上的带宽资源开销。负载因子 δ 的值越小表示当前顶点 v_i 上的负载越轻。从式（6-13）中可以发现，负载因子越小，当前顶点的剩余计算资源越多，其所有出度边的剩余带宽资源的倒数之和越小，到源节点的路径上的带宽资源开销也越小。因此，ER_CS 算法在部署 VNF 时会让该 VNF 尽量部署在负载因子较轻的节点上。在 URSO 过程的第 5 行加入 δ 作为顶点是否可部署当前 VNF 的判断条件，如此得出的部署方案与 ER 算法的结果相比虽然在可靠性上有所下降，但在服务请求接收率和物理资源利用率上却有关键提升。

6.2.3.3 ER_CS_ADJ 算法

SFC 映射可以划分成两个阶段：虚拟节点部署及虚拟链路部署。虚拟节点部署需要底层节点的剩余计算资源能够支撑该虚拟节点的计算资源需求以及功能性需求；而虚拟链路部署也要求底层物理路径上各条边的剩余带宽资源均满足该虚拟链路的带宽资源需求。虚拟链路既可以部署在一条包含两个端点的物理边上，也可以部署在一条经过多个节点的物理路径上，即虚拟链路具体部署情况取决于连接该条虚拟链路的两个虚拟节点的部署情况。因此，将带宽需求较高的虚拟链路尽可能部署在较短的物理路径上，有利于节约物理资源，也为后续的服务请求腾出了更多的承载空间。ER_CS_ADJ 算法就是基于该思想而设计的部署算法。

算法 6-2　ER_CS_ADJ 算法

输入：根据 ER_CS 算法得到 SFC 部署方案 P^S

输出：调整好后的部署方案 P^S

1:　初始化集合 χ_{move} 为所有需要移动的 VNF

2:　**for** $n_f \in \chi_{move}$ ，**do**

3:　　　**for** n_f 与 $n_{f,post}$ 部署位置之间的转发节点 v，**do**

4:　　　　　**if** $w_v^f \geqslant w_{n_f}$ 以及 $B_{remain}^{min} \geqslant B_{request}$ ，**then**

5:　　　　　　　将 n_f 部署在节点 v 上并修改部署方案 P^S

6:　　　　　**end if**

7:　　　**end for**

8:　**end for**

ER_CS_ADJ 算法的主要任务是对 ER_CS 算法所得到的部署方案进行调整。ER_CS 算法映射靠后的虚拟链路时消耗的物理链路数更多，如果它们的带宽资源需求比靠前的虚拟链路高，则过长的映射路径会造成严重的带宽资源浪费。产生这一现象的原因是该算法追求整个部署方案可靠性的最大化，故在部署 SFC 的中间 VNF 时，ER 会尽量将该 VNF 部署在接近前驱的位置。但在部署尾 VNF 时，不仅需要参照前驱 VNF 的部署位置，也需要考虑目的节点的位置，因此很容易造成最后两段虚拟链路的部署路径过长。若恰好这两条虚拟链路的带宽需求远高于其他虚拟链路，则最终得到的部署方案必然会消耗过多的

带宽资源。尽管 ER_CS 算法引入了负载因子，但仍不足以弥补 ER 算法的这项短板。

ER_CS_ADJ 算法将靠后的功能节点尽量往后部署，使开销最小的虚拟链路的部署路径尽量长，而开销较大的虚拟链路尽量部署在一跳或尽量短的物理路径上。ER_CS_ADJ 算法首先遍历 SFC 请求找到带宽需求最小的虚拟链路，并将该虚拟链路的目的 VNF 到目的节点之间所有的 VNF 加入集合 χ_{move} 中。χ_{move} 中的 VNF 即为需要往后移动部署位置的 VNF。算法 6-2 第 2 行从 χ_{move} 集合中的最后一个功能（χ_{move} 中的 VNF 顺序与 SFC 相同，因此 χ_{move} 中的最后一个功能即为 SFC 的尾 VNF）开始，从后往前遍历。第 3 行逆序遍历功能 n_f 与其后继功能 $n_{f,\text{post}}$（如果 n_f 是尾功能，则 $n_{f,\text{post}}$ 就是目的节点 t）部署位置之间的转发节点，即从靠近 $n_{f,\text{post}}$ 的转发节点开始向前遍历。若节点计算资源和链路带宽资源约束都满足，则将当前 VNF 移动到这个转发节点上。以此类推，对所有需要移动的功能进行处理。

6.2.4　仿真结果及分析

仿真关注的性能指标有：

（1）阻塞率；

（2）可靠性；

（3）资源开销；

（4）时间开销；

（5）首次阻塞的累积分布函数（Cumulative Distribution Function，CDF）。

6.2.4.1　仿真环境

仿真使用 Java 在 JDK 1.8 和 IDEA 平台上进行算法实现。使用 GT-ITM[20,21]的 Waxman 2 模型随机生成了两个物理网络拓扑：小拓扑与大拓扑。其中，小拓扑包含 20 个节点，大拓扑包含 100 个节点。物理节点间建立链路的概率由下式给出：

$$P_l(u,n) = \partial \times \exp\frac{-g(u,n)}{D \times \Omega} \qquad (6\text{-}14)$$

式中，$g(u,n)$ 表示顶点 u 与 n 之间的距离；D 表示网络拓扑的直径大小；∂ 和 Ω 分别是两个不大于 1 的正数，用于调整网络拓扑特性。Ω 越大，网络拓扑中相距较远且相连的顶点数与相距较近且相连的顶点数的比值越大；∂ 越大，网络中边越多。本节设定 $\Omega = 0.1$，$\partial = 0.4$，小拓扑和大拓扑的 D 值分别设置为 6 和 30。

每个底层节点的计算资源容量取[5,10]之间的整数，底层物理链路的带宽资源容量取[20,50]之间的整数。实例化 VNF 所需的计算资源开销取[1,2]之间的整数，连接 VNF 的虚拟链路的带宽资源开销取[5,20]之间的整数。

6.2.4.2　对比算法简述

仿真使用文献[22]中的算法 LMF 作为对照。该算法首先将 SFC 中的虚拟链路按照带宽需求大小进行降序排列，优先部署带宽需求较大的虚拟链路，且尽量将它们部署在剩余带宽资源较大的物理路径上，同时将连接该虚拟链路的两个 VNF 分别部署在路径的两个端点上。

6.2.4.3　仿真数据

1. 阻塞率

图 6-2 展示了部署 10 000 条 SFC 时整个网络中的阻塞率。阻塞率定义为 10 000 条长度相同的 SFC 中部署失败的比例，值得一提的是，若部署结果不满足 SFC 的可靠性要求，则算作部署失败。

图 6-2（a）显示：当 SFC 长度超过 6 时，各算法均开始出现阻塞，这是因为网络承载能力已不能与需求完全匹配。长度超过 7 以后，LMF 算法的阻塞率显著高于本节提出的三种算法，在 SFC 长度达到 12 时，LMF 算法的阻塞率相比于 ER 算法增长了近 50%。相比于 ER_CS 和 ER_CS_ADJ 算法，ER 算法的阻塞率在 SFC 长度大于 7 后出现差距，主要是因为两种改进算法引入了负载均衡策略，资源分配更加合理，不容易出现网络拥塞。ER_CS 与 ER_CS_ADJ 算法在阻塞率方面表现相似但又不完全相同，主要是因为两者的

部署路径相同，但 ER_CS_ADJ 算法对部署方案的调整可能会优化带宽资源开销，因此两算法阻塞率的相似性较高。

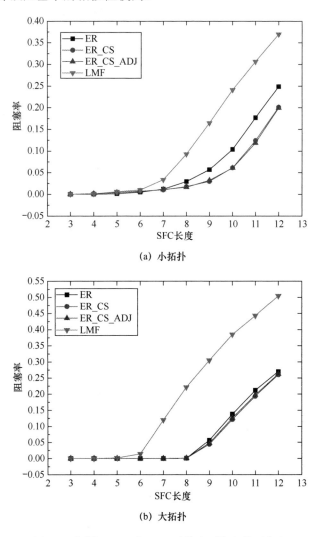

图 6-2 部署 10 000 条 SFC 时整个网络中的阻塞率

在图 6-2（b）中，LMF 算法与图 6-2（a）中一样在 SFC 长度为 6 时阻塞率开始发生变化，而其他三种算法却在 SFC 长度超过 8 以后才开始出现增长。其主要原因是 LMF 算法的核心思想是优先部署带宽需求大的虚拟链路，弊端是容易导致某些 VNF 部署在资源较少的底层节点上，造成网络拥塞。而

ER 等三种算法的阻塞率从 SFC 长度为 8 以后才开始出现变化的原因是：随着拓扑的增大，网络更容易容纳较长的 SFC 请求。此外，图 6-2（b）中 ER 算法并未与另外两种算法在阻塞率上拉开差距，这是因为在较大的网络拓扑中资源比较充足，因此其阻塞率表现相似。

对比 ER 算法在两幅子图中的表现不难发现，其阻塞率性能对拓扑变化并不敏感，体现出较好的稳定性和适应性。

2. 可靠性

图 6-3 展示了在不同网络拓扑中，部署 10 000 条 SFC 的平均可靠性（只计入了成功部署的 SFC）。其中用户的期望可靠性要求均为 0.9。

从图 6-3 中可以看出，无论在哪种网络拓扑下，ER 算法的可靠性始终优于其他几个算法。这是 ER 算法只优化服务部署可靠性的必然结果。

在小拓扑中，ER_CS、ER_CS_ADJ 及 LMF 算法的可靠性差别不大，但在大拓扑中，LMF 算法的平均可靠性低于前两种算法。这是因为三种算法都是在最大化可靠性的情况下，综合优化资源利用率。在小拓扑中，由于部署路径长度差异不大，所以可靠性表现也很相近，在大拓扑中，路径差异才比较明显。

大拓扑中，LMF 算法的平均可靠性明显低于另外两种算法，这是因为 LMF 算法先部署虚拟链路，导致在大拓扑中带宽需求较低的虚拟链路由于首尾 VNF 已确定位置而不得不部署在更长的物理路径上，造成可靠性降级。

本节的目标是：在保证用户最低可靠性的前提下提高底层网络的资源利用率以提高 TSP 的收益。ER_CS 与 ER_CS_ADJ 算法相比于 ER 算法的确牺牲了一定的服务质量，但程度完全可接受，并且换来了资源利用率的提升和 TSP 收益的增长。

3. 资源开销

前两个指标中 ER_CS 算法与 ER_CS_ADJ 算法表现相似，但在资源开销上，两者的差异开始逐渐呈现。虽然在小拓扑中这两种算法在资源开销上的差异不那么明显，甚至 ER_CS 算法要更加优于 ER_CS_ADJ 算法（因为 ER_CS_

ADJ 算法调整后打破了 ER_CS 算法所达到的负载均衡），但是在大拓扑中，后者的资源开销（相比前者）降低了四个百分点左右。从图 6-4 中也可以看出，LMF 算法的资源开销与其他算法相比差距非常悬殊。

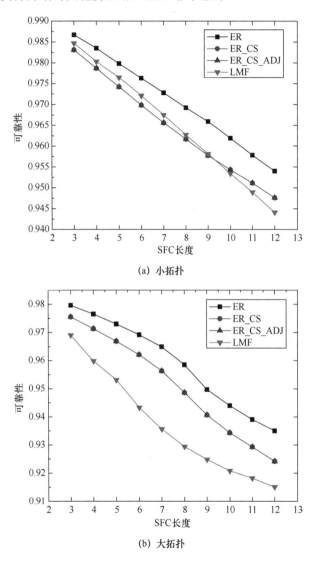

(a) 小拓扑

(b) 大拓扑

图 6-3   部署 10 000 条 SFC 的平均可靠性

ER_CS 算法为了避免底层网络拥塞而引入了负载均衡策略，理论上 ER_CS 算法在资源开销方面应该会优于 ER 算法，但从图 6-4（a）中可以看到，ER 算法在大多数的时候都与 ER_CS 算法几乎相同，偶尔微劣于后者。造成这种现象的原因是，ER 算法选择了更短的路径部署虚拟链路，而 ER_CS 算法为了负载均衡不得不选择更长的路径来部署虚拟链路，于是小拓扑中资源开销反而更大。

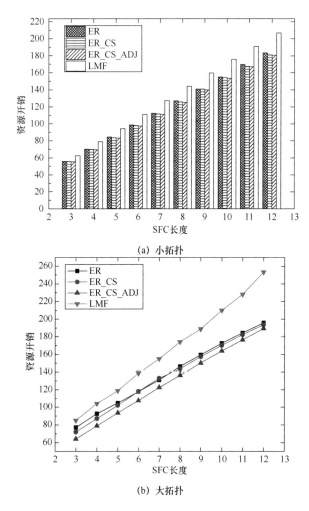

(a) 小拓扑

(b) 大拓扑

图 6-4　部署 10 000 条 SFC 时的平均资源开销

4. 部署时长

LMF 算法每次部署一条虚拟链路时都要遍历全网拓扑以找到满足计算资源需求的节点对和满足带宽需求的物理链路，因此部署时间开销巨大。图 6-5

（a）显示 LMF 算法的部署时间开销是另外三种算法的 10 倍左右，而在图 6-5
（b）中这种差距更是高达数千倍。

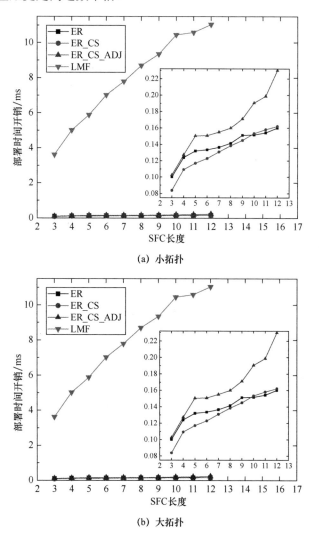

(a) 小拓扑

(b) 大拓扑

图 6-5　部署 10 000 条 SFC 的平均时间开销

　　由于 ER_CS_ADJ 算法是在 ER_CS 算法的基础上进行方案的进一步调
整，所以其绝对时间开销略高于后者，但相比于计算部署方案的时间成本，调
整操作的耗时就不值一提了。

5. 首次阻塞的累积分布函数

为了探索四种算法第一次出现部署失败的一般规律，下面在部署 10 000 条相同长度 SFC 时记录首次发生阻塞的 CDF（SFC 长度从 1 开始），该值越大表示发生阻塞的时间越晚，即算法性能越好，反之算法性能越差。结果如图 6-6 所示。

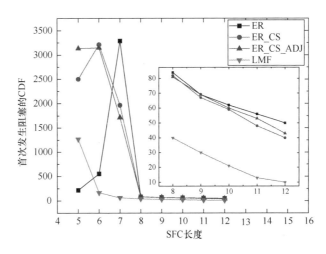

图 6-6　部署 10 000 条相同长度 SFC 时首次发生阻塞的 CDF

观察图 6-6 可以发现：在 SFC 长度不大于 8 时，CDF 值波动较大且并没有什么规律，但从总体上来看，LMF 算法首次发生阻塞的时间都早于另外三种算法。随着 SFC 长度的进一步增长，LMF 算法的劣势越来越明显。

6.3　基于冗余备份的可靠映射算法

冗余备份是提高系统可靠性的常用方法，然而，如何选择足够的备份 VNF 来满足用户的可靠性需求是一个十分困难的问题。本节立足于费用效率这一重要的"可靠性-成本"折中指标，提出了基于冗余备份的 SFC 可靠映射算法。

6.3.1 模型描述

6.3.1.1 网络拓扑和 SFC 需求

物理网络拓扑用 $G_{\mathrm{PN}}(N,L)$ 表示，其中 N 是物理网络中的节点集合，在这些节点上可以进行 VNF 安装和运行。L 代表物理网络间物理链路的集合。这里令 r_n 表示网络节点 $n \in N$ 的可靠性，可靠性可以用硬件的平均差错时间（MeanTime Between Failure，MTBF）来度量[23]。令 c_n 表示 VNF 的资源容量。用户的 SFC 需求集合为 $Q = \{q_j \mid j \in J\}$，其中 q_j 为 (F_j, Req_j)。F_j 表示此 SFC 的虚拟网络功能集合，Req_j 表示可靠性需求。

在初始的 SFC 映射后，物理网络中 VNF 的逻辑连接可以表示为一个 VNF 转发图，即 $G_{\mathrm{FG}}(T,E)$，其中 T 表示网络中 VNF 的集合，E 表示两个 VNF 之间的虚拟连接。每个 VNF 都对应一个资源需求 d_t。

6.3.1.2 可靠性度量

造成 VNF 失效的原因极为复杂（如硬件故障、软件故障、运维故障等）。本小节主要关注硬件故障所带来的服务失效。假设 VNF 的可靠性与承载它的物理节点相关，二进制变量 x_n^t 表示每个 VNF 的备份选择，即

$$x_n^t = \begin{cases} 1, & \text{如果} \mathrm{vnf}_t \text{在} n \text{上实例化} \\ 0, & \text{否则} \end{cases} \tag{6-15}$$

Δ_t 表示在冗余备份后，VNF 增加的可靠性，其表达式为

$$\Delta_t = \left(1 - (1 - \tilde{r}_t) \Pi_{n \in N} \left(1 - x_n^t r_n\right)\right) - \tilde{r}_t, t \in T \tag{6-16}$$

端到端服务的可靠性由串联及并联的 VNF 决定，如图 6-7 所示。假设物理网络的每个节点发生失效的概率都是相互独立的，则两种服务链的可靠性度量由式（6-17）、式（6-18）计算。

$$r_{\mathrm{serial}} = r_A \cdot r_B \cdot r_C \tag{6-17}$$

$$r_{\mathrm{parallel}} = r_A \cdot r_{B \cup D} \cdot r_C \tag{6-18}$$

$$r_{B \cup D} = 1 - (1 - r_B) \cdot (1 - r_D) \tag{6-19}$$

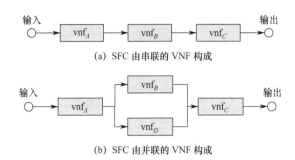

(a) SFC 由串联的 VNF 构成

(b) SFC 由并联的 VNF 构成

图 6-7　SFC 可靠性的两种计算方式

6.3.1.3　问题定义

当 SFC 需求基本部署后会生成初始的 VNF 转发图，初始的 VNF 映射可能达不到可靠性要求。无论是热备份还是冷备份，本质上都会消耗额外的网络资源，因此控制备份成本很有必要。结合两种需求，在设计冗余备份时可以使用费用效率来同时优化两种指标。由此，本小节中的冗余备份问题定义如下：给定一个已经基本部署原始 VNF 的物理拓扑，以及该拓扑需要接收的 SFC 需求，冗余备份算法需要找到最优的 VNF 备份方案，在满足所有 SFC 可靠性要求的同时达到最优的费用效率。问题的数学表达为

$$\max_{x_n^t,\Delta} \frac{\Delta_{\text{Reliability}}}{\text{Backup Cost}} \tag{6-20}$$

$$\text{s.t.} r_j\left(\tilde{r}+\Delta\right) \geqslant \text{Req}_j, \quad \forall j \in J \tag{6-21}$$

$$x_n^t d_t \leqslant c_n, \quad \forall t \in T, \ n \in N \tag{6-22}$$

$$\sum_{t\in T} x_n^t \leqslant 1, \forall n \in N \tag{6-23}$$

$$x_n^t \in \{0,1\} \tag{6-24}$$

其中，式（6-20）对应本小节冗余备份算法的优化目标：最大化所有 SFC 的费用效率。式（6-21）表示每条 SFC 的可靠性需求必须被满足才能被网络服务提供商接收进行后续的处理。式（6-22）表示每个物理节点的容量限制，每个放置在该物理节点上的 VNF 的资源需求不能超过该物理节点的现有资源容量。式（6-23）表示一个 VNF 与其备份不能被放置在同一个物理节点上，为

了实现备份的有效性，备份节点和原始节点不能放置在同一个物理节点上，两者的失效必须独立。

文献[13]证明，搜寻一个 SFC 需求所需的最优数量备份是 NP-hard 问题，而本小节所涉及的冗余备份问题比之更加复杂。本小节中提出的冗余备份算法使用了一个选择模型和一个更新模型，以此来完成一个高费用效率的冗余备份算法。

6.3.2　算法设计

首先给出高费用效率冗余备份算法的设计思路；然后介绍在转发图中选择备份 VNF 的方法；最后针对三种可能的备份情况，提出对应的选择模型、更新模型。

6.3.2.1　高费用效率冗余备份算法设计思路

为了求解冗余备份问题的次优解，本小节提出一个包含选择模型和更新模型的冗余备份算法——CERA。对于选择模型，采用 CIM 来评估转发图中每个 VNF 的重要性。备份 CIM 最高的 VNF 即可在选择过程中达到最高的费用效率。由于 CIM 与物理节点的可靠性相关，所以在备份选择的同时，也能确定对应的物理节点。

6.3.2.2　高费用效率冗余备份算法流程

CERA 的伪代码如算法 6-3 所示。在每一轮迭代时，从上轮转发图 G_{FG} 中剔除满足可靠性要求的 SFC 所包含的 VNF 从而生成新的 G'_{FG}。接着，选择剩余物理节点中 CIM 最大者，将 VNF 放置在该节点上，然后将备份节点和原始 VNF 节点融合成一个新节点，用组合更新模型更新 VNF 的可靠性和相关 SFC 的可靠性，本轮迭代结束。直到所有 SFC 的可靠性要求都被满足，算法停止。CERA 选择阶段的时间复杂度为 $O(n^2)$，更新模型中备份 VNF 和初始 VNF 的融合过程会进一步提高算法收敛速度。

算法 6-3　CERA

输入：$G_{PN}(N,L), G_{FG}(T,E), Q=\{q_j|j\in J\}, \{r_n|n\in N\}$，原始放置方案

输出：冗余备份方案 $\{x_t^n|t\in T,n\in N\}$

1:	计算在每个 SFC 上的可靠性 $r_j, j \in J$
2:	**while** $r_j < \text{Req}_j$, **do**
3:	**for** $\forall j \in J$, **do**
4:	通过移除 G_{FG} 中已满足的 SFC 可靠性需求对应的 VNF 来生成新的转发图 G'_{FG}
5:	**for** $t \in G'_{\text{FG}}$ **and** $n \in N$, **do**
6:	$n_i \leftarrow$ 选择具有最大 CIM 的 VNF t_i 并放置于物理节点 n_i（基于选择模型）
7:	**if** $n_i \in N$, **then**
8:	$x_{n_i}^{t_i} = 1$
9:	$t' \leftarrow$ 通过联合初始化 VNF 和备份 VNF 来生成一个新的 VNF（基于更新模型）
10:	更新 r_t, r_j 对于所有 $t \in T, j \in J$
11:	**end if**
12:	**end for**
13:	**end while**
14:	**return** $\{x_n^t \mid t \in T, n \in N\}$

6.3.2.3 选择模型

CERA 的选择模型在可靠性理论经典的重要性度量的基础上，加入了对于物理资源成本的考量，设计了 CIM 的重要性度量函数，而且通过推导证明，CIM 可以引导算法获得更高的费用效率。

Birnbaum 重要性[24]是可靠性理论中非常经典的重要性度量，在此基础上衍生了一系列的重要性度量方法，如贝叶斯重要性、关键重要性、冗余重要性等[25]。在重要性的评价体系中，一个系统的效能取决于其组件，在这些组件中，一部分会比另一部分担当更重要的角色。Birnbaum 重要性一般描述的是组件状态改变对系统可靠性的影响，即组件改变单位可靠性概率所引起系统可靠性概率的变化。

模型引入经典的 Birnbaum 重要性度量来表示系统中组件的可靠性度量。已知系统的可靠性，组件 k 的重要性度量定义为

$$\text{IM}_k = \frac{\partial r_{\text{system}}(r)}{\partial r_k} \tag{6-25}$$

如图 6-8 所示，该转发图中有两条 SFC，根据可靠性的串联公式（6-17）可得两条 SFC 的可靠性分别为

$$r_{\text{sfc}_1} = r_A \cdot r_B \cdot r_C \cdot r_E \qquad\qquad (6\text{-}26)$$

$$r_{\text{sfc}_2} = r_A \cdot r_D \cdot r_C \qquad\qquad (6\text{-}27)$$

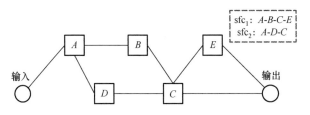

图 6-8   Birnbaum 重要性度量计算示例

根据 Birnbaum 重要性度量的定义，两条 SFC 公用的 A 在两条 SFC 上的重要性分别为

$$\text{IM}_{\text{sfc}_1}^A = r_B \cdot r_C \cdot r_E \qquad\qquad (6\text{-}28)$$

$$\text{IM}_{\text{sfc}_2}^A = r_D \cdot r_C \qquad\qquad (6\text{-}29)$$

Birnbaum 重要性度量显示，一个组件可靠性的提升会促进整个系统的可靠性提升。受到 Birnbaum 重要性度量的启发，本小节用费用重要性度量 CIM 来评估 VNF 在转发图中的重要性。其中，VNF_t 的重要性度量为

$$\text{CIM}_t \triangleq \frac{\sum\limits_{j \in J} \text{IM}_j^t}{\lambda_t} \qquad\qquad (6\text{-}30)$$

已知需求及可靠性增量，单位消耗可以表达为

$$\lambda_t = \frac{\sum\limits_{n \in N} x_n^t d_t}{\varDelta_t} \qquad\qquad (6\text{-}31)$$

为了达到最优的费用效率，算法需要选择具有最大 CIM 的 VNF 进行备份，下面是对此结论的理论分析。

定理 6-1：给定一个 VNF 转发图，且已知每个 VNF 的单位备份消耗，选择对应最大 CIM 的 VNF 来进行备份会得到最大的费用效率。

证明：

本小节定义费用效率比来度量备份选择的费用效率。根据式（6-25）中重

要性度量的定义，费用效率比可以定义为

$$CER = \frac{\sum\limits_{j \in J} \left(r_j \left(\tilde{r} + \varDelta \right) - r_j \left(\tilde{r} \right) \right)}{\sum\limits_{t \in T} \lambda_t \varDelta_t}$$

$$= \frac{\sum\limits_{j \in J} \sum\limits_{t \in T} \frac{\partial r_j}{\partial r_t} \varDelta_t}{\sum\limits_{t \in T} \lambda_t \varDelta_t}$$

$$= \frac{\sum\limits_{t \in T} \sum\limits_{j \in J} IM_j^t \varDelta_t}{\sum\limits_{t \in T} \lambda_t \varDelta_t} \tag{6-32}$$

由不等式的性质可得

$$CER = \frac{\sum\limits_{t \in T} \sum\limits_{j \in J} IM_j^t \varDelta_t}{\sum\limits_{t \in T} \lambda_t \varDelta_t} \leqslant \max_t \frac{\sum\limits_{j \in J} IM_j^t}{\lambda_t} \tag{6-33}$$

由式（6-33）、式（6-30）可得最优费用效率为

$$CER^* = \max CIM_t \tag{6-34}$$

由此证明，选择备份 CIM 最大的 VNF 会得到最大的费用效率。由此定理，算法可以每轮都备份 CIM 最大 VNF 来求解问题的最优 CER。

CIM 表示了 VNF_t 在转发图中的费用感知重要性。从 Birnbaum 重要性度量中可以看到，被多个 SFC 共享的 VNF 非常关键。这类 VNF 失效所导致的广泛的服务中断让运营商和用户都无法接收。但是盲目地增加这类关键节点的备份又会造成费用效率低下。本小节定义的 CIM 恰当地在两个方面进行了折中，在保证可靠性提升的同时，又避免过度备份造成的物理资源浪费，最终获得高费用效率的冗余备份方案。

上述推导已经证明，通过选择最大 CIM 对应的 VNF 进行备份可以达到最高的费用效率。由这个性质出发，本小节提出的算法通过迭代地备份具有最大 CIM 的 VNF 来提高服务的可靠性。基于此算法，费用效率在每轮迭代后达到

最优，在整个冗余备份过程后达到次优。

6.3.2.4　更新模型

在备份放置后，服务链的可靠性会相应增加，在进入下一轮迭代前还需要更新 CIM 的计算。假设最多两个 VNF 可以被放在同一个物理节点上，通过该策略，潜在的资源利用率会由于共享备份而提高。但是如果在一个物理节点上放置过多的备份则会出现关键节点问题，继而会成为系统可靠性的隐患。此外，本小节的更新模型将原始 VNF 与备份 VNF 融合成了新的 VNF，因此 SFC 的结构一致性得以保持。通常，在选择了新的备份后，VNF 的可靠性更新有三种可能性。

（1）物理节点上只有一个备份 VNF：在 SFC 完成备份 VNF 的选择和映射之后，为了保持一致的 SFC 可靠性计算模型，把初始 VNF 和备份 VNF 在下一次迭代前视为一个 VNF。在更新模型中，对 $A{\rightarrow}B{\rightarrow}C$ 这条服务链上的 vnf_B 及其备份 b_B 进行逻辑上的融合，如图 6-9 所示。当且仅当放置备份的物理节点和放置原始 vnf_B 物理节点同时失效时，服务链 $A{\rightarrow}B{\rightarrow}C$ 才会失效，在下次迭代前这个新 VNF 的可靠性为

$$r_{B'} = 1 - \left(1 - r_B\right)\left(1 - r_{b_B}\right) \tag{6-35}$$

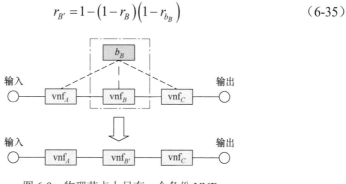

图 6-9　物理节点上只有一个备份 VNF

（2）物理节点上有属于同一个 SFC 的两个 VNF：和上一种情况相似，如果同一个 SFC 的两个 VNF 的备份被放在了同一个物理节点上，初始 VNF 和备份 VNF 会被视为一个新 VNF。在更新模型中，$A{\rightarrow}B{\rightarrow}C{\rightarrow}D$ 这条服务链上 vnf_B 和 vnf_C 的备份 b_B 和 b_C 恰好放在了同一个物理节点上，则将些节点进行逻

辑融合，如图 6-10 所示。当且仅当放置备份的物理节点和放置原始 vnf_B、原始 vnf_C 的物理节点同时失效时，该服务链 $A \to B \to C \to D$ 才会失效，此时计算出 vnf_E 的可靠性为

$$r_E = 1 - \left(1 - r_{b_{B,C}}\right)\left(1 - r_B \cdot r_C\right) \tag{6-36}$$

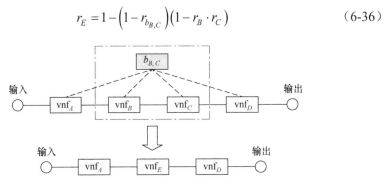

图 6-10 物理节点上有属于同一个 SFC 的两个 VNF

（3）物理节点上放置了两个来自不同 SFC 的备份 VNF：如果初始 VNF 来自不同的 SFC，图 6-9 所示的同一流程则会分别在两个 SFC 上进行。如图 6-11 所示，在更新模型中，服务链 $A \to B \to C \to D$ 中的 vnf_C 和服务链 $F \to G \to H$ 中的 vnf_G 的备份被放在了同一个物理节点上，将其备份和原始节点分别进行逻辑融合，最终形成新的 $\text{vnf}_{C'}$ 和 $\text{vnf}_{G'}$。当且仅当放置备份的物理节点和原始 vnf_C 同时失效时，$A \to B \to C \to D$ 才会失效；当且仅当放置备份的物理节点和原始 vnf_G 同时失效时，$F \to G \to H$ 才会失效，新的 VNF 的可靠性分别为

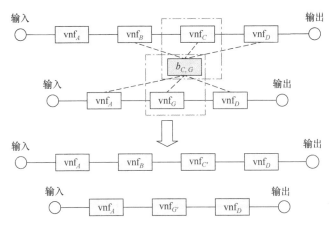

图 6-11 物理节点上放置了两个来自不同 SFC 的备份 VNF

$$r_{C'} = 1 - \left(1 - r_C\right)\left(1 - r_{b_{C,G}}\right) \tag{6-37}$$

$$r_{G'} = 1 - \left(1 - r_G\right)\left(1 - r_{b_{C,G}}\right) \tag{6-38}$$

把选择模型和更新模型合并则得到了完整的冗余备份算法——CERA。在选择备份 VNF 时，CERA 同时考虑了提升可靠性和节约物理资源开销，定理 6-1 保证最终得到的部署方案可以达到更高的费用效率。NFV 技术使得两个网络功能的实例可以共享一个物理节点，从而降低网络运营商的成本。组合更新模型通过融合初始 VNF 和备份 VNF，保证了算法迭代时服务链结构的一致性。

6.3.3 仿真结果及分析

本小节通过实验来评估 CERA 的性能。首先介绍仿真环境，仿真采用了基于真实场景的物理网络拓扑，借鉴了谷歌的服务等级共识来设置 SFC 的可靠性要求。然后讲解仿真采用的对比算法：MinCost、MaxRbyInr 及 GREP，其中 MinCost 和 MaxRbyInr 是两种极端的启发式算法，GREP 是一种物理资源利用率不高的算法。最后从以下六个方面分析对比 CERA 的性能：总备份成本、单条 SFC 备份成本、物理资源运营成本（OPEX）、费用效率、到达可靠性要求后可靠性余量、服务需求接收率。

6.3.3.1 仿真环境

仿真采取了一个 116 节点的拓扑作为底层物理网络[26]。每个物理节点的容量都为 2000 个单元，并且可以提供不同的资源（如 CPU、内存等）来实例化 VNF 并进行数据处理。每个物理节点的可靠性可由 MTBF 来估算，物理节点的可靠性设定为服从 0.9~0.99 的均匀分布的随机数。

SFC 需求的 VNF 数目服从 2~6 的均匀分布。根据谷歌的服务等级共识[27]，每个 SFC 的可靠性需求取自集合[95%,98%,99%,99.5%,99.9%]。每个 VNF 的资源需求服从 1~30 的均匀分布。仿真主要关注冗余备份算法的设计，所以在初始化时，就已经提前在物理网络中部署了 10 个 VNF 实例。SFC 的服务需求数目取自集合[500,700,900,1100]。

6.3.3.2　对比算法

本小节采取了三种对比算法。

MinCost 算法：选择模型中每轮迭代都选择 SFC 中物理资源需求最小的 VNF 来进行备份，以达到每轮所使用的备份成本最小的目标，最终启发式地求解冗余备份方案。更新模型和 CERA 一样。

MaxRbyInr 算法：选择模型中每轮迭代都选择 SFC 中最脆弱（即可靠性最低）的 VNF 来进行备份，以达到每轮 SFC 的可靠性增量最大的目标，最终启发式地求解冗余备份方案。更新模型和 CERA 一样。

GREP 算法：这是针对单个 SFC 提出的冗余备份算法，该算法没有考虑多条 SFC 共享 VNF 的情况。选择模型中每轮迭代都选择 SFC 中最脆弱的两个 VNF 来进行备份，以达到每轮 SFC 的可靠性增量最大、算法收敛速度更快的目标。更新模型中两个备份 VNF 都放置在了同一个物理节点上，且没有考虑 VNF 共享，GREP 算法中每个 VNF 的可靠性提升仅对一条 SFC 的可靠性提升有贡献。

6.3.3.3　仿真数据

1. 总备份成本

图 6-12 给出了各算法备份成本的对比数据。可以看出，所有算法的备份成本都随着可靠性要求的增加而增加。但是在同一可靠性要求下，CERA 的总备份成本是最少的，最多比 MinCost 算法低了 46%，比 MaxRbyInr 算法低了 25%，而且即使在 99.9%的需求下，CERA 的备份成本依然是对比算法中最低的。其原因在于：MinCost 算法虽然每次选择 VNF 资源需求最小的备份，但这些备份的 VNF 所带来可靠性增量却一定不是最大的，导致算法会备份更多的 VNF，消耗更多的底层资源；MaxRbyInr 算法每次选择备份可靠性最小的 VNF，但这些 VNF 所带来的资源消耗可能不是最小的，所以也会造成资源的浪费。而且 MinCost 算法在可靠性要求相对较小时总备份成本与 MaxRbyInr 算法的差异较大，这种差异随着可靠性要求的增加而逐渐减小。产生这种现象的原因是：在低可靠性要求下，MaxRbyInr 算法可靠性提升的效率远远大于

MinCost 算法，该算法能够较快收敛，从而花费相对少的备份成本，在高可靠性要求下，特别是该算法后期，备份再多的 VNF 对可靠性的提升也非常有限，算法收敛速度都相应减慢，备份成本的差异也随之变小。

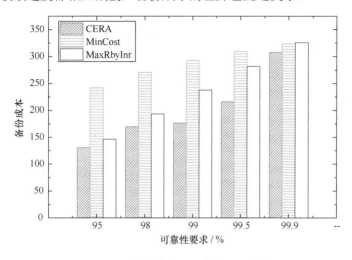

图 6-12   各算法备份成本的对比数据

2. 单条 SFC 备份成本

图 6-13 比较了不同算法对于单条 SFC 备份 VNF 的数目。随着可靠性要求越来越苛刻，四种算法对于单条 SFC 备份的 VNF 数目都是逐渐增加的，这是由于当 SFC 可靠性要求提高时，网络需要部署更多的备份 VNF 来保证每条 SFC 的可靠性。在同一可靠性要求下，GREP 算法的单 SFC 的 VNF 平均备份数目总是远远大于其他三种算法的，这是由于 GREP 算法对单条 SFC 进行 VNF 备份，没有考虑 VNF 转发图中 VNF 被多条 SFC 共享的情况，导致由备份共享 VNF 带来的可靠性提升对其他 SFC 可靠性的影响没有被计算进去，由此 GREP 算法需要备份更多的 VNF 来弥补这部分可靠性的缺失。在同一可靠性要求下，CERA 在高可靠性要求（99%和 99.9%）下都表现出了优异的性能，四种对比法中，CERA 在单条 SFC 的 VNF 备份数目是最低的，这得益于在选择模型中 CERA 会倾向选择具有高 CIM 的 VNF 进行备份，这类 VNF 往往被多条 SFC 共享，致使达到 SFC 可靠性要求的效率大大提高。在达到要求时，单条 SFC 可以备份相对少的 VNF 来完成可靠性目标。除了 GREP 算法，

随着可靠性要求的提高，备份 VNF 数目增量最明显的是 MaxRbyInr 算法，这是因为可靠性要求提高后，MaxRbyInr 算法提高可靠性的效率逐渐降低，算法收敛速度变慢，此时 SFC 上备份同样数目的 VNF 带来的可靠性提升已经非常有限。

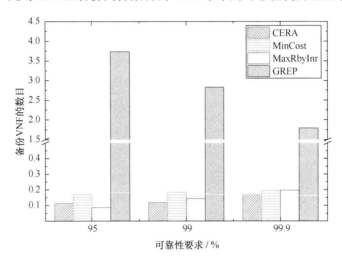

图 6-13　单条 SFC 备份 VNF 的数目对比

3. 物理资源运营成本

物理节点承载 VNF 实例会产生相应的运营成本，在图 6-14 中，横坐标选取了 5 个可靠性要求[95%,98%,99%,99.5%,99.9%]，纵坐标表示冗余备份算法所使用的物理节点的数目。对于不同的可靠性要求，所有算法的备份所占用的物理节点都随着可靠性要求的增加而增加，而且随着可靠性精度的增加（99% 到 99.9%），所需物理节点的数目增量变大。在同一个可靠性要求下，CERA 的备份所占用的物理节点基本上是最少的，CERA 分别比 MinCost 少用了 32%的物理节点，比 MaxRbyInr 算法少用了 12%。但是当可靠性需求为 95%时，MaxRbyInr 算法占用的却比 CERA 的少。这是因为当可靠性要求不高时，MaxRbyInr 算法由于每次备份可靠性最小的 VNF，使其每一次迭代都有更大的可靠性增量，所以相比于其他算法，它可以更快地达到可靠性需求门限并占用更少的物理节点，其他两种算法在此时的收敛效率没有 MaxRbyInr 算法快。从实验结果中还可以看出，CERA 在可靠性需求为 99.9%时，也只使用了 13%的物理节点，远远低于其他算法，而 MaxRbyInr 算法与 MinCost 算法占用物理节点的数目基本相同的原因是：此时这两种算法用了所有可用的物理节点来进行冗余备份。

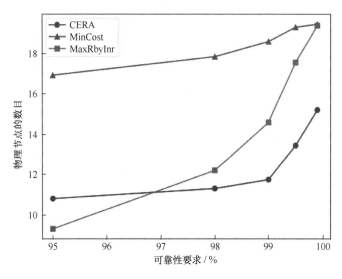

图 6-14　物理资源运营成本对比

4. 费用效率

费用效率是本小节的优化目标，可以看作是可靠性和备份成本的折中考量。如图 6-15 所示，横坐标选取了三种典型的可靠性要求[95%,99%,99.9%]，纵坐标为相应的费用效率（CER）。对于不同的可靠性要求，所有算法的 CER 都随着可靠性要求的增加而降低，特别是可靠性要求从 99%提高到 99.9%时，费用效率比的降幅是最小的，这是因为随着备份成本的增加，服务链可靠性的提升呈现出边际收益递减的性质，即增加同等备份 VNF 所带来的可靠性增益逐渐降低。对于相同可靠性要求，以 CER 为优化目标的 CERA 体现了良好的性能，其费用效率比是三种对比算法中最高的，其次是 MaxRbyInr 算法。CERA 通过最大化每轮迭代的 CER，来逼近问题最终的最大 CER，通过 CIM 的指导，使得算法在面对较低可靠性要求时，保证可靠性增量对 CER 增加的影响，面对苛刻的可靠性要求时，保证备份成本降低对 CER 增加的影响。在可靠性要求相对不高时，MaxRbyInr 算法与 MinCost 算法的 CER 差距大的原因是：MaxRbyInr 算法保护 SFC 中可靠性最低的 VNF 所带来的可靠性提升对

CER 的影响远远大于备份成本，而 MinCost 算法选择备份成本小的 VNF 所带来的备份成本减少对 CER 的影响并没有 MaxRbyInr 算法大。随着可靠性要求的提升，两种算法的 CER 差距逐渐变小，这是因为 MaxRbyInr 算法的可靠性提升效率逐渐变小，而备份成本的增加对 CER 减小的影响越来越大。

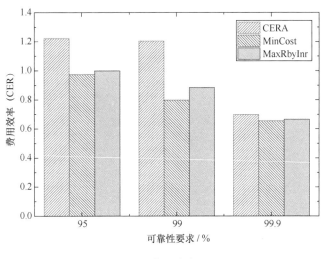

图 6-15　费用效率对比

5. 到达可靠性要求后可靠性余量

为了进一步对比算法可靠性的提升效率，本小节比较了在到达可靠性要求后，各算法实际的可靠性余量。到达 95%后可靠性余量对比如图 6-16 所示，横坐标对应三种算法，左边纵坐标表示可靠性要求到达 95%后，各算法 SFC 的可靠性超过 95%的余量的平均百分比，右边纵坐标表示此时各个算法的总备份成本。

从图中可以直观地看出，CERA 超过可靠性要求的可靠性余量是最大的，同时其使用的备份成本也是最小的。CERA 通过选择 CIM 最大的 VNF 进行备份使其每轮迭代的可靠性费用效率最高，每一步的可靠性增量都尽可能大，同时备份成本尽可能少，使得在最后一轮可靠性能够超出目标值的余量在所有对比算法中最大。MinCost 算法和 MaxRbyInr 算法的可靠性余量相差不大，但是MinCost 消耗的备份成本却最大，这是由于 MinCost 算法每次选择 VNF 资源需求最小的进行备份，但这些备份的 VNF 带来的可靠性增量却一定不是最大的，会导致 MinCost 算法需要备份更多的 VNF 来达到可靠性要求。而MaxRbyInr 算法选择可靠性最小的 VNF 进行备份，可靠性增量比 MinCost 算法大，即使在备份成本上不够节约，但是整体的可靠性提升效率远远大于MinCost 算法，算法收敛速度更快，使得最终的备份成本减小。通过图 6-16 中两个指标的对比分析可以看出，CERA 的可靠性提升效率高，耗费的备份成本少，在满足了可靠性需求的同时还能提供更高的可靠性保证。

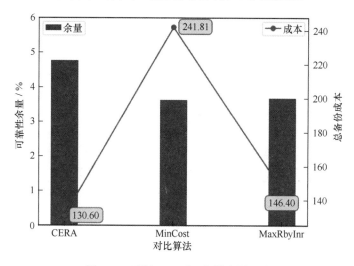

图 6-16　到达 95%后可靠性余量对比

6. 服务需求接收率

用户的服务可靠性要求可能因为底层物理资源受限或底层节点可靠性过低而无法满足，图 6-17 对比了（CERA 和 GREP 算法在可靠性要求为 95%时）服务请求接收数目来评估各自的服务接收程度。横坐标选取了服务请求数目[500,700,900,1100]的取值，纵坐标表示算法实际满足可靠性需求的服务请求接收数目。

随着服务请求数目的增加，两种算法的服务请求接收数目也逐渐增加，这是因为底层的物理资源作为冗余备份逐渐被充分使用，满足了网络中更多服务链的可靠性要求，因而更多的服务链能够被接收。但对于同一种服务请求数目，CERA 的接收率都接近 100%，而 GREP 算法的接收率最低是在服务请求数目为 500 条时等于 76%，最高是在服务请求数目为 1100 条时等于 89%，都低于 100%。这是因为 GREP 算法中每次都是以两个 VNF 为单位进行每轮的备份选择的，并且这两个备份都被放在了同一个物理节点上。虽然这种操作使得算法所需的物理节点减少了，但是由于用于实例化备份 VNF 以及处理数据的资源有限，会出现没有物理节点能部署备份 VNF，最终导致 SFC 的可靠性需求无法满足而被大量拒绝。对于 CERA，它的细粒度选择模型和更新模型可以更合理地使用碎片化的物理资源，备份的 VNF 能够恰当地放置到资源容量合适的物理节点上去，使得所有 SFC 的可靠性需求都能被满足，从而进行进一步处理。

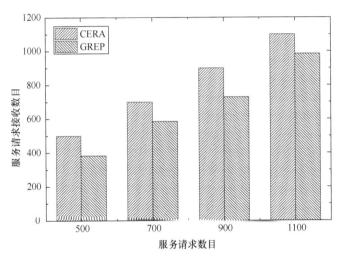

图 6-17　服务请求接收数目对比

6.4　本章小结

本章关注基于 NFV 技术为用户提供服务所带来的可靠性问题，针对该问题，分别介绍了高可靠性的 SFC 部署算法和基于冗余备份技术的解决方案。

6.2 节从设计部署算法入手，基于启发式思想为 SFC 选择可靠性较高的部署路径，同时综合考虑负载均衡问题，对基础部署算法做进一步调整和优化。通过仿真，观测阻塞率、可靠性、资源开销、时间开销和首次阻塞的累计分布函数等重要指标来验证算法在提升 SFC 可靠性上的优势。

6.3 节首先描述了冗余备份机制在保证 NFV 的服务可靠性上所带来的机遇和挑战。然后给出了冗余备份问题的定义，提出了一个包含备份选择模型和可靠性更新模型的高费用效率的冗余备份算法（CERA）来解决该问题。最后通过仿真总备份成本、单条 SFC 备份成本、物理资源运营成本、费用效率、到达可靠性要求后可靠性余量、服务需求接收率六项指标验证了算法的有效性和高费用效率。

本章参考文献

[1] VEERARAGHAVAN M, SATO T, BUCHANAN M, et al. Network function virtualization: A survey[J]. IEICE Transactions on Communications, 2017, 2016NNI0001.

[2] COTRONEO D, DE SIMONE L, IANNILLO A K, et al. Network function virtualization: Challenges and directions for reliability assurance[C]. 2014 IEEE International Symposium on Software Reliability Engineering Workshops, 2014: 37-42.

[3] ETSI ISG. ETSI GS NFV-REL 003 V1.1.1: Network Functions Virtualisation (NFV); Reliability; Report on Models and Features for End-to-End Reliability[R]. http://www.etsi.org/deliver/etsigs/NFVREL/001099/003/01.01.0260/gsNFVREL003v010102p.pdf, 2016.

[4] LIU J J, JIANG Z Y, KATO N, et al. Reliability evaluation for NFV deployment of future mobile broadband networks[J]. IEEE Wireless Communications, 2016, 23(3): 90-96.

[5] TRAJANO A F R, FERNANDEZ M P, et al. Two-phase load balancing of In-Memory Key-Value Storages using Network Functions Virtualization (NFV)[J]. Journal of Network and Computer Applications, 2016, 69: 1-13.

[6] MAKHSOUS S H, GULENKO A, KAO O, et al. High available deployment of cloud-based virtualized network functions[C]. 2016 International Conference on High Performance Computing & Simulation (HPCS), 2016: 468-475.

[7] KIRRMANN H, HANSSON M, MURI P. Iec 62439 prp: Bumpless recovery for highly available, hard real-time industrial networks[C]. 2007 IEEE Conference on Emerging Technologies and Factory Automation (EFTA 2007), 2007: 1396-1399.

[8] PRYTZ G. Redundancy in industrial ethernet networks[C]. 2006 IEEE International Workshop

on Factory Communication Systems, 2006: 380-385.

[9] KIRRMANN H, DZUNG D. Selecting a standard redundancy method for highly available industrial networks[C]. 2006 IEEE International Workshop on Factory Communication Systems, 2006: 386-390.

[10] YU H, QIAO C, ANAND V, et al. Survivable virtual infrastructure mapping in a federated computing and networking system under single regional failures[C]. 2010 IEEE Global Telecommunications Conference GLOBECOM 2010, 2010: 1-6.

[11] RAHMAN M R, BOUTABA R. Svne: Survivable virtual network embedding algorithms for network virtualization[J]. IEEE Transactions on Network and Service Management, 2013, 10(2): 105-118.

[12] XU J, TANG J, KWIAT K, et al. Survivable virtual infrastructure mapping in virtualized data centers[C]. 2012 IEEE Fifth International Conference on Cloud Computing, 2012: 196-203.

[13] FAN J, YE Z, GUAN C, et al. Grep: Guaranteeing reliability with enhanced protection in nfv[C]. Proceedings of the 2015 ACM SIGCOMM Workshop on Hot Topics in Middleboxes and Network Function Virtualization, 2015: 13-18.

[14] FAN J, GUAN C, REN K, et al. Guaranteeing availability for network function virtualization with geographic redundancy deployment[J]. IEEE Transactions on Network, 2015, 11(3): 105-116.

[15] RAJAGOPALAN S, WILLIAMS D, JAMJOOM H, et al. Split/merge: System support for elastic execution in virtual middleboxes[C]. 10th {USENIX} Symposium on Networked Systems Design and Implementation ({NSDI} 13), 2013: 227-240.

[16] GEMBER-JACOBSON A, VISWANATHAN R, et al. Opennf: Enabling innovation in network function control[J]. ACM SIGCOMM Computer Communication Review, 2014, 44(4): 163-174.

[17] WOO S, SHERRY J, HAN S, et al. Elastic scaling of stateful network functions[C]. 15th {USENIX} Symposium on Networked Systems Design and Implementation ({NSDI} 18), 2018: 299-312.

[18] GEMBER-JACOBSON A, AKELLA A. Improving the safety, scalability, and efficiency of network function state transfers[C]. Proceedings of the 2015 ACM SIGCOMM Workshop on Hot Topics in Middleboxes and Network Function Virtualization, 2015: 43-48.

[19] KNUTH D E. A generalization of Dijkstra's algorithm[J]. Information Processing Letters, 1977, 6(1): 1-5.

[20] CALVERT K L, ZEGURA E. Gt-itm: Georgia tech internetwork topology models (Software). Georgia Tech [OL]. http://www.cc.gatech.edu/fac/Ellen.Zegura/gt-itm/gt-itm.tar.gz.

[21] 周灵. Waxman-Salama 模型网络拓扑生成算法设计与实现[N]. 湖南理工学院学报（自然科学版）, 2008, 21(2): 40-42.

[22] YE Z L, CAO X J, WANG J P, et al. Joint topology design and mapping of service function chains for efficient, scalable, and reliable Network Functions Virtualization[J]. IEEE Network, 2016, 30(3): 81-87.

[23] O'CONNOR P, KLEYNER A. Practical reliability engineering[M]. John Wiley & Sons, 2012

[24] BIRNBAUM Z W. On the importance of different components in a multicomponent system[R]. https://apps.dtic.mil/dtic/tr/fulltext/u2/670563.pdf.

[25] KUO W, ZUO M J. Optimal reliability modeling: principles and applications[M]. John Wiley & Sons, 2003.

[26] American government. Verizon Network Map[OL]. https://www22.verizon.com/wholesale/ images/networkMap.png.

[27] Google company. Google Apps Service Level Agreement[OL]. http://www.google.com/apps/ intl/en/terms/sla.html.

第 7 章

网络服务功能链的自适应迁移部署

SFC 迁移是指将已部署于物理网络的 SFC 业务转移到另一条路径上继续执行。迁移机制对一个虚拟化系统的重要性不亚于服务部署算法，例如，当底层物理资源利用不充分时，依靠迁移实现业务合并，从而节省成本；当映射路径中的节点、链路出现故障或用户接入位置发生变化时，通过迁移保证服务的可用性。事实上，迁移问题是 SFC 部署问题的伴生问题，也是后者的必要补充和强力辅助。本章的主要工作就是为云-雾场景设计自适应的 SFC 迁移机制，在用户发生移动后，实现快速的服务恢复甚至不间断服务。

7.1 研究背景

无论是出于节约资源的目的，还是出于服务可用性的考虑，SFC 迁移都是不可避免的话题。目前，研究人员已经对 SFC 迁移问题进行了大量的探索。文献[1]研究边缘网络中客户配置文件的迁移，并提出了一个评估实时迁移性能的模型。文献[2]以节省资源和降低能耗为目标，在 SFC 部署算法之上，继续设计了 SFC 合并迁移机制，优化部署带宽资源开销和能耗。文献[3]则通过合并迁移，降低网络轻载时的活跃服务器数量。文献[4]的作者设计了基于波分复用的虚拟边缘架构来完成 VNF 的迁移。文献[5]、文献[6]则关注迁移过程的时间成本，其中，文献[5]基于启发式算法，尝试迁移承载 VNF 的整个虚拟机。文献[6]研究 VNF 资源需求变化时的最优迁移问题，并提出了基于启发式算法的实时迁移策略。文献[7]以可靠性为优化目标，提出了一种服务功能链可靠性评估方法，并基于评估结果设计 VNF 迁移策略。文献[8]针对迁移过程中的丢包问题，设计了一种新接口，用于实现 VNF 的无缝迁移。

上述工作产出了极具意义的研究成果，但并未完全解决 SFC 迁移过程中的所有问题，例如：

（1）部分研究关注 VNF 内存的实时迁移，但未研究 VNF 的部署方案；

（2）部分研究只关注迁移时间，而未考虑 SFC 的重配置成本、重映射成功率、停机时间等指标；

（3）未考虑在云-雾等移动场景下，因用户位置改变而触发的迁移操作。

现有的研究并不能很好地解决这些问题，因而需要对 SFC 迁移部署问题进行更深入的探索。

7.2　两阶段迁移算法

本章关注在云-雾场景下，因用户位置变化而导致的服务功能链迁移和重映射问题，针对该问题提出一种两阶段迁移算法。该算法以底层网络拓扑、在线 SFC 迁移请求、SFC 初始映射方案、用户迁移前后位置和服务终端位置为输入，在保证 SFC 计算和通信资源约束的前提下，优化映射和迁移的资源开销，降低迁移时间、停机时间，提升服务部署成功率。

7.2.1　数学模型

7.2.1.1　物理网络

物理网络由多个雾接入网（FRAN）和云计算核心网（云网络）组成，如图 7-1 所示。依惯例将其建模成无向加权图 $G^P = (N^P, E^P)$，其中 $N^P = \{n_1, n_2, \cdots, n_{|NP|}\}$ 表示所有物理节点集合，$E^P = \{l_1, l_2, \cdots, l_{|EP|}\}$ 表示所有物理链路集合，|NP| 和 |EP| 分别对应物理节点和链路的数量。此外，$SC = (C^N, C^E, L^N)$ 表示物理网络资源约束集合，其中 C^N 是物理节点的属性集合，包括资源容量 $c(n_i)$ 和单位资

源成本 $p(n_i)$；C^E 表示物理链路的属性集合，包括带宽容量 $b(l_i)$ 和单位成本 $p(l_i)$；L^N 表示所有物理节点的位置集合。

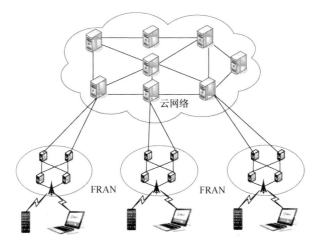

图 7-1　物理网络

7.2.1.2　SFC 迁移请求

SFC 迁移请求用无向权重图 $G_F = (N_F, E_F)$ 表示，其中 $N_F = \{f_1, f_2, \cdots, f_{|NF|}\}$ 是该 SFC 的所有虚拟网络功能集合，$|NF|$ 是集合大小。$E_F = \{e_1, e_2, \cdots, e_{|EF|}\}$ 是虚拟链路集合，$|EF|$ 是集合大小。

用 $MC = (C_N, C_E, V_N, B, IM_N, IM_E, L_N, L_U, L_T)$ 记录迁移过程的全部约束条件。其中，$C_N = \{\varepsilon(f_1), \varepsilon(f_2), \cdots, \varepsilon(f_{|NF|})\}$ 表示 VNF 的节点资源需求集合，$C_E = \{\varepsilon(e_1), \varepsilon(e_2), \cdots, \varepsilon(e_{|EF|})\}$ 表示 VNL 的带宽资源需求集合，$V_N = \{V(f_1), V(f_1), \cdots, V(f_{|NF|})\}$ 表示所有 VNF 的内存开销，$IM_N = \{IM(f_1), IM(f_2), \cdots, IM(f_{|NF|})\}$ 表示所有 VNF 的初始映射方案集合，$IM_E = \{IM(e_1), IM(e_1), \cdots, IM(e_{|EF|})\}$ 表示所有 VNL 的初始映射方案集合，B 表示 SFC 的总迁移带宽需求。$L_N = \{L(f_1), L(f_2), \cdots, L(f_{|NF|})\}$ 表示 VNF 迁移后的位置约束。L_U 表示用户迁移后的位置。L_T 表示服务终端的迁移位置。

7.2.1.3　SFC 重映射模型

SFC 重映射是指对服务功能链的 VNF 和 VNL 进行二次部署和编排，其数学描述如下：

$$\mathrm{RM_N} : \left(N_\mathrm{F}, C_\mathrm{N}\right) \xrightarrow{\mathrm{RM_N}} \left(N^{\mathrm{P1}}, C^{\mathrm{N1}}\right) \tag{7-1}$$

$$\mathrm{RM}(f_i) \in N^{\mathrm{P1}}, \forall f_i \in N_\mathrm{F} \tag{7-2}$$

$$R\left(\mathrm{RM}(f_i)\right) \geq \varepsilon(f_i), \forall f_i \in N_\mathrm{F} \tag{7-3}$$

式（7-1）中，$N^{\mathrm{P1}} \subset N^{\mathrm{P}}$ 表示承载所有 VNF 的物理节点集合，$C^{\mathrm{N1}} \subset C^{\mathrm{N}}$ 表示分配给所有 VNF 的物理节点资源。式（7-2）、式（7-3）中 $\mathrm{RM}(f_i)$ 表示承载第 i 个虚拟网络功能 f_i 的新物理节点，$R\left(\mathrm{RM}(f_i)\right)$ 表示其可用资源，因此式（7-3）指该新节点的可用资源满足 VNF 的节点资源需求。

$$Z(f_i, y) \in \{0,1\}, \forall f \in N_\mathrm{F}, \forall y \in \{0,1,\cdots,Y\} \tag{7-4}$$

$$L\left(\mathrm{RM}(f_i)\right) \in \{0,1,2,\cdots,Y\}, \forall f_i \in N_\mathrm{F} \tag{7-5}$$

$$Z\left(f_i, L\left(\mathrm{RM}(f_i)\right)\right) = 1, \forall f_i \in N_\mathrm{F} \tag{7-6}$$

由于用户位于不同的雾接入网，且 VNF 有相应的位置约束，所以在此对物理网络进行区域划分。式（7-4）中 $y \in 0,1,\cdots,Y$ 表示网络区域编号，$Z(f_i, y) \in \{0,1\}$ 是一个二进制变量：$Z(f_i, y) = 1$ 表示第 i 个虚拟网络功能 f_i 能被重映射到网络区域 y，反之则不行。式（7-5）中 $L\left(\mathrm{RM}(f_i)\right)$ 表示新物理节点 $\mathrm{RM}(f_i)$ 所在网络区域的编号。式（7-6）中 $Z\left(f_i, L\left(\mathrm{RM}(f_i)\right)\right) = 1$ 表示新物理节点 $\mathrm{RM}(f_i)$ 符合第 i 个虚拟网络功能 f_i 的位置约束。

$$\mathrm{RM_E} : \left(E_\mathrm{F}, C_\mathrm{E}\right) \xrightarrow{\mathrm{RM_E}} \left(P^1, C^{\mathrm{E1}}\right) \tag{7-7}$$

$$\mathrm{RM}(e_i) = p_{e_i}, \forall e_i \in E_\mathrm{F}, \exists p_{e_i} \in P^1 \tag{7-8}$$

$$B\left(p_{e_i}\right) = \min_{l_j \in p_{e_i}} \left\{b\left(l_j\right)\right\} \geq \varepsilon(e_i), \forall p_{e_i} \in P^1 \tag{7-9}$$

式（7-7）～式（7-9）描述了 VNL 的重映射过程。式（7-7）中 $P^1 \subset P$ 表示承载该 SFC 所有 VNL 的物理路径集合，C^{E1} 表示分配给该 SFC 所有 VNL 的链路资源。式（7-8）中 $\mathrm{RM}(e_i)$ 和 p_{e_i} 都表示承载虚拟链路 e_i 的新物理路径。$B\left(p_{e_i}\right)$ 表示新物理路径的可用带宽资源，因此式（7-9）指承载 VNL 的物理路径的可用资源不低于 VNL 的带宽资源需求。

$$\min\left(\sum_{f_i \in N_F} P\big(\mathrm{RM}(f_i)\big)\varepsilon(f_i) + \sum_{e_i \in E_F}\sum_{l_j \in p_{e_i}} P(l_j)\varepsilon(e_i)\right) \qquad (7\text{-}10)$$

s.t. 式（7-3）～式（7-6）、式（7-8）和式（7-9）

本章关注的优化问题模型如式（7-10）所示。其中，优化目标包括两部分：重映射 VNF 的成本开销和重映射 VNL 的成本开销。约束条件包括资源约束和位置约束，即式（7-3）～式（7-6）、式（7-8）和（7-9）。

7.2.1.4　SFC 迁移策略

1. 最少 VNF 迁移策略

为了快速恢复用户的服务，可以削减要迁移的 VNF 数量。最少 VNF 迁移策略只迁移位于雾接入网的虚拟网络功能，并采用基于预复制的并行迁移策略对这些 VNF 进行重映射。该策略的优点是降低了重映射算法的运行时间、服务功能链的迁移时间和服务功能链的停机时间。但当用户位置的跨度较大时，该策略可能导致冗长的重映射路径和高额的重配置成本，因而浪费物理资源，降低 SFC 重映射成功率。不幸的是，现实中这种情况很可能会发生：无论用户从什么位置出发，都能通过移动到达任意雾接入网。下面将基于二维离散随机游走理论对该论断进行证明。

所有雾接入网覆盖的范围可视为二维平面，每个雾接入网可看作该平面上的一个离散点，用户在二维离散平面上随机游走。假设用户的初始位置在坐标原点，用户走 S 步到达点 (x, y)，即总步数为 S，其中用户沿 X 轴走 A 步，沿 Y 轴走 B 步。用户向 X 轴正向行走的概率为 p_1，向 X 轴反向行走的概率为 p_2，向 Y 轴正向行走的概率为 p_3，向 Y 轴反向行走的概率为 p_4，同时满足：$p_1+p_2+p_3+p_4=1$，$p_1>0$，$p_2>0$，$p_3>0$，$p_4>0$，且用户间彼此独立游走。

定义事件 C：用户走 S 步到达点 (x, y)，假设 $x>0$，$y>0$，$|x|+|y| \leqslant S$，则有：$A+B = S \rightarrow x+y \leqslant S \rightarrow x \leqslant S-y$。定义 x_i 为用户沿着 X 轴走 i 步后的横坐标，则其递推关系可表示为

$$x_i = x_{i-1} + (-1)^{\delta_i} \tag{7-11}$$

其中，当用户在第 i 步向 X 轴正向移动时，$\delta_i = 0$；在第 i 步向 X 轴反向移动时，$\delta_i = 1$。因此，用户沿着 X 轴走 A 步后的横坐标可以按下式计算。

$$x = \sum_{i=1}^{A} (-1)^{\delta_i} = \alpha - \beta \tag{7-12}$$

式中，α 表示向横轴正向行走的步数；β 表示向横轴反向行走的步数，即 $\alpha + \beta = A$。因为 $\alpha - \beta = x$，$\alpha + \beta = A \to A - x = 2\beta$，所以 $A \equiv x(\text{mod } 2)$。同理，用户沿着 Y 轴走 B 步后到达 y 处，必有 $B \equiv y(\text{mod } 2)$，进而 $S \equiv x + y(\text{mod } 2)$。换言之，若 $S \not\equiv x + y(\text{mod } 2)$，则点 (x, y) 不可达，事件 C 发生概率为 0。

若点 (x, y) 可达，则可分为以下三种情况。

1）$A=x$，$B=S-x$

定义事件 E_1：用户沿 X 轴走 x 步，沿 Y 轴走 $S-x$ 步，则该事件发生的概率为

$$P(E_1) = C_S^x (p_1 + p_2)^x (p_3 + p_4)^{S-x} \tag{7-13}$$

定义事件 F_1：用户沿着 X 轴正向走 x 步，到达 x 处，则该事件相对 E_1 的条件概率为

$$P(F_1|E_1) = C_x^x p_1^x p_2^0 = p_1^x \tag{7-14}$$

定义事件 G_1：用户沿着 Y 轴走 $S-x$ 步，到达 y 处。假设用户沿 Y 轴正向走了 i 步，即 $y = i - (S - x - i) \Rightarrow i = \dfrac{S - x + y}{2}$，则该事件发生的条件概率为

$$P(G_1|E_1) = C_{S-x}^i p_3^i p_4^{S-x-i} = C_{S-x}^{\frac{S-x+y}{2}} p_3^{\frac{S-x+y}{2}} p_4^{\frac{S-x-y}{2}} \tag{7-15}$$

因此，事件 C 发生的概率可表示为式（7-16）。

$$P(C) = P(E_1 F_1 G_1) = P(E_1) P(F_1 G_1 | E_1) = P(E_1) P(F_1 | E_1) P(G_1 | E_1)$$

$$= \left[C_S^x \left(p_1 + p_2 \right)^x \left(p_3 + p_4 \right)^{S-x} \right] \left[C_{S-x}^{\frac{S-x+y}{2}} p_3^{\frac{S-x+y}{2}} p_4^{\frac{S-x-y}{2}} \right] p_1^x \tag{7-16}$$

2）$A=S-y$，$B=y$

定义事件 E_2：用户沿 Y 轴走 y 步，沿 X 轴走 $S-y$ 步，则该事件发生的概率为

$$P(E_2) = C_S^y \left(p_1 + p_2 \right)^{S-y} \left(p_3 + p_4 \right)^y \tag{7-17}$$

定义事件 F_2：用户沿着 X 轴走 $S-y$ 步，到达 x 处。假设用户沿 X 轴正向走 j 步，即 $x = j - (S - y - j) \Rightarrow j = \dfrac{S+x-y}{2}$，则该事件发生的条件概率为

$$P(F_2|E_2) = C_{S-y}^j p_1^j p_2^{S-y-j} = C_{S-y}^{\frac{S+x-y}{2}} p_1^{\frac{S+x-y}{2}} p_2^{\frac{S-x-y}{2}} \tag{7-18}$$

定义事件 G_2：用户沿 Y 轴正向走 y 步到达 y 处，则该事件发生的概率为

$$P(G_2|E_2) = C_y^y p_3^y p_4^0 = p_3^y \tag{7-19}$$

因此，在这种情况下，事件 C 发生的概率可表示为式（7-20）。

$$\begin{aligned} P(C) &= P(E_2 F_2 G_2) = P(E_2)P(F_2 G_2 \mid E_2) = P(E_2)P(F_2 \mid E_2)P(G_2 \mid E_2) \\ &= \left[C_S^y \left(p_1 + p_2 \right)^{S-y} \left(p_3 + p_4 \right)^y \right] \left[C_{S-y}^{\frac{S+x-y}{2}} p_1^{\frac{S+x-y}{2}} p_2^{\frac{S-x-y}{2}} \right] p_3^y \end{aligned} \tag{7-20}$$

3）$x \leqslant A$，$y \leqslant B$

定义事件 E_3：用户沿 X 轴走 A 步，沿 Y 轴走 B 步，则该事件发生的概率为

$$P(E_3) = C_S^A \left(p_1 + p_2 \right)^A \left(p_3 + p_4 \right)^{S-A} \tag{7-21}$$

定义事件 F_3：用户沿着 X 轴走 A 步，到达 x 处，假设用户沿 X 轴正向走了 a 步，即 $x = a - (A - a) \Rightarrow a = \dfrac{A+x}{2}$，则该事件发生的条件概率为

$$P(F_3|E_3) = C_A^a p_1^a p_2^{A-a} = C_A^{\frac{A+x}{2}} p_1^{\frac{A+x}{2}} p_2^{\frac{A-x}{2}} \tag{7-22}$$

定义事件 G_3：用户沿着 Y 轴走 B 步，到达 y 处。假设用户沿 Y 轴正向走了 b 步，即 $y=b-(B-b) \Rightarrow b=\dfrac{B+Y}{2}$，则该事件发生的条件概率为

$$P(G_3|E_3) = C_B^b p_3^b p_4^{B-b} = C_{S-A}^{\frac{S-A+y}{2}} p_3^{\frac{S-A+y}{2}} p_4^{\frac{S-A-y}{2}} \tag{7-23}$$

因此，在该情况下，事件 C 发生的概率可表示为式（7-24）。

$$P(C) = P(E_3 F_3 G_3) = P(E_3) P(F_3|E_3) P(G_3|E_3) = [C_S^A (p_1+p_2)^A (p_3+p_4)^{S-A}] \times$$
$$\left[C_A^{\frac{A+x}{2}} p_1^{\frac{A+x}{2}} p_2^{\frac{A-x}{2}} \right] \times \left[C_{S-A}^{\frac{S-A+y}{2}} p_3^{\frac{S-A+y}{2}} p_4^{\frac{S-A-y}{2}} \right] \tag{7-24}$$

综上可知，只要满足约束 $x>0$、$y>0$、$|x|+|y| \leqslant S$ 和 $S \equiv x+y \pmod 2$，事件 C 发生的概率就大于 0，即用户可以到达平面上所有 $x>0$、$y>0$ 的点。同理可证：当满足约束 $x \in Z$、$y \in Z$、$|x|+|y| \leqslant S$ 和 $S \equiv |x|+|y| \pmod 2$ 时，用户可以到达平面上的所有点。即用户可以通过多次移动，迁移到任意远的雾接入网。

2. 两阶段迁移策略

为了优化最少 VNF 迁移策略在处理大跨度服务迁移时的性能短板，本研究进一步提出了两阶段迁移策略，如图 7-2 所示。其中，图 7-2（a）描述了 SFC 的初始映射方案，图 7-2（b）中对位于雾接入网的 VNF 进行了重映射，并与未重映射的 VNF 构成临时运行方案，从而快速恢复用户的服务。随后撤销已重映射的 VNF 的初始部署方案，如图 7-2（c）所示，此时已完成第一阶段迁移工作。

当用户移动范围较大时，第一阶段迁移可能产生较长的映射路径和较高的迁移成本，甚至可能无法组建临时运行方案而影响对用户的服务。为了解决这些问题，在第一阶段的基础上，继续对剩余未迁移的 VNF 进行重映射，如图 7-2（d）所示。在第二阶段迁移过程中，先使用临时方案保证服务不中断，待第二阶段迁移完成，再完全撤销初始映射方案，最终状态如图 7-2（e）所示。

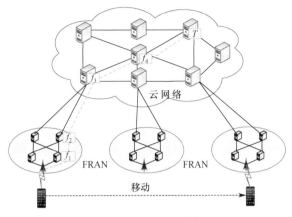

(a) SFC 的初始映射方案

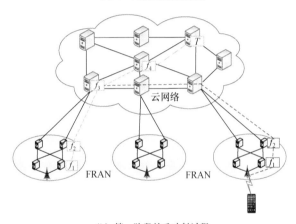

(b) 第一阶段的重映射过程

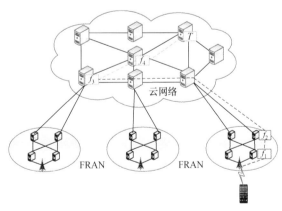

(c) 第一阶段迁移后的临时方案

图 7-2　两阶段迁移策略

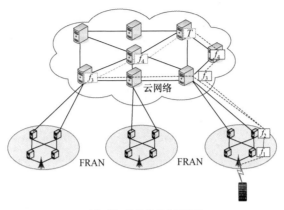

(d) 第二阶段的重映射过程

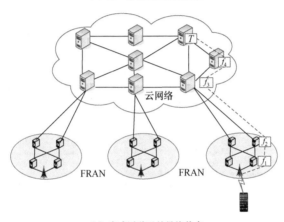

(e) 完成迁移后的最终状态

图 7-2　两阶段迁移策略（续）

7.2.1.5　SFC 迁移时间和停机时间

第一阶段使用预复制机制来重部署每个待迁移 VNF。因此，其迁移造成的停机起始时间 $T_{i,\text{down}}^{\text{start}}$ 如式（7-25）所示，停机结束时间 $T_{i,\text{down}}^{\text{end}}$ 如式（7-26）所示。其中，$V(f_i)$ 表示第 i 个虚拟网络功能 f_i 的内存数据量，λ_i 表示实际迭代次数，受限于最大迭代次数 $\lambda_{\max}$。$T_{i,j}$ 表示第 j 次迭代迁移 f_i 的内存数据所消耗的时间。V_{th} 为停止迭代门限值。$B(f_i)$ 表示分配给 f_i 的迁移速率。$r_i = P \cdot D / B(f_i)$ 表示"脏数据"产生速率与迁移速率之比，其中 D 和 P 分别表示内存页单位容量的"脏数据"产生速率和内存页大小。

$$T_{i,\text{down}}^{\text{start}} = \sum_{j=1}^{\lambda_i} T_{i,j} = \frac{V(f_i)}{B(f_i)} \frac{1-r_i^{\lambda_i}}{1-r_i}, i=1,2,\cdots,F_f \tag{7-25}$$

$$T_{i,\text{down}}^{\text{end}} = T_{i,\text{mig}} = \sum_{j=1}^{\lambda_i+1} T_{i,j} = \frac{V(f_i)}{B(f_i)} \frac{1-r_i^{\lambda_i+1}}{1-r_i}, i=1,2,\cdots,F_f \tag{7-26}$$

$$\lambda_i = \min\left\{ \log_{r_i}\left(\frac{V_{\text{th}}}{V(f_i)}\right), \lambda_{\max} \right\} \tag{7-27}$$

在第一阶段中，可能有多个 VNF 需要被迁移，设其数量为 F_f，算法为每个 VNF 分配相同的迁移带宽，大小为 B/F_f。第一阶段的 SFC 总迁移时间 $T_{\text{F,mig}}$ 定义为 F_f 个 VNF 都完成迁移的时间，SFC 停机起始时间 $T_{\text{F,down}}^{\text{start}}$ 定义为第一个发生停机的 VNF 的停机起始时间，SFC 总停机时间 $T_{\text{F,down}}$ 定义为二者之差，分别对应式（7-28）、式（7-29）、式（7-30）。

$$T_{\text{F,mig}} = \max\left\{ T_{i,\text{down}}^{\text{end}} \right\} = \max\left\{ \frac{V(f_i)}{B/F_f} \frac{1-r_i^{\lambda_i+1}}{1-r_i} \right\}, i=1,2,\cdots,F_f \tag{7-28}$$

$$T_{\text{F,down}}^{\text{start}} = \min\left\{ T_{i,\text{down}}^{\text{start}} \right\} = \min\left\{ \frac{V(f_i)}{B/F_f} \frac{1-r_i^{\lambda_i}}{1-r_i} \right\}, i=1,2,\cdots,F_f \tag{7-29}$$

$$T_{\text{F,down}} = T_{\text{F,down}}^{\text{end}} - T_{\text{F,down}}^{\text{start}} = T_{\text{F,mig}} - T_{\text{F,down}}^{\text{start}} \tag{7-30}$$

第二阶段基于后复制完成其他 S_f 个 VNF 的迁移。由于第二阶段始终保持临时方案的正常运行，因此只需迁移 VNF 的初始内存数据，而迁移过程中新产生的数据包则通过临时方案传输给用户，不会产生停机时间。类似地，算法为每个 VNF 分配等额迁移带宽资源 B/S_f。式（7-32）给出了第二阶段 SFC 的迁移时间。

$$T_{j,\text{mig}} = \frac{V(f_j)}{B/S_f}, j=F_f+1,\cdots,F_f+S_f \tag{7-31}$$

$$T_{\text{S,mig}} = \max\left\{ T_{j,\text{mig}} \right\} = \max\left\{ \frac{V(f_j)}{B/S_f} \right\}, j=F_f+1,\cdots,F_f+S_f \tag{7-32}$$

至此，在最少 VNF 迁移策略中，SFC 的迁移时间由式（7-28）计算，停机时间由式（7-30）计算；在两阶段迁移策略下，迁移时间由式（7-33）计算，而停机时间仍由式（7-30）计算。

$$T_{\text{SFC,mig}} = T_{\text{F,mig}} + T_{\text{S,mig}} = \max_{i=1,\cdots,F_f}\left\{\frac{V(f_i)}{B/F_f}\frac{1-r_i^{\lambda_i+1}}{1-r_i}\right\} + \max_{j=F_f,\cdots,F_f+S_f}\left\{\frac{V(f_j)}{B/S_f}\right\} \quad (7\text{-}33)$$

7.2.2　算法设计

在云-雾网络中重映射/迁移服务功能链是一个 NP 问题，为了快速获得重映射/迁移方案，本小节将基于两阶段迁移策略提出高性能 SFC 迁移部署算法 SFCTSM。

7.2.2.1　SFCTSM 算法

假设 SFC 迁移请求按泊松过程动态到达，随后储存在队列 ArrivedSFC 中。Tcost 为所有成功重映射的服务功能链迁移请求的总重配置成本。SFCTSM 算法每次迁移队列 ArrivedSFC 的首 SFC，用 SFC_1 表示。该算法首先调用 FSMSFC 子算法进行第一阶段迁移，基于预复制的并行迁移策略来重映射最少的 VNF，从而快速恢复用户的服务。然后，调用 SSMSFC 子算法进行第二阶段迁移，基于后复制的并行迁移策略来重映射剩下的 VNF，从而节约物理资源和降低重配置成本。算法 7-1 给出了 SFCTSM 算法的伪码逻辑。

算法 7-1　SFC 两阶段迁移算法（SFCTSM 算法）

输入：（1）物理网络 $G^{\text{P}} = (N^{\text{P}}, E^{\text{P}})$

　　　（2）资源约束 $\text{SC} = (C^{\text{N}}, C^{\text{E}}, L^{\text{N}})$

　　　（3）SFC 迁移请求队列 ArrivedSFC

输出：总重配置成本 Tcost 和被阻塞的 SFC 迁移请求集合 SFC_{blo}

1:　初始化 $F_f=0$, Tcost=0 和 $\text{SFC}_{\text{blo}}=\varnothing$

2:　**while** ArrivedSFC$\neq\varnothing$, **do**

3:　　释放过期的 SFC 请求占用的资源

4:　　调用 FSMSFC 子算法来重映射 ArrivedSFC 中的首个迁移请求 SFC_1

5:　　**if** 找到 SFC_1 的一个重映射方案 RM，且 $1<F_f<|\text{NF}|$, **do**

6:　　　　调用 SSMSFC 子算法，重映射和迁移 SFC_1

7:　　　　**end if**

8:　　　**if** SFC₁ 重映射成功，**do**

9:　　　　　　更新 Tcost 和物理网络，然后转步骤 10

10:　　　**else**

11:　　　　　　更新 SFC_blo = SFC_blo ∪ {SFC₁}，执行下一步

12:　　　**end if**

13:　　　更新 ArrivedSFC = ArrivedSFC \ {SFC₁}

14: **end while**

15: **return** Tcost 和 SFC_blo

7.2.2.2　FSMSFC 子算法

　　FSMSFC 子算法负责执行第一阶段迁移。在 FSMSFC 子算法中，位于雾接入网的 VNF 必须被迁移，随后，FSMSFC 子算法尝试找到一条连接重映射部分与未重映射部分的临时路径。若这样的临时路径不存在，则 FSMSFC 子算法将继续重映射更多的 VNF，直至能够形成临时路径，从而构成临时运行方案。接着，FSMSFC 子算法调用 RBAFSM 子算法，以预复制方式迁移这些需重映射的 VNF。算法 7-2 给出了 FSMSFC 的伪码逻辑。

算法 7-2　第一阶段迁移子算法（FSMSFC 子算法）

输入：（1）物理网络 $G^P = (N^P, E^P)$

　　　　（2）资源约束 $SC = (C^N, C^E, L^N)$

　　　　（3）SFC 迁移请求 $G_F = (N_F, E_F)$

　　　　（4）迁移约束 $MC = (C_N, C_E, V_N, B, IM_N, IM_E, L_N, L_U, L_T)$

输出：在第一阶段迁移的 VNF 数量 F_f 和重映射方案 RM

1:　**for** N_F 中的每个 f_i，**do**

2:　　　**for** 每个物理节点 $n_k \in N^P$，**do**

3:　　　　　**if** 物理节点 n_k 满足 f_i 的位置约束，**do**

4:　　　　　　　尝试将 f_i 映射到 n_k 上，根据式（7-34）计算并记录 CostVNF($f_i \rightarrow n_k$)

5:　　　　　　　找到 VNL e_i 的最小成本路径 P_{e_i} 和从 n_k 到服务终端 L_T 的最小成本路径 $p(n_k, L_T)$，根据式（7-35）计算并记录 Cost(P_{e_i})，根据式（7-37）计算并记录 f_i 的总重映射成本 TCostVNF($f_i \rightarrow n_k$)

6:　　　　　**end if**

7:　　　**end for**

8:　　　**if** f_i 存在可行重映射方案，**do**

9:　　　　　从 f_i 的所有重映射方案中找到总重映射成本 TCostVNF($f_i \rightarrow n_k$)最小者作为 f_i 的最终重映射方案

10:　　　　　将 f_i 和 SFC 链路 e_i 的重映射方案储存到重映射方案集合 RM 中

11:　　　**else**

12:　　　　　　清空重映射方案集合 RM

13:　　　　　　**break**

14:　　　**end if**

15:　　　**if** $2 \leqslant i < |\mathrm{NF}|$, **do**

16:　　　　　寻找连接 f_i 的重映射节点和 f_{i+1} 的初始映射节点的最短路径 $p(\mathrm{RM}\,(f_i), \mathrm{IM}\,(f_{i+1}))$

17:　　　　　**if** 找到了短路径 $p(\mathrm{RM}\,(f_i), \mathrm{IM}\,(f_{i+1}))$, **do**

18:　　　　　　　调用 RBAFSM 子算法来迁移被重映射的 VNF, 更新 $F_f = i$

19:　　　　　　　**break**

20:　　　　　**end if**

21:　　　**end if**

22: **end for**

23: **return** F_f 和 RM

FSMSFC 算法中出现的变量定义如下:

$$\mathrm{CostVNF}\left(f_i \to n_k\right) = p\left(n_k\right)\varepsilon\left(f_i\right) \tag{7-34}$$

$$\mathrm{Cost}\left(p_{e_i}\right) = \sum_{l_j \in p_{e_i}} p\left(l_j\right)\varepsilon\left(e_i\right) + \mathrm{Cost}\left(p\left(n_k, L_\mathrm{T}\right)\right) \tag{7-35}$$

$$\mathrm{Cost}\left(p\left(n_k, L_\mathrm{T}\right)\right) = \sum_{l_j \in p\left(n_k, L_\mathrm{T}\right)} p\left(l_j\right)\varepsilon\left(e_{i+1}\right) \tag{7-36}$$

$$\mathrm{TCostVNF}\left(f_i \to n_k\right) = \mathrm{CostVNF}\left(f_i \to n_k\right) + \mathrm{Cost}\left(p_{e_i}\right) \tag{7-37}$$

其中, $\mathrm{CostVNF}\left(f_i \to n_k\right)$ 是 f_i 的重映射成本, $\mathrm{Cost}\left(p_{e_i}\right)$ 是 e_i 的重映射成本。$p\left(n_k, L_\mathrm{T}\right)$ 是连接物理节点 n_k 和服务终端的一条物理路径, 其带宽需求为 $\varepsilon\left(e_{i+1}\right)$, 产生的成本为 $\mathrm{Cost}\left(p\left(n_k, L_\mathrm{T}\right)\right)$。因此, f_i 的总重映射成本可按式 (7-37) 计算。

7.2.2.3　SSMSFC 子算法

SSMSFC 子算法负责第二阶段的迁移任务。该算法调用 RBASSM 子算法, 以后复制方式迁移剩余的 VNF, 缩短 SFC 映射路径长度, 从而节省物理资源, 降低重配置成本。SSMSFC 子算法的伪代码见算法 7-3。

算法 7-3　第二阶段迁移子算法 (SSMSFC 子算法)

输入: (1) 物理网络 $G^\mathrm{P} = (N^\mathrm{P}, E^\mathrm{P})$

　　　(2) 资源约束 $\mathrm{SC} = (C^N, C^E, L^N)$

（3）SFC 迁移请求 $G_\mathrm{F} = (N_\mathrm{F}, E_\mathrm{F})$

（4）迁移约束 $\mathrm{MC} = (C_\mathrm{N}, C_\mathrm{E}, V_\mathrm{N}, B, \mathrm{IM}_\mathrm{N}, \mathrm{IM}_\mathrm{E}, L_\mathrm{N}, L_\mathrm{U}, L_\mathrm{T})$

（5）第一阶段中迁移的 VNF 数量 F_f 和第一阶段重映射方案 RM

输出： 完整重映射方案 RM

1: **for** N_F 中每一个 f_j, **do**

2:     **for** 物理网络中的每个节点 $n_k \in N^\mathrm{P}$, **do**

3:         **if** 物理节点 n_k 满足虚拟网络功能 f_j 的位置约束，**then**

4:             尝试将 f_j 映射到物理节点 n_k 上，并据式（7-34）计算和记录 CostVNF($f_j \rightarrow n_k$)

5:             找到 VNL e_j 的最小成本路径 P_{e_j} 和从 n_k 到服务终端 L_T 的最小成本路径 $p(n_k, L_\mathrm{T})$，根据式（7-35）计算并记录 Cost(P_{e_j})，根据式（7-37）计算并记录 f_j 的总重映射成本 TCostVNF($f_j \rightarrow n_k$)

6:         **end if**

7:     **end for**

8:     从 f_j 的所有重映射方案中找到总重映射成本 TCostVNF($f_j \rightarrow n_k$)最小者作为 f_j 的最终重映射方案，并将 f_j 和 SFC 链路 e_j 的重映射方案储存到重映射方案集合 RM 中

9: **end for**

10: 调用 RBASSM 子算法来迁移被重映射的虚拟网络功能

11: **return** 完整重映射方案 RM

7.2.2.4　RBAFSM 子算法和 RBASSM 子算法

RBAFSM 子算法和 RBASSM 子算法分别负责第一阶段和第二阶段中被迁移 VNF 的路由和带宽分配，并计算第一阶段和第二阶段的迁移时间和停机时间。伪码分别见算法 7-4 和算法 7-5。

算法 7-4　第一阶段路由和带宽分配子算法（RBAFSM 子算法）

输入：（1）物理网络 $G^\mathrm{P} = (N^\mathrm{P}, E^\mathrm{P})$

      （2）资源约束 $\mathrm{SC} = (C^\mathrm{N}, C^\mathrm{E}, L^\mathrm{N})$

      （3）SFC 迁移请求 $G_\mathrm{F} = (N_\mathrm{F}, E_\mathrm{F})$

      （4）迁移约束 $\mathrm{MC} = (C_\mathrm{N}, C_\mathrm{E}, V_\mathrm{N}, B, \mathrm{IM}_\mathrm{N}, \mathrm{IM}_\mathrm{E}, L_\mathrm{N}, L_\mathrm{U}, L_\mathrm{T})$

      （5）在第一阶段迁移的 VNF 数量 F_f 和第一阶段重映射方案 RM

输出： SFC 迁移请求的第一阶段迁移时间 $T_\mathrm{F,mig}$ 和停机时间 $T_\mathrm{F,down}$

1: 初始化：$T_{i,\mathrm{mig}}=0$, $T_{i,\mathrm{down}}^{\mathrm{start}}=0$, $T_{i,\mathrm{down}}^{\mathrm{end}}=0$, $T_{i,\mathrm{down}}=0$, $T_\mathrm{F,mig}=0$, $T_\mathrm{F,down}^{\mathrm{start}}=0$, $T_\mathrm{F,down}^{\mathrm{end}}=0$ 和 $T_\mathrm{F,down}=0$, $i=1,\cdots,F_f$

2: 找到连接每个 f_i 的重映射节点和初始映射节点的最短迁移路径 $p(\mathrm{RM}(f_i), \mathrm{IM}(f_i))$

3: 当所有 f_i 的迁移路径都被找到时，使用基于预复制的并行迁移策略重部署这些 VNF

4: 根据式（7-25）、式（7-26）计算每一个 f_i 的 $T_{i,\mathrm{mig}}$, $T_{i,\mathrm{down}}^{\mathrm{start}}$ 和 $T_{i,\mathrm{down}}^{\mathrm{end}}$

5: 根据式（7-28）、式（7-29）、式（7-30）计算 $T_\mathrm{F,mig}$, $T_\mathrm{F,down}^{\mathrm{start}}$, $T_\mathrm{F,down}^{\mathrm{end}}$ 和 $T_\mathrm{F,down}$

6: **return** $T_\mathrm{F,mig}$ 和 $T_\mathrm{F,down}$

算法 7-5 第二阶段路由和带宽分配子算法（RBASSM 子算法）

输入：（1）物理网络 $G^P = (N^P, E^P)$

（2）资源约束 SC = (C^N, C^E, L^N)

（3）SFC 迁移请求 $G_F = (N_F, E_F)$

（4）迁移约束 MC = $(C_N, C_E, V_N, B, IM_N, IM_E, L_N, L_U, L_T)$

（5）在第一阶段中迁移的 VNF 数量 F_f 和第一阶段重映射方案 RM

输出：SFC 的总迁移时间 $T_{SFC,mig}$ 和总停机时间 $T_{SFC,down}$

1: 初始化：$T_{j,mig}=0$，$T_{S,mig}=0$，$T_{SFC,mig}=0$ 和 $T_{SFC,down}=0$，$j=F_f+1,\cdots,|NF|$

2: 找到连接每一个 f_j 的重映射节点和初始映射节点的最短迁移路径 $p(RM(f_j), IM(f_j))$

3: 当所有 f_j 的迁移路径都被找到时，使用基于后复制的并行迁移策略迁移这些 VNF

4: 根据式（7-31）计算每一个虚拟网络功能 f_j 的 $T_{j,mig}$

5: 根据式（7-32）、式（7-33）和式（7-30）分别计算 $T_{S,mig}$，$T_{SFC,mig}$ 和 $T_{SFC,down}$

6: **return** $T_{SFC,mig}$ 和 $T_{SFC,down}$

7.2.3 仿真结果及分析

7.2.3.1 仿真环境

仿真测试考虑两种设定，即物理资源容量有限和无限的场景：在容量无限场景下，评估 SFC 迁移产生的重配置成本；在容量有限场景下评估算法的迁移时间、停机时间、重映射成功率、运行时间等指标。

物理节点的资源容量服从均匀分布 $U[20,40]$，物理链路的带宽容量服从均匀分布 $U[30,50]$，物理节点和链路的单位资源成本都是 1。SFC 迁移请求按照泊松过程动态到达。VNF 的资源需求服从均匀分布 $U[5,10]$，一个 SFC 中所有虚拟链路的带宽需求相同，但不同 SFC 的带宽需求服从均匀分布 $U[5,10]$，每个 VNF 的内存大小均为 1 GB，内存页的"脏"化率为 2500 pps，内存页大小为 4 KB，每个 SFC 的总迁移带宽都是 1 Gbps。各个用户在众雾接入网中随机迁移，对应的服务终端在核心网中随机迁移。

对比算法选择基于最少 VNF 迁移策略的 SFCMM 和文献[9]中的 VDC-M。

7.2.3.2 仿真数据

图 7-3 展示了不同 SFC 长度下（即 n 分别取 5、6、7 和 8），SFCMM 算

法、VDC-M 算法和 SFCTSM 算法的总重配置成本随网络负载的变化情况。从结果中可以看出，由于 SFCMM 算法只对雾接入网中的 VNF 进行重映射和迁移，所以当用户移动到较远的位置时，冗长的映射路径导致了最高的总配置成本。VDC-M 算法原用于迁移发生故障的整个虚拟数据中心，因而在 SFC 迁移任务中，并不能提供最好的性能。SFCTSM 算法基于两阶段策略对云-雾环境下 SFC 迁移请求的重配置方法进行了定制化设计，所以从总重配置成本来看，该算法在三者之中达到了最优。

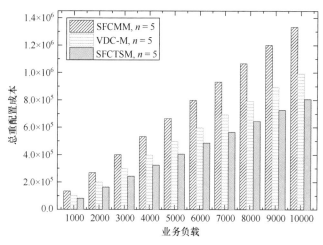

(a) SFC 的长度为 5

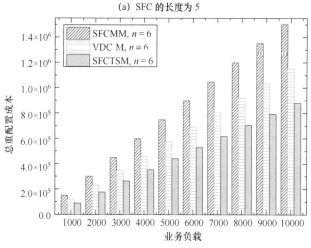

(b) SFC 的长度为 6

图 7-3　总重配置成本

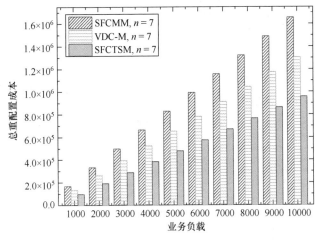

(c) SFC 的长度为 7

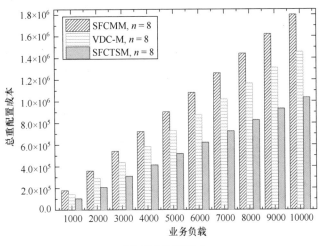

(d) SFC 的长度为 8

图 7-3 总重配置成本（续）

图 7-4 显示了 SFC 迁移请求中的 VNF 数量（即 n 在 5、6、7 和 8 之间变化）时，最少 VNF 迁移策略（strategy-1）、两阶段迁移策略（strategy-2）和基于预复制的并行迁移策略（strategy-3）的迁移时间随总迁移带宽的变化情况。最少 VNF 迁移策略只重映射雾接入网中的 VNF，而两阶段迁移策略和基于预复制的并行迁移策略需要迁移所有 VNF，所以三种策略中，最少 VNF 迁移策略的迁移时间最短。此外，由于两阶段迁移策略在第二阶段采用后复制方式，

而 strategy-3 以预复制方式同时迁移所有 VNF，因此两阶段迁移策略的迁移时间相对较短。

图 7-5 描述了 SFCMM 算法、VDC-M 算法和 SFCTSM 算法的平均迁移时间随 VNF 数量的变化情况。得益于较少的 VNF 迁移量，SFCMM 仍然保持了最低的迁移时间，且由于大部分 VNF 通常都部署在云网络中，所以该算法的

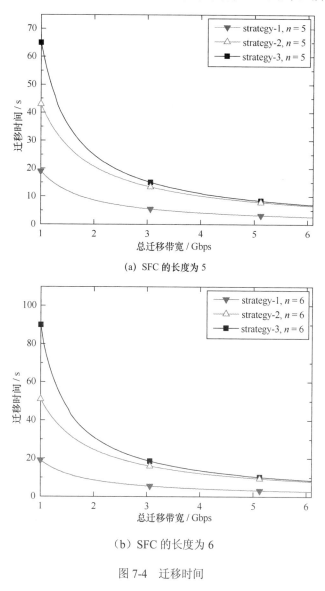

(a) SFC 的长度为 5

(b) SFC 的长度为 6

图 7-4 迁移时间

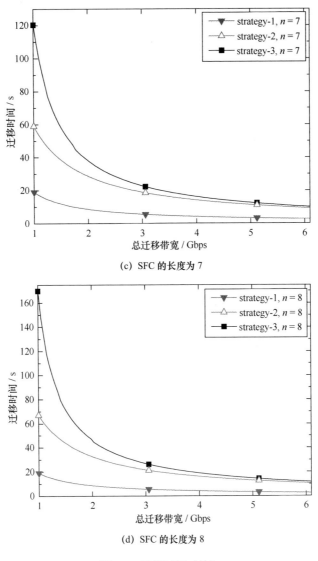

(c) SFC 的长度为 7

(d) SFC 的长度为 8

图 7-4　迁移时间（续）

迁移时间对 SFC 长度并不敏感。相比 VDC-M 算法，SFCTSM 算法第二阶段的后复制策略为之节省了部分迁移时间。

图 7-6 展示了 SFCMM 算法、VDC-M 算法和 SFCTSM 算法的平均停机时间。SFCTSM 算法在第二阶段使用临时方案为用户提供服务，因而其平均停机时间与 SFCMM 算法相近。而 VDC-M 算法的平均停机时间则相对较长，并且

由于迭代迁移的特点，其停机时间随着 VNF 数量的增加振荡上升。

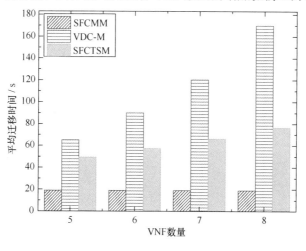

图 7-5　平均迁移时间

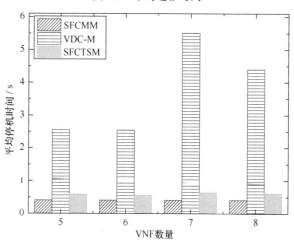

图 7-6　平均停机时间

上述仿真数据显示 SFCMM 算法在时间相关的性能指标上始终占据优势，但正如前所述：当用户移动跨度较大时，SFCMM 算法容易产生较长的最终路径，造成资源浪费，会削弱网络对服务的承载能力。而 SFCTSM 算法引入的两阶段迁移策略能有效地对该问题进行修正。图 7-7 给出了在不同 SFC 长度下，VDC-M 算法和 SFCTSM 算法的 SFC 重部署成功率随业务数量的变化情况。数据显示 SFCTSM 算法确实能更好地支撑更多用户业务。

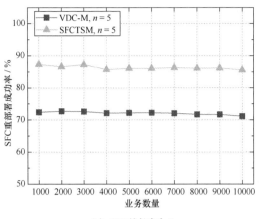

(a) SFC 的长度为 5

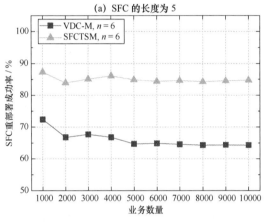

(b) SFC 的长度为 6

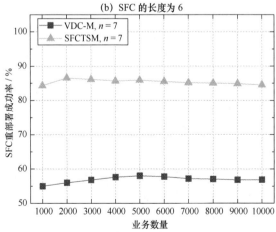

(c) SFC 的长度为 7

图 7-7　SFC 部署成功率

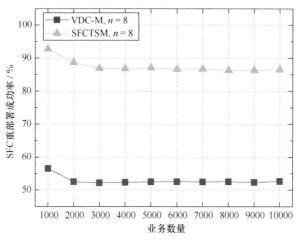

(d) SFC 的长度为 8

图 7-7　SFC 部署成功率（续）

7.3　本章小结

本章研究了云-雾计算环境下的 SFC 迁移问题，以优化用户在接入网间的迁移性能为目标，设计了一种两阶段迁移算法 SFCTSM，有效降低了 SFC 迁移请求的重配置成本、迁移时间、停机时间，提高了服务重部署成功率。仿真结果显示，相比于对比算法，SFCTSM 算法的重配置成本大约降低了 30%、平均停机时间大约降低了 85%、平均迁移时间大约降低了 55%、SFC 重映射成功率大约提升了 34%。

本章参考文献

[1] CERRONI W, CALLEGATI F. Live Migration of Virtual Network Functions in Cloud-Based Edge Network[C]. IEEE ICC, 2014: 2963-2968.

[2] ERAMO V, MIUCCI E, AMMAR M, et al. An Approach for Service Function Chain Routing and Virtual Function Network Instance Migration in Network Function Virtualization Architectures[J]. IEEE/ACM Transactions on Networking, 2017, 25(4): 2008-2025.

[3] ERAMO V, AMMAR M, LAVACCA F. Migration Energy Aware Reconfigurations of Virtual Network Function Instances in NFV Architectures[J]. IEEE Access, 2017, 5: 4927-4938.

[4] MISAWA A, MOCHIZUKI K, TSUCHIYA H, et al. Proposal on virtual edge architecture using virtual network function live migration with wavelength ADM[C]. 21st Asia-Pacific Conference on Communications (APCC), 2015: 327-331.

[5] XIA J, PANG D, CAI Z, et al. Reasonably Migrating Virtual Machine in NFV-featured Networks[C]. IEEE International Conference on Computer and Information Technology (CIT), 2016: 361-366.

[6] XIA J, CAI Z, XU M. Optimized Virtual Network Functions Migration for NFV[C]. IEEE 22nd International Conference on Parallel and Distributed Systems (ICPADS), 2016: 340-346.

[7] RUI L, CHEN X, GAO Z, et al. Petri Net-Based Reliability Assessment and Migration Optimization Strategy of SFC[J]. IEEE Transactions on Network and Service Management, 2021, 18(1):167-181.

[8] NOBACH L, RIMAC I, HILT V, et al. SliM: Enabling Efficient, Seamless NFV State Migration[C]. IEEE 24th International Conference on Network Protocols (ICNP), 2016: 1-2.

[9] SUN G, LIAO D, ZHAO D, et al. Live Migration for Multiple Correlated Virtual Machines in Cloud-based Data Centers[J]. IEEE Transactions on Services Computing, 2018, 11(2): 279-291.

附录 A 缩略语

缩 略 语	英 文 全 称	中 文
BFS	Breadth First Search	广度优先搜索
BIP	Binary Integer Programming	二进制整数规划
CDF	Cumulative Distribution Function	累积分布函数
DCN	Data Center Network	数据中心网络
DIFG	Domain-Intra Function Graph	域内功能图
DLFG	Domain-Level Function Graph	域级功能图
DLRP	Domain-Level Reachable Path	域级可达路径
DPDK	Data Plane Development Kit	数据层面开发套件
DPI	Deep Packet Inspection	深度包检测
DQL	Deep Q-Learning	深度 Q 学习
DRF	Dominant Resource Fairness	主导资源公平性
ENA	Extended Node Aggregation	扩展点聚合技术
EON	Elastic Optical Network	弹性光网络
FPGA	Field-Programmable Gate Array	可编程门阵列
GAN	Generative Adversarial Network	生成对抗网络
KPI	Key Performance Indicator	关键性能指标
LCG	Local Candidate Graph	局部候选图
MaD	Match Degree	匹配度
MDP	Markov Decision Process	马尔可夫决策过程
MPN	Maximum Path Number	最大路径数目
MTBF	Mean Time Between Failure	平均差错时间
MUSOG	Multi-User Service Request Offloading Game	多用户服务链请求放置博弈
NFV	Network Function Virtualization	网络功能虚拟化
NFVI	Network Function Virtualization Infrastructure	网络功能虚拟化基础设施
NFVM	NFV Manager	虚拟网络功能管理器
NFVO	NFV Orchestration	虚拟网络功能编排器
NFV-MANO	Network Function Virtualization Management and Orchestration	网络功能虚拟化管理编排
QL	Q-Learning	Q 学习
RL	Reinforcement Learning	强化学习
SFC	Service Function Chain	服务功能链

（续表）

缩　略　语	英　文　全　称	中　文
SFC-PG	Service Function Chain Performance Guarantee	服务功能链性能保障
SFG	Service Function Graph	服务功能图
SFP	Service Function Path	服务功能路径
TCP	Transport Control Protocol	传输控制协议
TFL	Traffic Load	业务负载
UDP	User Data Protocol	用户数据报协议
VIM	Virtualized Infrastructure Manager	虚拟化基础设施管理器
VNF	Virtual Network Function	虚拟网络功能
VNL	Virtual Network Link	虚拟网络链路
WFR	Workflow Service Request	工作流服务请求

反侵权盗版声明

电子工业出版社依法对本作品享有专有出版权。任何未经权利人书面许可，复制、销售或通过信息网络传播本作品的行为；歪曲、篡改、剽窃本作品的行为，均违反《中华人民共和国著作权法》，其行为人应承担相应的民事责任和行政责任，构成犯罪的，将被依法追究刑事责任。

为了维护市场秩序，保护权利人的合法权益，我社将依法查处和打击侵权盗版的单位和个人。欢迎社会各界人士积极举报侵权盗版行为，本社将奖励举报有功人员，并保证举报人的信息不被泄露。

举报电话：（010）88254396；（010）88258888

传　　真：（010）88254397

E-mail：　dbqq@phei.com.cn

通信地址：北京市万寿路 173 信箱

　　　　　电子工业出版社总编办公室

邮　　编：100036